FELIX HEINIMANN

NOMOS UND PHYSIS

FELIX HEINIMANN

NOMOS UND PHYSIS

HERKUNFT UND BEDEUTUNG EINER ANTITHESE
IM GRIECHISCHEN DENKEN DES 5. JAHRHUNDERTS

WISSENSCHAFTLICHE BUCHGESELLSCHAFT
DARMSTADT

Sonderausgabe mit Genehmigung des Friedrich Reinhardt Verlags Basel
Fünfter, unveränderter reprografischer Nachdruck der Ausgabe Basel 1945
(= Schweizerische Beiträge zur Altertumswissenschaft I)

Signet des Titelblattes: Schwan, römisches Bronzebeschläg aus Augst

CIP-Kurztitelaufnahme der Deutschen Bibliothek

Heinimann, Felix:
Nomos und Physis: Herkunft u. Bedeutung e.
Antithese im griech. Denken d. 5. Jh. /
Felix Heinimann. – 5., unveränd. reprograf.
Nachdr. d. Ausg. Basel 1945, Sonderausg. –
Darmstadt: Wissenschaftliche Buchgesellschaft,
1987.
(Schweizerische Beiträge zur
Altertumswissenschaft; 1)
ISBN 3-534-03415-5

Bestellnummer 03415-5

Druck und Einband: Wissenschaftliche Buchgesellschaft, Darmstadt
Printed in Germany

ISBN 3-534-03415-5

PETRO VON DER MÜHLL

SEXAGENARIO

Vorwort

Die vorliegende Arbeit wurde Ende 1942 der Philosophisch-Historischen Fakultät der Universität Basel als Dissertation eingereicht. Sie ist inzwischen nur unwesentlich geändert worden. Beanspruchung durch Lehramt und Militärdienst hat mir auch verunmöglicht, zu der seither erschienenen Literatur Stellung zu nehmen.

Hervorgegangen sind die Untersuchungen aus einer Interpretation der Antiphon-Papyri. Im Laufe der Arbeit rückten allmählich die Frage nach dem Ursprung der Antithese von Nomos und Physis und damit die ältern Schriften des Hippokratischen Corpus in den Vordergrund. Bei einer Abgrenzung des eigenen Standpunktes, zwei so umstrittenen Problemen gegenüber ließ sich Polemik nicht immer vermeiden; sie nachträglich ganz zu unterdrücken, wie ich es gewünscht hätte, ist mir nicht mehr gelungen. Um so dankbarer anerkenne ich, wie viele grundlegende Einsichten mir die bisherige Forschung vermittelt hat.

Die Schrift meinem verehrten Lehrer, Herrn Prof. Dr. P. Von der Mühll, zu widmen, war mir Bedürfnis. Er hat nicht nur diese Untersuchungen durch seine dauernde wissenschaftliche und menschliche Anteilnahme wesentlich gefördert, sondern mir den Sinn philologischer Arbeit überhaupt gezeigt. Für manche bedeutsame Anregung weiß ich mich auch Herrn Prof. Dr. H. Fuchs verpflichtet. Besondern Dank schulde ich ferner den Herausgebern und dem Verlag der «Schweizerischen Beiträge zur Altertumswissenschaft», vor allem Herrn Rektor Dr. B. Wyß in Basel, der das Erscheinen meiner Schrift in der neuen Reihe in zuvorkommender Weise ermöglicht hat. Die Veröffentlichung im sechsten Jahre der Kriegsteuerung ist zudem durch ein Stipendium, das ich der Basler «Stiftung für theologische und philosophische Studien» verdanke, erleichtert worden. Schließlich habe ich meiner Frau für unermüdliche Mitarbeit an Reinschrift und Korrektur und für wertvolle Hilfe bei der Zusammenstellung der Indices zu danken.

Inhaltsverzeichnis

Literatur- und Abkürzungsverzeichnis

Es sind hier nur diejenigen Schriften aufgeführt, die in der Arbeit mehrmals erwähnt werden; alle übrigen Werke, die benützt worden sind, werden in den Fußnoten vollständig zitiert.

Aly, Formprobleme = *W. Aly,* Formprobleme der frühen griechischen Prosa, Philologus Suppl.-Bd. 21, 3 (1929)

Chantraine = *P. Chantraine,* La formation des noms en grec ancien, Paris 1933

CMG = Corpus Medicorum Graecorum 1, 1 ed. *Heiberg,* Berlin 1927

Deichgräber, Epidemien = *K. Deichgräber,* Die Epidemien und das Corpus Hippocraticum, Abhandlungen der Preußischen Akademie der Wissenschaften zu Berlin 1933, 3

Diels, Anfänge = *H. Diels,* Die Anfänge der Philologie bei den Griechen, Neue Jahrbücher für das klassische Altertum 13 (1910) 1 ff.

Diller, Naturbegriff = *H. Diller,* Der griechische Naturbegriff, Neue Jahrbücher für Antike und deutsche Bildung 2 (1939) 241 ff.

— Wanderarzt = Ders., Wanderarzt und Aitiologe, Philologus Suppl.-Bd. 26, 3 (1934)

— Weltbild = Ders., Weltbild und Sprache im Heraklitismus, Das neue Bild der Antike hgg. von H. Berve 1 (Leipzig 1942) 303 ff.

Dümmler, Akademika = *F. Dümmler,* Akademika, Gießen 1889

Edelstein = *L. Edelstein,* Περὶ ἀέρων und die Sammlung der hippokratischen Schriften, Problemata 4, Berlin 1931

Ehrenberg, Naturrecht = *V. Ehrenberg,* Anfänge des griechischen Naturrechts, Archiv für Geschichte der Philosophie 35 (1923) 119 ff.

Fränkel, Parmenides = *H. Fränkel,* Parmenidesstudien, Nachrichten von der Gesellschaft der Wissenschaften zu Göttingen 1930, 153 ff.

Fredrich = *C. Fredrich,* Hippokratische Untersuchungen, Philologische Untersuchungen hgg. von Kießling und Wilamowitz Heft 15, Berlin 1899

Gelzer = *I. Gelzer,* Die Schrift vom Staate der Athener, Hermes Einzelschriften Heft 3, Berlin 1937

GGA = Göttingische Gelehrte Anzeigen

Gigon, Heraklit = *O. Gigon,* Untersuchungen zu Heraklit, Diss. Basel 1935

Gundert = *H. Gundert,* Pindar und sein Dichterberuf, Frankfurter Studien zur Religion und Kultur der Antike hgg. von W. F. Otto Band 10, Frankfurt 1935

Hirzel, ΑΓΡΑΦΟΣ ΝΟΜΟΣ = *R. Hirzel,* ΑΓΡΑΦΟΣ ΝΟΜΟΣ, Abhandlungen der Sächsischen Gesellschaft der Wissenschaften 20 (1900) 1 ff.

— Themis = Ders., Themis, Dike und Verwandtes, Leipzig 1907

Hoffmann = *E. Hoffmann*, Die Sprache und die archaische Logik, Heidelberger Abhandlungen zur Philosophie und ihrer Geschichte Heft 3, Tübingen 1925

Jacoby, FGrHist = Die Fragmente der griechischen Historiker hgg. von *F. Jacoby*, Berlin 1923 ff.

— Hekataios = *F. Jacoby*, RE s. v. Hekataios Nr. 3 (Bd. 7, 2667 ff.)

— Hippokrates = Ders., Zu Hippokrates περὶ ἀέρων ὑδάτων τόπων, Hermes 46 (1911) 518 ff.

Jaeger, Diokles = *W. Jaeger*, Diokles von Karystos, Berlin 1938

— Paideia = Ders., Paideia 1, Berlin 1934

Langerbeck = *H. Langerbeck*, ΔΟΞΙΣ ΕΠΙΡΥΣΜΙΗ, Neue philologische Untersuchungen hgg. von W. Jaeger Heft 10, Berlin 1935

Liddell-Scott = A Greek-English Lexicon compiled by *H. G. Liddell* and *R. Scott*, New Edition by H. S. Jones, Oxford o. J. [1925—40]

Littré = Œuvres complètes d'Hippocrate... par *E. Littré* Band 1—10, Paris 1839—61

Nestle, Hippocratica = *W. Nestle*, Hippocratica, Hermes 73 (1938) 1 ff.

— Mythos = Ders., Vom Mythos zum Logos, 2. Aufl., Stuttgart 1942

— Protagoras = Platon Protagoras erklärt von *W. Nestle*, 7. Aufl., Leipzig 1931

NJbb = Neue Jahrbücher für das klassische Altertum, Geschichte und deutsche Litteratur und für Pädagogik, 1898 ff. (ab 1925 mit andern Untertiteln)

Norden, Agnostos Theos = *E. Norden*, Agnostos Theos, Leipzig 1913

πἀύτ. = Hippokrates περὶ ἀέρων ὑδάτων τόπων, zitiert nach Kapitel, Seite und Zeile von *Heibergs* Ausgabe im CMG

πίν. = Hippokrates περὶ ἱερῆς νούσου, zitiert nach Kapitel und Seite der Ausgabe im 6. Band von *Littré*

Pohlenz, Hippokrates = *M. Pohlenz*, Hippokrates und die Begründung der wissenschaftlichen Medizin, Berlin 1938

Rathmann = *W. Rathmann*, Quaestiones Pythagoreae, Orphicae, Empedocleae, Diss. Halle 1933

RE = Paulys Real-Encyclopädie der classischen Altertumswissenschaft hgg. von Wissowa, Kroll, Mittelhaus, Stuttgart 1894 ff.

Regenbogen = *O. Regenbogen*, Symbola Hippocratea, Diss. Berlin 1914

Reinhardt, Parmenides = *K. Reinhardt*, Parmenides und die Geschichte der griechischen Philosophie, Bonn 1916

Schmid, Literatur = *W. Schmid*, Geschichte der griechischen Literatur 1, 2 (München 1934); 1, 3 (München 1940)

Snell, Heraklit = *B. Snell*, Heraklits Fragmente griechisch und deutsch, 2. Aufl., München 1940

Stenzel = *J. Stenzel*, RE s. v. Antiphon (Suppl.-Bd. 4, 33 ff.)

Stier = *H. E. Stier*, ΝΟΜΟΣ ΒΑΣΙΛΕΥΣ, Philologus 83 (1928) 225 ff.

Theiler = *W. Theiler*, Zur Geschichte der teleologischen Naturbetrachtung bis auf Aristoteles, Diss. Basel 1924

Thimme = *O. Thimme*, ΦΥΣΙΣ ΤΡΟΠΟΣ ΗΘΟΣ, Diss. Göttingen 1935
Trüdinger = *K. Trüdinger,* Studien zur Geschichte der griechisch-römischen Ethnographie, Diss. Basel 1918
Vendryes = *J. Vendryes,* Traité d'accentuation grecque, Paris 1904
VS = Die Fragmente der Vorsokratiker griechisch und deutsch von *H. Diels,* 5. Aufl. hgg. von *W. Kranz,* Berlin 1934—37
Wilamowitz, Kydathen = *U. v. Wilamowitz-Moellendorff,* Aus Kydathen, Philologische Untersuchungen hgg. von Kießling und Wilamowitz Heft 1, Berlin 1880
— Lesebuch = Ders., Griechisches Lesebuch, Berlin 1902 ff.
— Pindaros = Ders., Pindaros, Berlin 1922
— Platon = Ders., Platon, Berlin 1919
— Sappho = Ders., Sappho und Simonides, Berlin 1913
— SBBerl. 1901 = Ders., Die hippokratische Schrift περὶ ἱερῆς νούσου, Sitzungsberichte der Preußischen Akademie der Wissenschaften zu Berlin 1901, 2 ff.
Willerding = *F. Willerding,* Studia Hippocratica, Diss. Göttingen 1914
Zeller-Nestle = *E. Zeller,* Die Philosophie der Griechen in ihrer geschichtlichen Entwicklung 1. Teil, 6. Aufl. hgg. v. *W. Nestle,* Leipzig 1919/20

Die drei Papyrus-Fragmente des Sophisten Antiphon (VS 87 B 44) werden mit A, B und C bezeichnet und nach Kolonnen- und Zeilenzahl zitiert.

Einleitung

Das Denken und Sprechen in Antithesen ist eines der wesentlichsten Merkmale der Griechen. Noch ist seine Geschichte nicht geschrieben: wie nach bescheidenen Ansätzen bei Homer das antithetische Denken im 5. Jahrhundert ein Gebiet nach dem andern durchdringt, wie es in der sophistischen Rhetorik triumphiert und wie schließlich in der vollendeten attischen Kunstprosa die Antithese zu einem festen Stilmittel wird, dabei aber ihre inhaltliche Bedeutung zugunsten der formalen Wirkung mehr und mehr verliert.

Aus der Fülle von Gegensätzen, die die griechische Aufklärung des 5. Jahrhunderts im ganzen Bereiche des Kosmos und der Menschenwelt aufzuzeigen bemüht war, ragt die Antithese von Nomos und Physis aus zwei Gründen hervor: Einerseits hat sie auf das Denken der Folgezeit bis in die Gegenwart hinein befruchtend gewirkt, anderseits sind ihre Herkunft und selbst ihre ursprüngliche Bedeutung bis heute umstritten. Nach der allgemein geltenden Ansicht hat zuerst die sophistische Kritik am Bestehenden die beiden Begriffe einander gegenübergestellt; angesichts der verwirrenden Fülle sich widersprechender Bräuche und Anschauungen bei den verschiedenen Völkern, deren Kenntnis die vergleichende Ethnographie vermittelt hatte, sei sie dazu gekommen, diese samt und sonders für bloßes Menschenwerk und daher für unverbindlich (νόμος) zu erklären und ihnen gegenüber als einzig wahre Norm die Natur (φύσις) zu verkünden [1]. Stimmt man dieser Annahme zu, so erhebt sich die weitere Frage, welcher der führenden Sophisten als Urheber dieser folgenreichen Gegenüberstellung zu bezeichnen sei. Während die einen Protagoras nennen [2], suchen

---

[1] Vgl. zuletzt *Nestle*, Vom Mythos zum Logos[2] (Stuttgart 1942) 138 u. 252 f. Aehnlich schon *Aly*, Formprobleme, Philologus Suppl. Bd. 21, 3 (1929) 119. Von den Frühern sind zu nennen: *Dümmler*, Akademika (Gießen 1889) 243 u. 247 ff.; *Hirzel*, Themis, Dike und Verwandtes (Leipzig 1907) 382 u. 395; *Th. Gomperz*, Griechische Denker 1[3] (Leipzig 1911) 323 ff.

[2] *Dümmler*, Akademika 251 ff.

andere Hippias als Autor zu erweisen [3]; daneben taucht auch immer wieder der Name des Archelaos auf, den schon die doxographische Ueberlieferung zum Erfinder gemacht hat [4], dessen Verhältnis zur Sophistik aber noch nicht geklärt ist. Auch hat man neulich die Herausarbeitung der Antithese in den Kreis des Gorgias (Kallikles), zeitlich zwischen Protagoras und Hippias, gewiesen, ohne einen bestimmten Urheber zu nennen [5].

Von ganz anderer Seite her trat Karl Reinhardt an dieses Problem heran [6]. Ausgehend von der Interpretation des Parmenides, kam er zum Schluß, daß die Gegenüberstellung Nomos-Physis in der eleatischen Erkenntniskritik erwachsen sei als Umbildung der grundsätzlichen Antithese des Parmenides von δόξα und ἀλήθεια. Erst später sei die geprägte Formel vom erkenntnistheoretischen auf das ethisch-politische Gebiet übertragen worden. Das Hauptgewicht legte Reinhardt dabei auf die Behauptung, daß nur aus Parmenides' Lehre, welche die Scheinwelt als Ergebnis einer einmaligen Sanktion eines menschlichen Irrtums betrachtet, die scharfe Antithese der beiden Begriffe, die an sich nichts Gegensätzliches enthalten, verständlich sei. Diese besondere Betonung unterscheidet Reinhardts These von früheren Versuchen, das Gegensatzpaar aus der Philosophie der Vorsokratiker herzuleiten, deren Denken sich allmählich der Eigenständigkeit seiner Erkenntnis bewußt geworden sei und sie daher in Gegensatz zur verbreiteten falschen Volksmeinung gestellt habe. Schon 1862 hatte Steinthal die Antithese auf diesen «Durchbruch der subjektiven Persönlichkeit» zurückgeführt [7]. Andere standen Reinhardts These in-

---

[3] *Ehrenberg,* Arch. f. Gesch. d. Philos. 35 (1923) 134. 138 ff.

[4] VS 60 A 2. *Wilamowitz,* Euripides' Herakles 1[1] (Berlin 1889) 24 A. 43; *J. Kaerst,* Geschichte des Hellenismus 1[2] (Leipzig 1917) 59 ff.; *Schmid,* Geschichte der griechischen Literatur 1, 2 (München 1934) 721.

[5] *Nestle,* Mythos 336 ff.

[6] Parmenides (Bonn 1916) 82 ff.

[7] *H. Steinthal,* Zeitschr. f. Völkerpsychologie u. Sprachwissenschaft 2 (1862) 331 ff. Ausführlicher und mit größerem Nachdruck vertrat *Steinthal* in seiner Geschichte der Sprachwissenschaft bei den Griechen und Römern 1[2] (Berlin 1890) 42 ff. die Auffassung, daß nicht die Sophisten, sondern die vorsokratische Erkenntniskritik den Nomos als Volksmeinung verworfen und ihm gegenüber die Wahrheit, die Physis, zur Geltung gebracht habe.

sofern noch näher, als sie den Ursprung des Gegensatzes ausdrücklich in der Erkenntniskritik suchten [8] oder geradezu auf die Eleaten hinwiesen und in deren Sprachbetrachtung die Wurzel der Antithese erblickten [9].

Sowohl Steinthal wie Reinhardt haben das Verdienst, zu ihren Untersuchungen außer den Vorsokratikern und Sophisten auch Teile des Corpus Hippocraticum herangezogen zu haben; beide beschränkten sich aber auf die Schrift περὶ διαίτης, die mit ihrer Kompilation verschiedenartiger philosophischer Lehren das Schlagwort Nomos-Physis zweifellos in erkenntnistheoretischem Sinne verwendet. Dagegen wurden die andern hippokratischen Abhandlungen [10], die die Antithese kennen (περὶ ἀέρων ὑδάτων τόπων, περὶ ἱερῆς νούσου, περὶ φύσιος ἀνθρώπου) und von denen mindestens πάὑτ. aus der Zeit der frühen Sophistik stammt, bisher kaum berücksichtigt. Einen Versuch, auch πάὑτ. in die Entwicklung der Begriffe einzureihen, hat Stier gemacht [11]. Er sieht Reinhardts These dadurch bestätigt, daß sich in πάὑτ. «von dem diametralen Gegensatz, auf dem die Nomos-Physis-Lehre ruht, noch keine Spur findet». Diese Beobachtung an der hippokratischen Schrift ist zweifellos richtig. Da aber anderseits ihr Verfasser den zweiten Teil seiner Abhandlung geradezu gliedert nach dem Einfluß der beiden Mächte Nomos und Physis auf das Wesen des Menschen, also das Begriffspaar offensichtlich schon überkommen hat und als bekannt voraussetzt, folgt daraus, daß schon vor der von Reinhardt postulierten erkenntnistheoretischen «Nomos-Physis-Lehre» die Verbindung der beiden Begriffe im griechischen Denken eine Rolle gespielt haben muß.

Dieser kurze doxographische Ueberblick dürfte gezeigt haben, daß die bisherige Forschung die wichtige Rolle der

---

[8] So nahm *Dümmler*, Akademika 251 ff. an, Protagoras habe die Antithese in der Erkenntniskritik geschaffen und Hippias habe sie von dort auf das Ethisch-Politische übertragen.

[9] *H. Diels*, Parmenides (Berlin 1897) 61 f. zu B 1, 34 und Anfänge 8.

[10] Mit der Bezeichnung 'hippokratisch', die im folgenden für alle Schriften des Corpus unterschiedslos verwendet wird, soll keine Aussage über ihre Echtheit gemacht werden.

[11] *Stier*, Philologus 83 (1928) 245 A. 44. Vgl. auch *Nestle*, Mythos 223.

Antithese in der griechischen Erkenntnis- und Sprachkritik ebenso wie in der Ethnographie und der sophistischen Staatslehre und Ethik erkannt, die Frage nach ihrer Herkunft aber und nach den Beziehungen zwischen diesen verschiedenen Anwendungsbereichen nicht beantwortet hat. Ziel unserer Untersuchung ist, durch eine erneute Prüfung aller Zeugnisse, insbesondere auch der hippokratischen Schriften, die Unhaltbarkeit bisheriger Dogmen nachzuweisen und so den Weg frei zu machen zur Erkenntnis der mannigfaltigen Einflüsse, die mitgeholfen haben, die Antithese zu schaffen und ihr das ausgedehnte Herrschaftsgebiet zu eröffnen, das sie sich vom Ende des 5. Jahrhunderts an erobert hat. Es ist von vorneherein klar, daß sich bei dieser Zielsetzung grundlegende neue Einsichten in die Geschichte des griechischen Denkens nicht gewinnen lassen. Die Ergebnisse der Arbeit liegen denn auch eher in den Interpretationen, die dem Verständnis für Gedanke und Form einzelner Stellen dienen. Wenn sich dabei einige feste Punkte ergeben, durch die sich eine Entwicklungslinie ziehen läßt, so soll damit nicht mehr als eine Möglichkeit der Lösung unserer Frage angedeutet werden.

Der Weg unserer Untersuchung führt über drei Stufen:

Wir versuchen zunächst, den geistigen und zeitlichen Bezirk festzulegen, in dem die Begriffsverbindung Nomos-Physis entstanden ist. Danach sollen die ersten Spuren der Antithese von Schein und Wahrheit im griechischen Denken verfolgt werden, und anhand der Bedeutungsgeschichte von νόμος und φύσις soll dargelegt werden, wie diese beiden Ausdrücke zur antithetischen Verwendung im Sinne von δόξα und ἀλήθεια fähig wurden. Von dieser Grundlage aus wird schließlich zu untersuchen sein, wie die Sophistik das geprägte Begriffspaar umgewertet und in den verschiedenen Bereichen des Geisteslebens des ausgehenden 5. Jahrhunderts angewendet hat. Dabei gilt es, die mannigfaltigen Strömungen zu sondern, die sich in Ethik und Politik, Sprachphilosophie und Erkenntniskritik der Formel bemächtigt und sie, oft in gänzlicher Umkehrung ihres ursprünglichen Sinnes, zur Stütze ihrer Lehren gebraucht und mißbraucht haben.

I. Nomos-Physis in der Ethnographie

In der erhaltenen Literatur tritt uns das Begriffspaar Nomos-Physis zuerst in der hippokratischen Schrift περὶ ἀέρων ὑδάτων τόπων entgegen, die wohl noch in perikleischer Zeit kurz vor dem Beginn des Peloponnesischen Krieges geschrieben wurde[1]. Die Schrift besteht bekanntlich aus zwei äußerlich recht verschiedenartigen Teilen. Für uns fällt zunächst nur der zweite (Kap. 12—24) in Betracht, in welchem, dem Einleitungssatz von Kapitel 12 (67, 13 ff.) zufolge, die auffälligsten Unterschiede zwischen Asien und Europa und besonders die vollkommene Verschiedenheit in der körperlichen Gestalt der Bevölkerung aufgezeigt werden sollen. Die Durchführung beginnt mit einem Preis des milden, zwischen den Extremen liegenden Klimas von Asien, das heißt, wie ein Vergleich mit Herodot (1, 142) zeigt, der ionischen Küste Kleinasiens, wo Pflanzen, Tiere und Menschen viel üppiger gedeihen als anderswo. Dem eingangs formulierten Thema entsprechend geht der Verfasser besonders auf die Körpergestalt der Bewohner ein, daneben aber auch auf ihre seelisch-geistige Haltung, ohne daß die Einleitung auch von dieser gesprochen hätte.

Diese beiden Gesichtspunkte sind denn auch in der nähern Ausführung der folgenden Kapitel leitend. Von der knappen Schilderung Kleinasiens, des gemäßigten Landes der Mitte, geht sie zunächst über zum südlich heißen Extrem, Aegypten-Libyen (im verlorenen Stück von Kap. 12), dann zu den asiatischen Nordvölkern, Makrokephalen (Kap. 14) und Phasisbewohnern (Kap. 15). Damit ist die Behandlung Asiens zu Ende, und nach einem abschließenden und vergleichenden Kapitel (16), auf das wir noch zu sprechen kommen, folgt diejenige Europas, von dem nur ein einziges Volk, die Skythen, dieses aber in großer Ausführlichkeit, geschildert wird (Kap.

---

[1] Zur Datierung vgl. den Anhang, besonders S. 206 ff.

17—22). Kapitel 23 faßt vergleichend und weiterführend die Ergebnisse zusammen, und 24 bringt dazu schließlich noch einen Nachtrag.

Bevor wir auf die Frage nach den Ursachen der ungleichmäßigen Behandlung der beiden Erdteile und der etwas undurchsichtigen Disposition des Ganzen eingehen, soll die Durchführung unter demjenigen leitenden Gesichtspunkt, der uns hier besonders berührt, dem des Begriffspaars Nomos-Physis, näher untersucht werden.

Das Hauptkennzeichen dieses ethnographischen Teils von πάύτ. ist die durchgehend gestellte Frage nach den Ursachen der festgestellten Verschiedenheiten [2]. Als solche erscheinen dabei letzten Endes immer das Klima und die Bodenbeschaffenheit (ὧραι, ὕδατα, γῆ), von denen entweder direkt die körperliche und geistige Art der Bewohner beeinflußt wird oder dann ihre Lebensweise und so mittelbar wieder ihre Gestalt und seelische Haltung [3]. Nun bleiben aber Auffälligkeiten, zu deren

---

[2] Doch berechtigt diese Eigentümlichkeit nicht dazu, πάύτ. II mit *Diller,* Wanderarzt 54 ff. den aitiologischen Schriften aus der Schule Demokrits zuzuweisen. Auch Herodot fragt, wenn nicht bei rein ethnographischen, so doch bei naturwissenschaftlichen, besonders zoologischen Problemen nach dem αἴτιον (3, 108, 4; 4, 30, 1; 7, 125). Hierher gehört auch die Frage nach den Ursachen der Nilschwelle (2, 19 ff.; vgl. *Trüdinger* 36) und diejenige nach der αἰτίη des Krieges zwischen Europa und Asien, die ja ein Leitgedanke des ganzen Werkes ist (vgl. bes. 1, 1 und 7, 8). Und schließlich repräsentiert Herodot damit nur die allgemeine Haltung der ionischen Wissenschaft. Gegen *Diller* vgl. *Palm,* Gnomon 13 (1937) 299 ff. und *Pohlenz,* Hippokrates 26.

[3] Wie schon diese doppelte Möglichkeit der direkten und indirekten Beeinflussung zeigt, ist das Verhältnis von Ursache und Wirkung bei den einzelnen Faktoren nicht immer klar durchgeführt. Bald stehen die μεταβολαὶ τῶν ὡρέων und die φύσις τῆς χώρης als selbständige Ursachen für die Verschiedenheit der Völker nebeneinander (13: 68, 15 ff.), bald ist die Beschaffenheit des Landes ihrerseits von den ὧραι abhängig (12: 67, 20 ff.). Diese Unfähigkeit, einen großen Tatsachenkomplex nach einem einheitlichen Grundgedanken konsequent durchzudenken, hat für diese Zeit nichts Befremdliches. Sie zeigt sich auch im ersten Teil der Schrift. Dort wird die Lebensweise zunächst als selbständiger Faktor für den Gesundheitszustand genannt (1: 56, 18), erscheint aber nachher in der Einzelausführung von der Ortslage usw. bedingt (3: 57, 21; 4: 58, 20; 7: 60, 22). Aehnlich stehen z. B. die ὕδατα, die in 1 (56, 7 ff.) als selbständige Faktoren

Erklärung dem Autor die angeführten Faktoren nicht genügen. So läßt sich z. B. die eigenartige Schädelform der Makrokephalen weder mit dem Einfluß von Klima und Landesnatur noch mit demjenigen der Nahrung und der Beschäftigung der Leute begründen. Hier tritt nun als zweiter, nur vom Menschen, nicht von der umgebenden Natur abhängiger Faktor der νόμος ein. So ist die neue, in Kapitel 14 gegebene Disposition zu verstehen: καὶ ὁκόσα μὲν ὀλίγα διαφέρει τῶν ἐθνέων παραλείψω, ὁκόσα δὲ μεγάλα ἢ φύσει ἢ νόμῳ, ἐρέω περὶ αὐτῶν ὡς ἔχει. 'Und alle diejenigen Völker, die sich wenig unterscheiden, will ich übergehen, die sich aber stark unterscheiden, sei es infolge angeborener Veranlagung oder infolge eines Brauches, über diese will ich sprechen, wie es mit ihnen steht [4].'

---

aufgezählt und in Kapitel 7/8 als solche ausführlich erörtert werden, in Kapitel 3 ff. unter dem Einfluß der θέσις πρὸς πνεύματα. Der Grundgedanke tritt trotz allem klar hervor: letzte Ursache sind immer die ὧραι, die sowohl im ersten Teil (1: 56, 2 ff.) wie im zweiten (12: 67, 22) an der Spitze stehen. Ihnen ist alles andere untergeordnet, auch wenn sich einzelnes bisweilen auf dieselbe Stufe hinaufdrängt, wie das dem koordinierenden archaischen Denken, das sich ja auch rein syntaktisch im Fehlen der Nebensätze ausspricht, gemäß ist. Vgl. dazu Anhang S. 201 ff.

[4] φύσει und νόμῳ bezeichnen die Veranlassung der Unterschiede, nicht den Bereich, in dem sich diese ausprägen. Denn zur Bezeichnung des letzteren verwendet der Verfasser präpositionale Ausdrucksweise (διαφέρειν ἔς τι [12: 67, 14. 18; vgl. 12: 68, 5] und διάφορος κατά τι [23: 75, 27]) und den Accusativus Graecus (24: 76, 25 f.), oder er konstruiert persönlich (1: 56, 9; 24. 77, 19). Der Dativ ist also rein kausal zu fassen, und zur Verdeutlichung wäre daneben noch ein Kasus der Beziehung zu ergänzen, etwa ὁκόσα δὲ μεγάλα διαφέρει ἢ φύσει ἢ νόμῳ κατὰ μορφὴν καὶ κατὰ ἦθος Ganz entsprechend verwendet Pindar den Dativ N. 7, 54: φυᾷ δ' ἕκαστος διαφέρομεν βιοτὰν λαχόντες (unten S. 99). So übersetzt denn *Littré* (2, 59) richtig: «Les dissemblances, produites soit par la nature, soit par la coutume» und ebenso *Kapferer* (Die Werke des Hippokrates, Teil 6 'Luft, Wasser und Ortslage' [Stuttgart-Leipzig 1934]): «Soweit sie aber stark sind [sc. die Unterschiede] entweder durch (die) Natur oder durch Brauch (bzw. Gesetz).» Falsch sind dagegen die Uebersetzungen von *R. Fuchs* (Hippokrates, Sämtliche Werke ins Deutsche übersetzt und kommentiert [München 1895]): «Die großen Unterschiede in bezug auf Natur, Sitte und Gebrauch» und von *G. Jacobj* (Das goldene Buch des Hippokrates übersetzt und erläutert [Schriftenreihe der Natura V, Stuttgart 1930]): «... in bezug auf Sitten und natürliche Veranlagung.» Wäre diese Auffassung richtig, so müßte νόμοις (plur.) stehen.

Unter die beiden Begriffe φύσις und νόμος ordnen sich nun die folgenden Ausführungen ein, wie ein zweiter Ueberblick zeigen soll:

Die Kapitel 14 und 15 befassen sich mit zwei durch ihre Körpergestalt von allen andern Völkern abweichenden Stämmen, den langschädligen Makrokephalen und den Phasisanwohnern, die durch ihre großen, unförmig dicken und durch keine sichtbaren Gelenke gegliederten Körper auffallen. Die Eigentümlichkeit der Makrokephalen beruht auf einem νόμος, ihrer ausführlich beschriebenen Sitte[5], den noch weichen Köpfen der Neugeborenen durch künstliche Maßnahmen die für vornehm geltende lange Form zu geben. Wenn diese Kopfform dann im Laufe der Zeit sich auch durch Vererbung fortgepflanzt haben soll — was der Verfasser mit seiner Samentheorie erklären zu können meint — und so ἐν φύσει ἐγένετο, so ändert das nichts an der Tatsache, daß der νόμος ihre primäre Ursache ist. Demgegenüber ist die körperliche Besonderheit der Phasisleute angeboren, also φύσει, und wird als solche vom Verfasser seinem Grundsatz entsprechend aus der Beschaffenheit des Landes (χώρη), der Wasserverhältnisse (ὕδατα) und des Klimas (ὄμβροι, ἠήρ, ὧραι, πνεύματα) erklärt. Wie die beiden Faktoren φύσις und νόμος für die Unterschiede der Körpergestalt verantwortlich sind, so wirken sie sich anderseits auch auf die geistige Haltung der Völker aus. Schon bei den Phasisbewohnern war dieser Zusammenhang kurz berührt worden mit der Behauptung, daß ihre plumpen und weichen Körper den Willen zu harter Arbeit und Anstrengung nicht aufkommen lassen. Nun werden in Kapitel 16 die Ursachen für die Unterschiede der geistigen Eigenart von Asiaten und Europäern grundsätzlich untersucht und wieder in den Faktoren φύσις und νόμος gefunden, die teils in derselben Richtung, teils gegeneinander wirken. Auch dieses Kapitel (16) gehört noch in denjenigen Teil der Schrift, der über Asien handelt; denn sein Thema ist die ἀθυμίη der Asiaten, nach deren Ursachen es fragt[6]. Erst

[5] Wenn *Wilamowitz*, Lesebuch, Erläuterungen 2, 135 zu 202, 4 νόμος mit «Vorurteil» wiedergibt, nimmt er damit das sophistische Nomos-Physis-Problem voraus, das sich für den Hippokratiker noch gar nicht stellt.

[6] Daß diese dabei beständig mit der andersartigen europäischen Haltung kontrastiert wird, ergibt sich von selbst aus dem Grunderlebnis des

am Anfang des folgenden geht der Verfasser zu Europa über. Wieder beschäftigt ihn zunächst die Frage nach den Ursachen der auffälligen μορφή einzelner Stämme. Er wählt zur Exemplifizierung das Skythenvolk und davon die seltsamste Erscheinungsform, die Sauromatenfrauen, an denen er die Wirkung des νόμος aufzeigt. Die rechte Brust fehlt ihnen; schon den kleinen Mädchen wird sie mit einem eigens zu diesem Zwecke verfertigten Werkzeug weggebrannt, damit die ganze Kraft in den rechten Arm geleitet werde, der für die kriegerische Lebensweise der Sauromatinnen besonders kräftig entwickelt sein muß. Das Kapitel ist also ganz parallel mit dem Makrokephalen-Abschnitt. Es soll ein Beispiel für den Einfluß des νόμος auf die μορφή geben.

So wäre denn für die eigentlichen Skythen, deren Behandlung mit Kapitel 18 einsetzt, zunächst die Zurückführung auffälliger Körpererscheinungen auf die φύσις und damit auf die Umwelt zu erwarten. Entsprechend wird das Thema am Anfang des Abschnittes auch formuliert (18: 71, 24): περὶ δὲ τῶν λοιπῶν Σκυθέων τῆς μορφῆς. Es schiebt sich aber zunächst ein Kapitel über ihre δίαιτα ein. Hier bricht wie nirgends sonst in der Schrift die ionische Freude am reinen Erzählen und Schildern von Seltsamkeiten durch, die wir aus Herodot kennen; aber auch da ist nur ganz weniges wirklich überflüssig und ohne Beziehung zum Thema[7]. Denn einerseits erscheint die δίαιτα der Skythen als Produkt der klimatisch-geographischen Verhältnisse ihres Landes, anderseits ist sie selbst wieder einer der Faktoren, durch welche die μορφή bedingt ist[8]. Sie bildet also ein den Einfluß der Umwelt auf die Körpergestalt vermittelndes Glied. Den unmittelbaren Zusammenhang der μορφή mit den natürlichen Gegebenheiten des Landes zu zeigen, unternimmt schließlich das 19. Kapitel. Das am Anfang von Kapitel 18 gegebene Thema wird noch ein-

Verfassers, der Verschiedenheit von Asien und Europa (vgl. unten S. 39). Da dieses auch hinter den Kapiteln 12—15 steht, ist nicht einzusehen, warum es nicht am Anfang von 16 wieder vergegenwärtigt werden sollte. Das tun die Worte καὶ περὶ μὲν τῆς φύσιος [καὶ] τῆς διαφορῆς καὶ τῆς μορφῆς τῶν ἐν τῇ Ἀσίῃ καὶ τῇ Εὐρώπῃ, wo καὶ τῇ Εὐρώπῃ nicht zu streichen ist. Richtig *Pohlenz*, Hippokrates 17 A. 1. Dagegen ist der letzte Satz des Kapitels (71, 7—10) mit *Wilamowitz*, SBBerl. 1901, 17 zu tilgen.

[7] Vgl. *Diller*, Wanderarzt 35 f.; *Pohlenz*, Hippokrates 20.

[8] Vgl. 19: 72, 23 ff.; 20: 73, 18 ff.

mal aufgenommen mit den Worten περὶ δὲ τῶν ὡρέων καὶ τῆς μορφῆς, in für archaische Denkweise und Stil bezeichnender Koordinierung zweier Begriffe, von denen der erste als Ursache dem zweiten übergeordnet sein sollte. Es wird aber zugleich erweitert auf einige andere vom Klima abhängige Erscheinungen des Skythenlandes: die geringe Fruchtbarkeit der Menschen und die geringe Anzahl und Größe der Tiere. Doch bleibt das Hauptziel, Ableitung der Eigenheiten der Körpergestalt aus den Umweltverhältnissen, klar im Blickfeld; ihm ist der Höhepunkt und Schluß des Abschnitts gewidmet (72, 27—73, 9).

Was Kapitel 20 noch bringt, ist zunächst ein Nachtrag, ein τεκμήριον für die auffallendste somatische Eigentümlichkeit der Skythen, ihre ὑγρότης. Doch schließt sich daran eine Weiterführung des Hauptthemas von Ende Kapitel 19, die Erklärung weiterer Besonderheiten der Erscheinung der Skythen. Freilich lassen sich diese nicht mehr alle auf die φύσις zurückführen. So ist der krumme Wuchs und der schwammige Leib [9] zum Teil eine Folge davon, daß die kleinen Skythenkinder nicht in Windeln gewickelt werden. Das Fehlen dieser sonst allgemein üblichen Sitte wird seinerseits wieder begründet mit der Rücksicht auf die spätere reitende Lebensweise, zu der das Gesäß untauglich würde durch das Wickeln [10]. So ist die Ursache dieses νόμος die δίαιτα, welche ja nach Kapitel 18 ein Ergebnis der Landesnatur ist. Und damit stimmt überein, was als

---

[9] Z. 18 und 23 ist wohl mit *Wilamowitz* beide Male βλαδέα für πλατέα (beziehungsweise βραδέα) zu lesen, obschon das Wort nur bei Hesych belegt ist.

[10] Der Text der Hss., den *Heiberg* im CMG bietet, ist so nicht verständlich (20: 73, 18 ff.): πρῶτον μὲν ὅτι οὐ σπαργανοῦνται ὥσπερ ἐν Αἰγύπτῳ οὐδὲ νομίζουσι διὰ τὴν ἱππασίην, ὅκως ἂν εὔεδροι ἔωσιν. Wenn man annehmen will, daß der skythische νόμος von der ägyptischen Sitte abweicht, so müßte der Anschluß zum folgenden, wie *Heiberg* im Apparat vorschlägt, mit γὰρ hergestellt werden: οὐ γὰρ νομίζουσι ... Doch ist nicht einzusehen, warum in diesem Falle Aegypten zum Vergleich herangezogen werden mußte, da ja das σπαργανοῦν eine durchaus griechische Sitte ist. Es soll also wohl vielmehr das übereinstimmende Fehlen der Sitte bei Aegyptern und Skythen erwähnt werden (zur Parallele Aegypten-Skythien s. unten S. 22 f.), und dann ist mit *Korais* zu lesen ὥσπερ οὐδὲ ἐν Αἰγύπτῳ νομίζουσι und vor διὰ τὴν ἱππασίην zu interpungieren, da diese Ursache für das Fehlen des Brauches nur auf die skythischen Verhältnisse zutrifft.

zweiter Grund für die Konstitution der Skythen genannt wird, ihre sitzende Lebensweise in den Wagen. Aber auch das am Kapitelanfang genannte τεκμήριον für die ὑγρότης der Skythen ist ja nichts anderes als ein Beispiel für einen von der φύσις hervorgerufenen νόμος: Die Skythen brennen sich, um dem Körper die allzu große Feuchtigkeit zu entziehen. So gehört das ganze Kapitel letzten Endes doch zum Abschnitt über die natürlichen Ursachen (φύσει) auffälliger Körpermerkmale. Zu diesem bildet es einen Nachtrag, der diejenigen Fälle umfaßt, die sich nicht eindeutig unter eines der Stichwörter φύσις und νόμος einreihen lassen, sondern eine Wechselwirkung der beiden Faktoren aufweisen, immerhin mit primärer Bedeutung der naturgegebenen Umwelteinflüsse [11].

Die Untersuchung über die Ursachen der skythischen ὀλιγογονία, welcher Kapitel 21 gewidmet ist, hat mit dem eigentlichen Thema nichts mehr zu tun. Doch war sie ja schon am Anfang von Kapitel 19 angekündigt und ist zu verstehen als weitere Anwendung des leitenden Gedankens, der überall die Einflüsse von Klima und Umwelt und der davon abhängigen Lebensweise auf die menschliche Konstitution zeigen will. Zudem gehört die Erörterung der skythischen ὀλιγογονία als Gegensatz zur πολυγονία der Aegypter zu dem zugrunde liegenden ethnographischen Schema, das unten noch zu behandeln sein wird [12].

Nachdem die somatischen Eigentümlichkeiten des europäischen Nordvolkes nach ihrer Herkunft aus φύσις oder νόμος besprochen sind, erwarten wir dieselbe Herleitung für die psychischen Besonderheiten. Diese wurden ja schon in 19 (72, 31 ff.) kurz gestreift, in einer ähnlichen Vorwegnahme, wie wir sie bei der Beschreibung des gemäßigten Teils von Asien (12: 68, 7 ff.) und des Phasislandes (15: 70, 4) getroffen haben. Im Zusammenhang aber werden sie für Europa erst im Abschluß-

---

[11] Wenn unsere Erklärung des Kapitels durch Zurückführung der νόμοι auf die umweltbedingte Lebensweise des Volkes richtig ist, so ist darin eine Erweiterung des Begriffes φύσις festzustellen. Er bezeichnet ja zunächst in der Antithese nur das angeborene Wesen des *Menschen*, umfaßt aber hier alles, was nicht vom νόμος abhängig erscheint; doch kann er auch hier nie mit dem modernen Begriff 'Natur' gleichgesetzt werden.

[12] Ueber Kapitel 22 vgl. den Anhang S. 197 ff.

kapitel behandelt. Dort wird (23: 76, 7 ff.) in einer Gesamtschau europäischen Wesens auch die geistige Haltung zu den körperlichen Eigenschaften in Parallele gesetzt und dabei wieder unterschieden zwischen den Eigenschaften, die ἐν τῇ φύσει ἐγγίνονται, und den durch die νόμοι hervorgerufenen. Das entspricht im allgemeinen dem in Kapitel 16 über Asien Gesagten, nur daß dort das Psychische ganz ins Zentrum gestellt war.

Es bleibt Kapitel 24, das sicher durch Interpolationen erweitert ist. Es stellt den Versuch dar, den an Einzelvölkern gezeigten Einfluß von Umwelt und νόμοι auf Körper und Geist in ein brauchbares Schema zu bringen, das sich auf alle Völker anwenden ließe. Allerdings wird dabei für die körperlichen Eigenheiten die Bedeutung des νόμος gar nicht mehr in Rechnung gestellt, während ihm im geistigen Bereich wenigstens noch in einem Fall ein Einfluß zugeschrieben wird.

Damit ließe sich die Disposition des ganzen zweiten Teiles von πάύτ. zusammenfassend etwa folgendermaßen geben:

	Kap.
A. Asien	12—16
I. Die μορφή der Bewohner	12—15
1. Die Mittellage Ioniens und ihre Wirkung auf die μορφή	12
2. Das heiße Extrem Aegypten-Libyen	Lücke Ende 12
3. Der Norden	13—15
a) Die μορφή bedingt durch νόμος .	14
b) „ „ „ „ φύσις .	15
II. Das ἦθος der Bewohner	16
a) bedingt durch φύσις	16: 70, 10—19
b) „ „ νόμος	16: 70, 19—71, 7
B. Europa	17—23
I. Die μορφή der Bewohner	17—23: 76, 7
1. Der Norden (die Skythen)	17—21
a) Die μορφή bedingt durch νόμος .	17
b) „ „ „ „ φύσις .	18—21
Dabei Exkurse: Die Einflüsse der Umwelt auf	

		Kap.
	1) Lebensweise	18
	2) Tierwelt	19: 72, 10—27
	3) die νόμοι und dadurch auf die μορφή	20
	4) ὀλιγογονία	21
2.	Das übrige Europa	23: 75, 26—76, 7
II.	Das ἦθος der Bewohner	23: 76, 7—23
	a) bedingt durch φύσις	23: 76, 7—15
	b) „ „ νόμος	23: 76, 15—23
C.	Allgemeine Richtlinien für die Bestimmung des Einflusses der Umwelt und der νόμοι auf Körper und Geist der Bewohner	24

Der Versuch, eine archaische Schrift in ein logisch klares Dispositionsschema zu pressen, kann ohne Gewaltsamkeit nicht durchgeführt werden. Das zeigen im vorliegenden Fall zwei Tatsachen besonders deutlich: Einmal ist in den Abschnitten über die μορφή (A.I. 1 und 3 b und B.I. 1 b) auch das ἦθος gelegentlich berührt, die Trennung also nicht so scharf durchgeführt, wie sie oben versucht wurde, und zum zweiten bleibt die von Kapitel 14 an (A.I. 3 a) immer wieder, zum Teil beherrschend hervortretende Differenzierung der Eigentümlichkeiten nach ihrer Herkunft aus φύσις oder νόμος in A.I. 1 und 2 noch ganz unberücksichtigt, offenbar weil in den ersten beiden Abschnitten die Umwelteinflüsse zur Erklärung aller Besonderheiten genügen.

Daß dies auch bei den ägyptisch-libyschen Völkern der Fall war, wird durch zwei Beobachtungen als wahrscheinlich erwiesen: Die Art der Einführung des Begriffspaares Nomos-Physis in Kapitel 14 weist darauf hin, daß es hier zum erstenmal in der Schrift erscheint. Außerdem aber überwiegt auch in den eigentlichen Skythenkapiteln — die Sauromaten sind ein Sonderfall — der Einfluß der Umwelt den des νόμος so vollständig, daß dieser nur in Kapitel 20 als sekundäre Ursache auftritt. Die Skythendarstellung aber war zweifellos in allem eine Parallele zu derjenigen der Südländer. Und damit kommen wir zur

Erklärung der Hauptschwierigkeit in der Gesamtdisposition: Warum ist Asien klar eingeteilt in drei Gebiete mit gemäßigtem Mittel-, heißem Süd- und kalt-feuchtem Nordklima, während in Europa nur das eine Nordvolk der Skythen herausgegriffen und von allen übrigen europäischen Völkern, die nur als Gesamtheit erscheinen, abgetrennt wird? Um die Antwort gleich vorwegzunehmen: Es gelingt dem Verfasser nicht, die mannigfaltigen Gesichtspunkte, die sich ihm von den ethnographischen und medizinischen Ueberlieferungen und von seinen eigenen Erlebnissen und Interessen her aufdrängen, so miteinander zu verbinden, daß sich die einen klar den andern unterordnen.

Es sind hauptsächlich drei Leitgedanken, die sich in der Schrift immer wieder gegenseitig kreuzen und stören und so eine klare Disposition verunmöglichen:

1. Zunächst gehört die Abhandlung in das Gebiet der ionischen geographisch-ethnographischen ἱστορίη und übernimmt deren Einteilungsschema. Es ist dasselbe, das auch in Herodots Werk noch greifbar erscheint und mit großer Wahrscheinlichkeit mindestens auf Hekataios zurückgeht. Sein Hauptmerkmal ist die archaische Ordnung der bekannten Welt nach hervorstechenden Eigenschaften, die jedem Teil seine besondern Vorzüge zuweist [13]. Es ist leicht einzusehen, daß unter diesem Gesichtspunkt die Extreme besonders interessant erscheinen müssen. Darauf beruht bei Herodot und in πάύτ. die Gegenüberstellung von Aegypten-Libyen und Skythien, dem Süd- und dem Nordland κατ' ἐξοχήν [14]. Aus der gemeinsamen To-

[13] Vgl. *Diller,* Wanderarzt 69 ff.

[14] So noch Ephoros F 30. Vgl. *Diller,* Wanderarzt 75. Hier sei noch ein Zug nachgetragen, der sicher in die älteste Konzeption dieser Gegenüberstellung gehört, die Gleichsetzung der Klimaverhältnisse mit bestimmten Jahreszeiten: Daß in Libyen immer Sommer sei, sagt Herodot 2, 26; zweifellos stand eine entsprechende Bemerkung im verlorenen Teil von πάύτ. Denn der beständige Winter im Skythenland wird übereinstimmend in Herod. 4, 28 und πάύτ. 19 (72, 22) erwähnt. Diese Folgerung aus den Klimagegensätzen lag an sich nahe, bezeichnend für griechisches Denken wird sie erst dadurch, daß auch das gemäßigte Mittelklima des ionischen Kleinasiens mit einer Jahreszeit, dem ewigen Frühling, gleichgesetzt wird (πάύτ. 12: 68, 6 f.; vgl. 5: 59, 21). Zwar fehlt die entsprechende Aussage bei Herodot; aber die sonstige Uebereinstimmung in der Schilderung des

pik der Schilderung dieser beiden klimatischen Extreme ist auch die besondere Besprechung der ὀλιγογονία der Skythen zu verstehen, die von der Themastellung (μορφή), wie wir (oben S. 19) gesehen haben, etwas abweicht. Sie steht offenbar im Gegensatz zur πολυγονία der Aegypter[15], die wir aus Aristoteles (De gen. an. 4, 770a 34f.) kennen, wo die Nachricht wohl letzten Endes auch auf die ionische ἱστορίη zurückgeht.

2. Mag so die Schrift πάϋτ. der Ethnographie in vielem verpflichtet sein, so ist doch das Hauptanliegen ihres Verfassers kein rein völkerkundliches. Seine Absicht ist, die Ursachen der körperlichen Verschiedenheit der Völker aufzuzeigen[16]. Er findet sie hauptsächlich in den verschiedenartigen Klimaverhältnissen ihrer Länder. Dieser Grundgedanke des Werkes tritt für uns dort besonders deutlich hervor, wo er sich mit Herodots Auffassung kontrastieren läßt, die scheinbar nahe mit ihm verwandt ist. So ist nach beider Meinung die κρῆσις[17] τῶν ὡρέων das Kennzeichen des ionisch-griechischen Klimas. Der naturwissenschaftlich denkende Arzt erklärt sich daraus die reiche Vegetation des Landes ebenso wie das gute Gedeihen und den schönen Wuchs der Menschen und Tiere. Zwischen dem ausgeglichenen Klima und den hervorragenden Produkten des Landes besteht so ein unmittelbarer kausaler Zusammenhang. Herodot dagegen läßt (3, 106) gerade umgekehrt die Randgebiete der Erde die schönsten und größten Pflanzen und Lebewesen hervorbringen als Kompensation für den Vorzug, den Griechenland durch die Ausgeglichenheit seines Klimas genießt. Und ähnlich sind die Vorzüge in Asien verteilt: Ionien hat das angenehmste Klima (1, 142), Aeolien dafür einen um so besseren Boden (1, 149) und wohl dementsprechend bessere Produkte. Ein Kausalzusammenhang zwischen Klima

---

ionisch-griechischen Klimas, das mitten zwischen den Extremen liegt, weist auf das zugrunde liegende Schema (Herod. 1, 142 und 3, 106 ∾ πάϋτ. 12: 67, 19 ff.; vgl. *Jacoby*, Hekataios 2706 und FGrHist 1, 329. Falsch *Nestle*, Hippocratica 26).

[15] *Trüdinger* 38 f.

[16] Vgl. oben S. 14.

[17] So ist wohl zu schreiben, obgleich die Hss. anscheinend durchwegs κρᾶσις geben; vgl. *H. W. Smyth*, The Sounds and Inflections of the Greek Dialects: Ionic (Oxford 1894) 178.

und Landeserzeugnissen besteht also nicht in dem Sinne, daß das beste Klima auch die vorzüglichste Pflanzen- und Tierwelt hervorbrächte, vielmehr sind die Vorzüge auf der ganzen Erde verteilt. Es ist kein Zweifel, daß Herodot mit dieser Auffassung der archaischen Denkweise nähersteht, die jedem Geschöpf seine ἀρετή zuweist [18], während der Arzt von πάύτ. nach einer rationaleren Lösung des Problems der Verschiedenheit sucht. Das zeigt sich in einem Fall noch besonders schön: Nach πάύτ. (12: 68, 4 ff.) hat das mittlere Asien, d. h. Ionien, zwar die schönsten, größten und bestgenährten Menschen, diesen fehlt aber Mut und Ausdauer völlig. Aehnlich sagt Herodot (9, 122, 3), weiche Länder pflegten weichliche Menschen hervorzubringen; denn, fährt er fort, dasselbe Land könne nicht zugleich treffliche Früchte und tapfere Männer erzeugen. Wieder ist es der Grundsatz der Verteilung der Vorzüge, der ihm zur Erklärung dient. Der Arzt dagegen begnügt sich nicht damit. Für ihn sind beide Erscheinungen, die Trefflichkeit der Landeserzeugnisse und der mangelnde Mut der Bewohner, die unmittelbare Wirkung ein und derselben Ursache, des ausgeglichenen Klimas: περὶ δὲ τῆς ἀθυμίης τῶν ἀνθρώπων καὶ τῆς ἀνανδρείης... αἱ ὧραι αἴτιαι μάλιστα οὐ μεγάλας τὰς μεταβολὰς ποιεύμεναι οὔτε ἐπὶ τὸ θερμὸν οὔτε ἐπὶ τὸ ψυχρόν, ἀλλὰ παραπλήσιαι (16: 70, 11 ff.) [19]. Das erklärt zugleich den tiefsten Unterschied der beiden ethnographischen Schriften: Während Völkerbeschreibung für Herodot weitgehend Selbstzweck ist, dient sie dem Hippokratiker nur als Beweismaterial für seine These vom Einfluß des Klimas auf die Menschen in ihrer körperlichen und geistigen Konstitution. Und damit ist auch die wesentlichste Komponente seines Werkes deutlich geworden, welche sich die ethnographische als bloßen Stoff

---

[18] Vgl. dazu S. 99 f. m. A. 34.

[19] Dieser Gegensatz der Auffassung sollte davor warnen, die Betrachtungsweise des Autors von πάύτ., der die Eigenheiten der Völker auf den Einfluß des verschiedenen Klimas und Landschaftscharakters zurückführt, ohne weiteres schon Hekataios zuzuschreiben, wie das *E. Norden,* Die germanische Urgeschichte in Tacitus' Germania (Leipzig-Berlin 1920) 59 ff. und *J. Geffcken,* Griechische Literaturgeschichte 1 (Heidelberg 1926) 117 tun. Vorsichtiger drückt sich *Jacoby,* Antike 2 (1926) 4 aus, wenn er den Gedanken «älter als Hippokrates» nennt.

unterzuordnen sucht, ohne daß ihr das vollständig gelingt: die medizinische.

Man hat versucht, die weitgehende Berücksichtigung von körperlicher und geistiger Art der beschriebenen Völker aus der ethnographischen Tradition zu erklären, und hat dabei das Fehlen dieser Betrachtungsweise bei Herodot seiner Einseitigkeit und seinem mangelnden Interesse zugeschrieben[20]. Es ist in der Tat so, daß Herodot die körperliche Erscheinung und die psychische Eigenart eines Volkes nur ganz selten schildert und, was wichtiger ist, nie um ihrer selbst willen[21]. Entweder gibt ihm der Topos des Vergleichs dazu Anlaß, der auch auf das εἶδος ausgedehnt wird (2,104; 3,101; 7,70), oder das Aussehen ist die Folge eines νόμος (so besonders die Haartracht: 2,36; 3,8; 4,168. 175. 191 oder das Schminken: 4, 191. 194; 7, 69). Dabei ist aber nicht der νόμος die Erklärung für das eigentümliche Aussehen, sondern umgekehrt dieses eine Ausprägung der beschriebenen Sitte. Die Erwähnung ist also nicht von naturwissenschaftlich-aitiologischem Interesse hervorgerufen, sondern von der Freude des Ethnographen an seltsamen Bräuchen. So wird z. B. die Kahlköpfigkeit der Argippäer einfach als Seltsamkeit gebucht (4, 23). Ebenso steht es mit der Beschreibung der geistigen Eigenart. Wenn Herodot überhaupt einmal die Wildheit oder die Gerechtigkeit und Tapferkeit eines Volkes hervorhebt, so antwortet er damit auf die für jeden fremden Reisenden seit Homer wichtige Frage τέων αὖτε βροτῶν ἐς γαῖαν ἱκάνω (ζ 119—121 = ν 200—202). Und so gehört auch die Betonung der σοφίη eines Volkes zum ethnographischen Topos der 'Spitzenleistungen', hat also mit der Frage nach den Entstehungsbedingungen geistiger Vorzüge nichts zu tun. Bestätigt wird diese Auffassung dadurch, daß sich auch in den Fragmenten von Hekataios kein Interesse in dieser Richtung erkennen läßt[22].

Nach allem, was wir über die altionische Ethnographie wissen, ist somit nicht das Fehlen dieser anthropologischen Be-

---

[20] *Trüdinger* 41 ff.

[21] *Trüdinger* 33.

[22] Wenn Skylax fr. 3 die körperliche Verschiedenheit von herrschender und beherrschter Schicht in Indien hervorhebt, so tut er das in einer rein referierenden Aufzählung von Merkwürdigkeiten.

trachtungsart bei Herodot auffällig, sondern vielmehr die Tatsache, daß der zweite Teil von πάύτ. ausdrücklich unter diesem Gesichtspunkt geschrieben ist. Das ließe sich bei einer ethnographischen oder auch allgemein naturwissenschaftlich-aitiologischen Schrift nur schwer erklären, verständlich ist diese Haltung dagegen in einer medizinischen Abhandlung. Und nun steht ja πάύτ. II im Corpus Hippocraticum als zweiter Teil einer Schrift aus dem Gebiet der meteorologischen Medizin. Man wird deshalb kaum mehr zweifeln, daß auch dieser zweite Teil von einem Arzt, und zwar von demselben wie der erste verfaßt wurde [23]. Er soll die Einflüsse der Umwelt auf den menschlichen Körper und Geist, deren Nachweis ja das Thema der ganzen Schrift bildet (vgl. Kap. 1 f.), an praktischen Beispielen aufzeigen.

Daraus, daß ein von medizinischen Interessen geleiteter Verfasser zum Beweis seiner These von der Bedeutung der Umwelteinflüsse vorgeformtes ethnographisches Material verwendet, ist nun auch der 'aitiologische' Charakter der Schrift verständlich. Der in der maßgebenden Gestaltung von Hekataios vorliegende Stoff hat dem Arzt die Form der Darstellung diktiert. Deshalb werden nicht mehr wie im ersten, rein medizinischen Teil die Umwelteinflüsse als gegeben angenommen und dann die Frage nach ihrer Wirkung gestellt, sondern die Betrachtungsweise ist scheinbar umgekehrt: Die Verschiedenheit der Völker wird auf ihre Ursachen hin untersucht, und als solche erscheinen vor allem die atmosphärischen Einflüsse, d. h. der Arzt gibt eine Beschreibung verschiedener asiatischer und europäischer Völker nach dem Schema der ionischen Ethnographie, aber unter dem Gesichtspunkt der Umwelteinflüsse.

3. Aber auch damit ist Form und Aufbau der Schrift noch nicht erklärt. Denn es scheinen daneben andere Einteilungsprinzipien zu herrschen, die weder mit der ethnographischen Topik noch mit den meteorologischen Anschauungen des Verfassers übereinstimmen. So kreuzt sich mit der geographisch-

---

[23] Vgl. *Gelzer* 97 ff. Auch *Diller,* Gnomon 15 (1939) 120 schien die für die Einheitlichkeit der Schrift vorgebrachten Gründe anzuerkennen. Vgl. auch Anhang S. 171 f. m. A. 4.

klimatischen Nord-Süd-Einteilung der Welt eine andere, die Trennung nach den beiden Erdteilen Asien und Europa. Es läßt sich nämlich nicht einfach Europa mit dem Norden, Asien mit dem Süden gleichsetzen, wie es auf den ersten Blick scheinen möchte. Dem widerspricht sowohl das Mittelklima Ioniens in πάύτ. 12 und Herod. 1, 142 (bzw. Griechenlands bei Herod. 3, 106), das von beiden Extremen gleich weit entfernt ist, wie auch die Ausnahmestellung des Skythenlandes, das im Verhältnis zum übrigen Europa übermäßig viel Raum beansprucht. Ferner scheint es vom Standpunkt der meteorologischen Medizin aus schwer verständlich, daß neben die naturgegebenen Einflüsse, die das Wesen des Menschen schon vor der Geburt festlegen, weil er von bestimmten Eltern in einem bestimmten Erdstrich erzeugt und geworden ist und deshalb ein bestimmtes körperliches und geistiges Gepräge aufweisen muß, als zweiter Faktor der νόμος, die Ordnung der Gemeinschaft, tritt. Wird doch die These des Arztes ganz erheblich geschwächt, wenn auch andere Ursachen neben den klimatischen für die menschlichen Eigenheiten verantwortlich sein können.

Zunächst soll dieser zweite Widerspruch nach seiner Herkunft untersucht werden. Es ist dabei nach dem eben Gesagten von vorneherein anzunehmen, daß die doppelte Erklärung der Verschiedenheit der Völker, die im Begriffspaar φύσει-νόμῳ ihren Ausdruck findet, nicht vom Verfasser selbst geschaffen sei. Das ergibt sich außerdem aus der Art ihrer Einführung in Kapitel 14. Einerseits weist, wie (oben S. 21) betont worden ist, hier nichts darauf hin, daß die Antithese schon vorher, etwa in der Lücke über Aegypten-Libyen, erwähnt war; in diesem an Rückverweisen so reichen Stil müßte das doch wohl angedeutet sein. Anderseits werden die beiden Begriffe, ohne daß ihre Bedeutung erläutert würde, gleich als selbstverständliche Kategorien eingeführt: auch erhält νόμος bei der Wiederaufnahme im folgenden Satz den Artikel, was sich wohl nicht nur aus der Parallelität zu ἡ φύσις erklärt, sondern für die terminologische Verwendung des Wortes spricht.

Um die dieser doppelten Erklärung zugrunde liegende Auffassung richtig beurteilen zu können, gilt es zunächst festzustellen, wie die Wirksamkeit der beiden Faktoren vom Verfasser bewertet wird. Dabei zeigt es sich, daß in keinem Falle, wo φύσις und νόμος einander gegenübergestellt sind, eine Beurteilung des einen oder andern expressis verbis gegeben wird. Sie läßt sich höchstens aus der Wortwahl und der beschriebenen Wirkung herauslesen. So hält der Verfasser als Arzt den die angeborene Kopfform entstellenden νόμος der Makrokephalen kaum für eine nachahmenswerte Einrichtung [24], und ebensowenig kann er als Grieche die monarchischen νόμοι Persiens billigen (16: 70, 21 ff.); wenn er aber anderseits behauptet, daß ein von Natur träger und feiger Mensch unter dem Einfluß des νόμος ausdauernd und tapfer werden könne, schreibt er diesem damit positive Wirkung zu (24: 77, 5 ff.). φύσις oder νόμος werden also nie als solche gelobt oder abgelehnt, sondern je nach ihrem Inhalt bewertet. Daraus ist auch zu verstehen, daß sie nicht durchwegs in Antithese stehen, sondern gelegentlich in derselben Richtung wirken (16: 70, 19 ff.; 23: 76, 15 f.), ja daß ein νόμος zur φύσις werden kann (14: 69, 5 ff.). Diese objektive, nur beschreibende Darstellung, die an die Beurteilung der νόμοι bei Herodot erinnert [25], weicht von allen spätern Verwendungen der Antithese ab, bei denen immer der eine Begriff von vorneherein positiv, der andere negativ bewertet ist [26].

Diese Erkenntnis muß bei der Untersuchung der Frage nach der Herkunft des Begriffspaares festgehalten werden: Bei seinem ersten Auftauchen in der Literatur dient es der sachlichen Beantwortung der Frage nach den Ursachen der Verschiedenheit der Völker, nicht dem aufklärerischen Zweck der Entwertung des νόμος zugunsten der φύσις. Es ließe sich dagegen einwenden, dieser Gebrauch der Begriffe sei sekundär und erkläre sich aus der unsophistischen Haltung des Ver-

---

[24] Der νόμος ἀναγκάζει (14: 69, 9. 13; vgl. unten S. 33 A. 38), seine Wirkung wird als κακοῦν bezeichnet (14: 69, 11).

[25] Unten S. 79 ff.

[26] Wenn sie an späteren Stellen wie bei Eurip. Ion 643 f. u. Bacch. 895 f. oder Hipp. π. φύσ. ἀνθρ. 2 (6, 36 L.) und 5 (6, 40 L.) in derselben Richtung wirkend dargestellt sind, handelt es sich um eine sekundäre Verwendung, die nur als Ueberwindung der ausgebildeten sophistischen Antithese oder als rhetorische Spielerei mit polaren Ausdrücken zu verstehen ist. Vgl. unten S. 158 ff. und 166 ff.

fassers von πάϋτ.[27], der die Antithese als geprägte Form kennengelernt und dann bewußt seinem Zweck entsprechend umgestaltet habe. So richtig die Tatsache der Uebernahme und Umformung ist[28], so widerspricht doch dieser Deutung der Bestand der Ueberlieferung, deren Belege für die sophistisch-antithetische Verwendung alle jünger sind als πάϋτ. Und außerdem weist Herodot, der ja der hippokratischen Schrift in vielem nahesteht, auch in diesem Punkt verwandte Züge auf. Mit ihrer Hilfe sollte sich das Problem der Lösung näherbringen lassen.

Auszugehen ist von Herod. 7, 101 ff.: Als Xerxes nach dem Uebergang über den Hellespont bei Doriskos sein Riesenheer gemustert hat, ruft er den Spartaner Demaratos zu sich und fragt ihn, ob nach seiner Beurteilung der Lage die Griechen angesichts der ungeheuren zahlenmäßigen Ueberlegenheit der Perser überhaupt Widerstand zu leisten versuchen würden. Nachdem Demaratos sich vergewissert hat, daß er die Wahrheit sagen dürfe, erklärt er, die Spartaner würden sich auch unter den bestehenden Umständen keinesfalls kampflos ergeben. Zur Begründung schickt er den allgemeinen Satz voraus (7, 102, 1): τῇ Ἑλλάδι πενίη μὲν αἰεί κοτε σύντροφός ἐστι, ἀρετὴ δὲ ἐπακτός[29] ἐστι, ἀπό τε σοφίης κατεργασμένη καὶ νόμου ἰσχυροῦ. Xerxes findet den Gedanken an Widerstand gegen sein Millionenheer absurd; ganz besonders hält er es für unmöglich, daß freie Menschen aus freiem Antrieb sich überhaupt zum Kampfe stellten gegen eine Uebermacht. Das wäre allenfalls

[27] Vgl. darüber Anhang S. 191 f. u. 208.

[28] Vgl. unten S. 38 f.

[29] Nach *Liddell-Scott* s. v. ἐπακτός ist nur die oxytonierte Form belegt, in der Bedeutung des Part. Perf. Pass., bald mit zwei, bald mit drei Endungen. Ebenso haben nach *Hudes* Apparat zur Stelle (in der 3. Aufl. der Oxforder Ausgabe) alle Hss. außer den deteriores ἐπακτός. Im Text gibt er trotzdem ἔπακτός ἐστι, im Anschluß an *Schweighäuser,* der seine Lesart im Lexicon Herodoteum (2. Aufl. London 1830) s. v. ausführlich begründet. Er verlangt Betonung der Präposition, da zu verstehen sei ἐπὶ τὴν πενίην ἔπακτος. Ich sehe keinen Grund zu dieser Auffassung und bleibe deshalb beim überlieferten Akzent — so wenig die Ueberlieferung in einer solchen Frage zu bedeuten hat —, da das Wort als Proparoxytonon überhaupt nicht belegt zu sein scheint und ein Bedeutungsunterschied nicht festzustellen ist. Zur Bedeutung s. unten S. 31.

denkbar in einer Monarchie wie dem Perserreich, wo sie dazu gezwungen würden (7, 103, 4): ὑπὸ μὲν γὰρ ἑνὸς ἀρχόμενοι κατὰ τρόπον τὸν ἡμέτερον γενοίατ' ἂν δειμαίνοντες τοῦτον καὶ παρὰ τὴν ἑωυτῶν φύσιν ἀμείνονες καὶ ἴοιεν ἀναγκαζόμενοι μάστιγι ἐς πλεῦνας ἐλάσσονες ἐόντες· ἀνειμένοι δὲ ἐς τὸ ἐλεύθερον οὐκ ἂν ποιέοιεν τούτων οὐδέτερα.

In der Duplik gibt Demaratos ohne weiteres zu, daß es unsinnig sei, sich freiwillig in einen Kampf zu stürzen, selbst bei ausgeglichenem Kräfteverhältnis. In einer Zwangslage aber, oder wenn ein Entscheidungskampf um das Ganze die Veranlassung sei, lägen die Dinge anders. Und in dieser Lage befänden sich die Spartaner (7, 104, 4): ἐλεύθεροι γὰρ ἐόντες οὐ πάντα ἐλεύθεροί εἰσι· ἔπεστι γάρ σφι δεσπότης νόμος, τὸν ὑποδειμαίνουσι πολλῷ ἔτι μᾶλλον ἢ οἱ σοὶ σέ. ποιεῦσι γῶν τὰ ἂν ἐκεῖνος ἀνώγῃ. Und dieser νόμος befehle ihnen in einem solchen Fall, in der Schlacht auszuharren bis zu Sieg oder Tod.

Ob und wieweit diese Darstellung einen historischen Vorgang wiedergibt, bleibe dahingestellt. Selbst wenn ihr ein solcher zugrunde liegen sollte, ist die Ausführung, wie immer in derartigen Fällen, Herodots eigenes Werk. Das ergibt sich aus der Stellung und Funktion der Szene im Aufbau des Ganzen. Zusammen mit der vorausgehenden Heerschau, die die unermeßlichen Streitkräfte des Perserkönigs eindrücklich vor Augen stellt, soll sie das zahlenmäßige Mißverhältnis zwischen Griechen und Persern noch einmal betonen und dann im Gegensatz dazu das griechische Kampfethos hervortreten lassen, um vor dem Beginn der kriegerischen Auseinandersetzung ein letztes Mal die beidseitigen Aussichten abzuwägen [30]. In diesem Zusammenhang wirkt der oben ausgeschriebene Einleitungssatz einmal deshalb befremdend, weil er der moralischen Ueberlegenheit Griechenlands nicht seine numerische Schwäche gegenüberstellt, sondern seine Armut. Das wäre verständlich,

[30] Die drei aufeinanderhin komponierten Reden entsprechen in ihrer Funktion den Reden und Redepaaren, die Thukydides an Höhepunkten seines Werkes zur Beleuchtung der Gesamtsituation einzulegen pflegt, so 1, 120—124 u. 140—144; 3, 37—40 u. 42—48. Am ehesten mit Herod. 7, 101 ff. vergleichbar ist der Redekampf Nikias-Alkibiades (Thuk. 6, 9—23), wo auch eine zuversichtliche (6, 16—18) von zwei Warnreden (6, 9—14 u. 20—23) eingeschlossen ist.

wenn diese für die geringe materielle Kriegsstärke verantwortlich gemacht würde. Sie wird aber nicht so gedeutet, sondern erscheint als allgemeines Kennzeichen des Landes und seiner Bevölkerung. Außerdem werden die zwei Eigenschaften Armut und Tapferkeit auf entgegengesetzte Ursachen zurückgeführt. Die Armut ist σύντροφος, mit Griechenland 'zusammen aufgewachsen', d. h. mit dem Lande von Anfang an verbunden, sie gehört gleichsam zu seinem Wesen; die Tapferkeit dagegen ist ἐπακτός, von außen herangebracht. Mit diesem Wort drückt die Sprache des 5. und 4. Jahrhunderts meist nicht nur die Tatsache aus, daß der so benannte Gegenstand aus einem andern Bereich hergeholt sei, sondern kennzeichnet ihn zugleich entweder als seinem Wesen nach fremd, unpassend, sogar als unecht (Soph. Ai. 1296; Eurip. Ion 592), oder doch mindestens als sekundär, nicht ursprünglich zugehörig (Pind. O. 10, 89). Das wird besonders deutlich, wenn das Wort in Gegensatz tritt zum Begriff des Angeborenen, Ursprünglichen wie bei Euripides fr. 360, 7 f., wo die Stadt Athen gepriesen wird:

ᾗ πρῶτα μὲν λεὼς οὐκ ἐπακτὸς ἄλλοθεν,
αὐτόχθονες δ' ἔφυμεν [31],

oder bei Aristoteles (De gen. an. 3, 750a 8f. und Meteor. 4, 382b 11), der die ὑγρότης σύμφυτος, die Feuchtigkeit, die zum Wesen eines Körpers gehört, von der von außen zugeführten (ἐπακτός) trennt [32]. Nun steht zwar bei Herodot an Stelle von σύμφυτος als Gegenbegriff σύντροφος, doch ist die Bedeutung der Antithese dieselbe, da die so bezeichnete Eigenschaft einfach als primär vorhanden gilt [33]. Ihr wird die ἀρετή als sekundär erworben gegenübergestellt, und als ihre Quelle und ihr Urheber werden

---

[31] Vgl. auch Philemon fr. 93, 5 (unten S. 147 A. 74).

[32] Aristoteles verwendet das Wort ἐπακτός überhaupt nur hier. Es mag ein Zufall sein, daß es auch in den ältern Schriften des Corpus Hippocraticum nur in Verbindung mit ὕδωρ und ὑγρότης, allerdings nicht im prägnanten Sinn des Aristoteles, d. h. ohne Gegenbegriff steht: πάϋτ. 9 (63, 26); π. ἀρχ. ἰητρ. 22 (53, 20 CMG). Gleichbedeutend mit ἐπακτός ist ἐπίκτητος, das in De gen. an. 1, 721b 29 f. ebenfalls in Antithese zu σύμφυτος steht. Aus derselben Auffassung heraus setzt Antiphon B 44 A 1, 23 ff. das ἐπίθετον des νόμος dem ἀναγκαῖον der φύσις entgegen.

[33] Ein Unterschied zwischen dem Mitgeborenen und dem Mitaufgewachsenen läßt sich kaum feststellen.

die Weisheit[34] und der νόμος genannt. In der Sprache von πάύτ. hieße das: οἱ Ἕλληνες φύσει μὲν πένητές εἰσι, σοφίῃ δὲ καὶ νόμῳ ἀνδρεῖοι. Die abweichende Formulierung Herodots ist nicht zufällig, sondern beruht auf der verschiedenen Denkrichtung der beiden Autoren. Während der Arzt nach den Ursachen hervorstechender völkischer Merkmale fragt und dabei zugleich das ethnographische Problem der Verschiedenheit der Völker zu lösen versucht, kennt Herodot diese wissenschaftliche Fragestellung nicht, die eine rein rationale Beantwortung erfordert. Für ihn ist die gerechte Weltordnung mit ihrer Verteilung der Vorzüge eine hinreichende Erklärung für die bestehende Mannigfaltigkeit[35]. Wenn er hier trotzdem die Eigenschaften von Land und Volk in angeborene und erworbene einteilt, so scheint dies freilich auf Spekulationen über bestimmte Erfahrungen hinzudeuten. Denn die Scheidung als bloß stilistisches Hilfsmittel zur stärkern Betonung der Antithese von πενία und ἀρετή aufzufassen, verbietet die Gesamtkomposition der drei Reden. Erst diese aber gibt dem Ausspruch seinen vollen Sinn. Gerade auf die angeführte Begründung von Demaratos nimmt ja die Antwort des Xerxes Bezug. Wenn jener den griechischen νόμος, d. h. die ἐλευθερία, für den Urheber der nicht von Natur vorhandenen ἀρετή erklärt hatte, stellt dieser die Gegenbehauptung auf, daß nur die durch Zwang wirkende Herrschaft eines Einzelnen die ἀρετή der Untertanen παρὰ τὴν ἑωυτῶν φύσιν steigern könne. Diese Auffassung stimmt in der psychologischen Motivierung überein mit dem Antrag, den Pixodaros im Kriegsrat der Karer stellt (Herod. 5, 118, 2): διαβάντας τὸν Μαίανδρον τοὺς Κᾶρας καὶ κατὰ νώτου ἔχοντας τὸν ποταμὸν οὕτω συμβάλλειν, ἵνα μὴ ἔχοντες ὀπίσω φεύγειν οἱ Κᾶρες αὐτοῦ τε μένειν ἀναγκαζόμενοι γινοίατο ἔτι ἀμείνονες τῆς φύσιος. Danach kann die vorhandene Normalanlage zur Tapferkeit durch äußern Zwang gefördert werden[36].

---

[34] σοφία ist hier nicht nur die praktische Klugheit, sondern die oft als Kennzeichen Griechenlands, besonders Athens, gepriesene höhere Bildung und Wissenschaft. Vgl. unten S. 34.

[35] Vgl. oben S. 23 f.

[36] Die Karer galten von jeher als kriegslustiger und tapferer Stamm: Archiloch. fr. 40; Ephoros F 12. Darauf weist auch das ἔτι des Textes. Xerxes dagegen läßt unentschieden, ob seine Leute schon von Natur tapfer

Diese Argumentation nimmt Demaratos in seiner zweiten Rede auf. Aber an die Stelle des mit der Peitsche die Untertanen zum Kampf zwingenden Monarchen setzt er wieder den νόμος, den er mit dem starken Attribut δεσπότης[37] versieht, vermeidet aber den Ausdruck ἀναγκάζειν sorgfältig[38].

Den gedanklichen Untergrund dieses Redekampfes bildet das seit den Perserkriegen immer wieder dargestellte Erlebnis des Gegensatzes von Griechen und Barbaren, von Freiheit und Knechtschaft. Schon in dessen erster Gestaltung in Aischylos' 'Persern' taucht die Frage auf, ob ein nicht monarchisch regiertes Volk überhaupt imstande sei, erfolgreich Krieg zu führen. Wie hier von Xerxes wird sie dort von Atossa gestellt und selbstverständlich vom Dichter bejaht (Aisch. Pers. 243 f.). Während sich aber Aischylos mit dem Hinweis auf den tatsächlichen Ausgang des ersten Perserkrieges begnügt, sucht Herodot nach einer Begründung für die Ueberlegenheit des freien Volkes über das von einem Monarchen beherrschte. Da der Unterschied in der Leistung offensichtlich mit dem Leben unter verschiedener Verfassung zusammenhängt, kann seine Ursache nicht auf den angeborenen Charakter von Land oder Volk zurückgeführt werden, sondern muß eben in der staatlichen Ordnung liegen. Das ist der Grund für die Trennung der ἀρετὴ ἐπακτός von den naturgegebenen Eigenschaften, und hieraus ergibt sich auch die Folgerung, daß der νόμος Griechenland zum Sieg verholfen habe[39].

---

sind, doch ist auch παρὰ τὴν φύσιν nicht als Ausschaltung negativer Eigenschaften, sondern als Steigerung vorhandener positiver aufzufassen. Für die Gleichsetzung mit dem komparativischen Genitiv τῆς φύσιος vgl. πίν. 14 (388): καὶ ταῦτα πάσχομεν ἀπὸ τοῦ ἐγκεφάλου πάντα, ὅταν οὗτος μὴ ὑγιαίνῃ, ἀλλ' ἢ θερμότερος τῆς φύσιος γένηται ἢ ψυχρότερος ἢ ... ἤ τι ἄλλο πεπόνθῃ πάθος παρὰ τὴν φύσιν, ὃ μὴ εἰώθει. Vgl. für diese Ausdrucksweise unten S. 96 f. mit weitern Stellen und den verwandten Ausdruck παρὰ δύναμιν unten S. 135 A. 39.

[37] Hier spielt wohl das Pindarwort vom νόμος βασιλεύς hinein (fr. 169, unten S. 67 ff. und 81 f.).

[38] Ueber ἀνάγκη - ἀναγκάζειν und βία - βιάζειν, das später in der sophistischen Nomos-Physis-Diskussion eine Rolle spielt, s. unten S. 125 ff. und 135 A. 37 und 39.

[39] Der Stolz der Griechen auf den νόμος, durch den sich ihre politischen Zustände vom Faustrecht oder der Despotie der Barbaren unterscheiden, spricht sich zur selben Zeit in Eurip. Med. 536 ff. aus.

Auffällig bleibt dabei, daß als primäres Hauptmerkmal Griechenlands die πενία genannt und daß neben dem νόμος auch der σοφία ein Einfluß auf die ἀρετή zugeschrieben wird. Zur Betonung der angeborenen Armut mag wieder jener archaische Glaube an die gerechte Verteilung der Vorzüge geführt haben, die nicht demselben Lande Reichtum und Tapferkeit gewährt. Diesem Glauben folgend, stellte man besonders beim Preis von Städten und Ländern die Tüchtigkeit der Bewohner dem Mangel an äußern Vorteilen gegenüber [40]. Und um den Preis von Hellas handelt es sich ja auch bei Herodot, wie besonders deutlich das zur Situation der Rede schlecht passende αἰνέω (7, 102, 2) zeigt. Aus derselben Absicht ist auch die Erwähnung der σοφία zu verstehen. Wenn diese hier als ein Kennzeichen ganz Griechenlands erscheint, während sie sonst vor allem Athen zugeschrieben wird [41], gibt das zugleich einen Hinweis darauf, daß die betonte Beziehung auf Sparta nicht allzu ernst genommen werden darf, sondern daß Herodot als Grieche spricht, beeinflußt von der athenischen Selbstauffassung der perikleischen Zeit, wie sie sich vor allem im Epitaphios äußerte.

Immerhin mag Demarats Bezeichnung des νόμος als ἰσχυρός und δεσπότης aus dem spartanischen Staatsgedanken zu erklären sein [42]. Denn wo Herodot dieselbe Ansicht vom Einfluß der Ver-

---

[40] Vgl. *E. Kienzle*, Der Lobpreis von Städten und Ländern in der älteren griechischen Dichtung (Diss. Basel 1936) 61 f., wo das Lob von Ithaka (ι 27) τρηχεῖ', ἀλλ' ἀγαθὴ κουροτρόφος und von Karthaia auf Keos (Pind. Paean 4, 19 ff.) ἤτοι καὶ ἐγὼ σκόπελον ναίων διαγινώσκομαι μὲν ἀρεταῖς ἀέθλων angeführt ist.

[41] Eurip. Med. 824 ff.: Ἐρεχθεῖδαι ... φερβόμενοι κλεινοτάταν σοφίαν. Vgl. *Kienzle* (s. vorige Anm.) 78 und außerdem Thuk. 2, 40: φιλοσοφοῦμεν ἄνευ μαλακίας.

[42] Doch darf man sich dadurch, daß der νόμος diese Attribute erhält und als Gegengewicht zur ἐλευθερία erscheint, nicht darüber hinwegtäuschen lassen, daß sein Hauptkennzeichen in Griechenland doch die Freiheit ist (vgl. *Kirsten*, Rhein. Mus. 90 [1941] 66 A. 15 und *Stier* 243 A. 40). Vom νόμος Persiens wird bezeichnenderweise nicht gesprochen, da dessen Stelle eben der Monarch einnimmt. Das ist eine Verengerung des Begriffes, der ja sonst bei Herodot wie in πάύτ. jede staatliche und gesellschaftliche Ordnung bezeichnen kann (vgl. unten S. 65 ff. und Pind. P. 2, 86, unten S. 71), die mit dem Wertakzent, den er hier trägt, zusammenhängt.

fassung auf die ἀνδρεία in der Erörterung athenischer Verhältnisse ausspricht, motiviert er die Wirkung psychologisch ganz verschieden. Er setzt 5,78 den Beginn des Aufstiegs von Athen mit dem Sturz der Tyrannen an. Die Steigerung der Tapferkeit, welche die Voraussetzung der außenpolitischen Erfolge ist, bezeichnet er als die Wirkung der neu errungenen Freiheit, mit der Begründung κατεχόμενοι μὲν ἐθελοκάκεον ὡς δεσπότῃ ἐργαζόμενοι, ἐλευθερωθέντων δὲ αὐτὸς ἕκαστος ἑωυτῷ προεθυμέετο κατεργάζεσθαι. Da befiehlt also nicht der νόμος dem Kämpfer, unter allen Umständen auf seinem Posten zu bleiben, sondern er verspricht ihm eigenen Vorteil aus dem Sieg und macht ihn so kampffreudig. Mit dieser selben Argumentation, die man bei Herodot zunächst für ein Echo athenisch-sophistischer Debatten um Staatsformen halten möchte, begründet nun auch der Autor von πάύτ. (23: 76, 15 ff.) die größere Tapferkeit der Europäer, nachdem er sie schon 16 (70, 19—71, 7) umgekehrt ausgewertet und so in breiter Ausführung die mangelnde Kampftüchtigkeit der Asiaten erklärt hatte. Beide Abschnitte gehören zu demjenigen Teil seines Werkes, der darlegen will, wie ein Volk διὰ τοὺς νόμους eine bestimmte geistige Eigenart besitze [43].

Damit ist der Kreis geschlossen, der uns von der Betrachtung des Begriffspaars Nomos-Physis in πάύτ. zu einer verwandten Ausdrucksweise bei Herodot und von dort wieder zu πάύτ. zurückgeführt hat. Wir versuchen, daraus die Schlüsse zu ziehen, die sich für die Herkunft der Antithese und für die Komposition von πάύτ. ergeben.

Als gemeinsame Grundlage von Herodot und πάύτ. läßt sich etwa folgender Gedankengang rekonstruieren: Das unwahrscheinliche und überraschende Erlebnis des Sieges einer kleinen Zahl von Griechen über eine vielfache persische Uebermacht zwang zur Frage nach dessen Ursachen. Zugleich war man sich des fundamentalen Unterschieds der politischen Verhältnisse in der griechischen Polis und in der persischen Monarchie bewußt geworden. Es war natürlich, im griechischen

[43] Vgl. oben S. 16 und 20. Die νόμοι sind hier wieder in jenem rein deskriptiven Sinn der Ethnographie aufzufassen, nicht in der prägnanten Bedeutung, die das Wort im Singular bei Herod. 7, 102 und 104 hat (vgl. die vorige Anm.).

Sieg eine Folge der größern Tapferkeit zu sehen und diese ihrerseits auf die verschiedenartigen politischen Zustände zurückzuführen, sei es, daß man an Stelle des mit Gewalt zum Kampf zwingenden Großkönigs die Autorität des νόμος βασιλεύς als Antrieb setzte [44] oder daß man — wohl im jüngern, demokratischen Denken — dem νόμος der persischen Monarchie denjenigen der griechischen Freiheit gegenüberstellte, die den Einsatz des Lebens mit einem Siegespreis belohnt. Aus dem politischen Erleben und Denken heraus konnte die Haltung, in der das geschah, nur einseitig sein; denn da man die eigene Ueberlegenheit zu begründen hatte, mußte die Auseinandersetzung zu einem Enkomion griechischen Wesens werden. Deshalb wurden die aus der Landesnatur und andern gegebenen Umständen entspringenden Vorteile des Gegners (Reichtum, Macht, Volkszahl, Körperstärke u. a.) und ebenso der eigene Mangel an solchen Hilfsmitteln betont, um die eigene Leistung um so höher bewerten zu können [45]. So verlangte die Hervorhebung des νόμος notwendig einen Gegenbegriff, der all diese primär gegebenen Vor- und Nachteile umfaßte. Daß man als solchen die φύσις der Bewohner empfand, scheint zunächst nicht selbstverständlich. Sobald aber der νόμος als die formende Macht erkannt war, die trotz dem Mangel an natürlichen Hilfsmitteln zum Sieg verholfen hatte, lag es für griechisches Denken nahe, ihn als den 'Erzieher' zur Tüchtigkeit aufzufassen.

In diese Richtung weist schon ein Ausspruch des Simonides (fr. 53) πόλις ἄνδρα διδάσκει. Damit aber eröffnete sich für die Beurteilung des vom νόμος geformten Volkes eine neue Perspektive, diejenige der Erziehung. Auf diesem Gebiet waren ja

---

[44] Vgl. auch Heraklit B 44 (unten S. 66 A. 25), wo der νόμος den Kampf nicht als befehlender Herrscher veranlaßt, sondern als das Gut, um das gekämpft werden soll.

[45] Bei Herodot mag auch die Anschauung der altgriechischen Ethik mitspielen, wonach sich Reichtum und Arete schlecht vertragen, vielmehr mit ἀρετή oder εὐσέβεια fast notwendig Armut verbunden ist: Solon fr. 4, 9 u. a. Vgl. *F. Wehrli,* ΛΑΘΕ ΒΙΩΣΑΣ (Leipzig 1931) 14 ff. 59 f. Immerhin wird der Mangel nicht als positive Ursache der Leistung bewertet, wie dies später in sophistisch-paradoxen Thesen, meist im Zusammenhang mit Kulturentstehungslehren, geschah; darüber *W. Meyer,* Laudes inopiae (Diss. Göttingen 1915).

im frühen 5. Jahrhundert, wieder unter dem Einfluß politischer Ereignisse, wesentliche Einsichten gewonnen worden. Denn schon vor den Perserkriegen war ein Teil des griechischen Volkes, ebenfalls im Kampf um seine Existenz, diesmal freilich in innenpolitischer Auseinandersetzung, zur Erkenntnis des eigenen Wesens vorgedrungen: der alte Adel in der Verteidigung gegen das aufkommende Bürgertum. Wenn auch die Bedingungen, die zur Selbstprüfung führten, dort nicht dieselben waren wie nach dem Persersieg, da vielmehr die eigene Ueberlegenheit praktisch gefährdet war, so blieb doch die Aufgabe die gleiche: Der eigene Wert sollte erwiesen und auf seine Ursachen zurückgeführt werden [46]. Pindar, neben Theognis der Hauptzeuge für die Haltung des Adels diesem Problem gegenüber, kommt dabei zu ganz andern Ergebnissen als das siegreiche Bürgertum nach dem Perserkrieg. Das Blut, das angeborene Wesen, ist für ihn die entscheidende Ursache der adligen Arete. Neben der φυά verschwinden alle sekundären Einflüsse; alles von außen Herangetragene, nur Angelernte, wird abgelehnt. So kann denn auch dem νόμος, der politischen Ordnung des Staates, keine Bedeutung für die Formung der geistigen Haltung zugesprochen werden. Steht doch die Adelsgesellschaft dieser Zeit in Opposition zur neuen Polis [47].

Damit war aber eine Frage zur Diskussion gestellt, die für die ganze Folgezeit fruchtbar blieb, ob nämlich das angeborene Wesen des Menschen sich beeinflussen oder gar gänzlich ändern lasse. Daß sie bald positiv beantwortet wurde, zeigt Herodots Auffassung (5, 118, 2 und 7, 103, 4), wonach die Karer oder die Perser im Kampfe infolge einer Zwangslage ἀμείνονες τῆς φύσιος werden können. So konnte das Problem von der Erziehung des Einzelnen auf die Formung eines Volkscharakters übertragen werden, wo nun der φύσις der Einfluß

---

[46] Vgl. zum folgenden unten S. 98 ff.

[47] So erklärt sich Pind. P. 2, 86 (unten S. 71): der εὐθύγλωσσος ἀνήρ weiß sich unter jeder Verfassung (νόμος) auszuzeichnen. Damit ist doch wohl gesagt, daß er sich vom νόμος nicht beeinflussen läßt. Das steht freilich nicht expressis verbis da, weil Pindar das Problem eben gar nicht so sieht, wie es den Verfasser von πάύτ. beschäftigt.

des νόμος gegenübertrat. Das war um so leichter möglich, als das ethnographische Material, an dem sich die Fruchtbarkeit des Gesichtspunktes erweisen ließ, seit Hekataios vorlag.

Wann und von wem die beiden Begriffe einander zum erstenmal gegenübergestellt worden sind, läßt sich kaum genau bestimmen. Das Selbstbewußtsein, das der Gedanke verrät, wenn als Hauptkennzeichen griechischen Wesens die ἀρετή und als ihre Grundlage der νόμος gepriesen wird, paßt wohl nur in die Zeit nach den Perserkriegen und vor der neuen Offenbarung der Zerrissenheit im Peloponnesischen Krieg [48]. So wird man die erste Formulierung um die Jahrhundertmitte ansetzen, in den Jahren, da die ersten Sophisten im ionisch-attischen Kulturkreis auftraten. Bestätigt wird diese Datierung dadurch, daß sich eine Spur des Begriffspaares schon in Sophokles' 'Aias' findet (548 f.):

ἀλλ' αὐτίκ' ὠμοῖς αὐτὸν ἐν νόμοις πατρὸς
δεῖ πωλοδαμνεῖν κἀξομοιοῦσθαι φύσιν.

Die beiden Verse stehen in Aias' Abschiedsrede an Eurysakes und sprechen den Grundsatz aus, nach dem Aias seinen Knaben erziehen lassen möchte. Von jeher hat darin der Ausdruck νόμοις der Erklärung einige Schwierigkeit bereitet. An seiner Stelle würde man τρόποις leichter verstehen [49]. Die Erklärung der Scholien, die das Wort als Kennzeichen von Aias' μεγαλοφροσύνη auffassen, ist ein Notbehelf [50]. Dagegen kann ein Vergleich mit 'Oedipus Coloneus' weiterhelfen (337 f.):

ὢ πάντ' ἐκείνω τοῖς ἐν Αἰγύπτῳ νόμοις
φύσιν κατεικασθέντε καὶ βίου τροφάς.

Die Verba ἐξομοιοῦσθαι und κατεικάζεσθαι stimmen in der Bedeutung überein. Beide Male handelt es sich um ein Angleichen des eigenen Wesens an eine fremde Art und Ordnung. Daß dieser Gedanke aus erzieherischen Ueberlegungen stammt, ist

---

[48] Das hat für die Datierung von πάύτ. schon *Wilamowitz,* SBBerl. 1901, 20 kurz angedeutet. Der oben gegebene Nachweis, daß die hippokratische Schrift auch in diesem Punkte mit Herodot übereinstimmt, sichert seinen Ansatz. Vgl. dazu Anhang S. 206 und 209 A. 109.

[49] So umschreibt Eustathius 624, 58 die Stelle: Αἴας ὠμοὺς νόμους τοὺς ἑαυτοῦ τρόπους καλεῖ ὡς ἀνενδότους καὶ στερεούς.

[50] μεγαλοφρῶν νόμους τὴν φύσιν ὠνόμασε καὶ τὸ ἔθος τοῦ γεγεννηκότος.

offensichtlich, ebenso klar aber ist es, daß die Terminologie einem andern Bereich entnommen ist, dem des politischen Lebens. Der Zusammenhang damit ist in den 'Oedipus'-Versen bewahrt[51], während die Verse des 'Aias' Worte der politischen Sphäre zur Bezeichnung eines erzieherischen Tatbestandes verwenden. Damit bestätigt sich einerseits die Feststellung, daß der Erziehungsgedanke nicht ohne Einfluß auf die Entstehung der Antithese war, anderseits die Annahme, daß diese schon um die Jahrhundertmitte formuliert war. Beides ist notwendig, wenn die Uebertragung vom einen Gebiet auf das andere schon in den vierziger Jahren erfolgen konnte.

So ist das Begriffspaar Nomos-Physis ursprünglich aus dem griechischen Nationalgefühl heraus erwachsen. Auf das Problem der Komposition von πάϋτ. angewendet, hilft diese Erkenntnis zugleich zur Erklärung jener Trennung von Asien und Europa, die, wie wir sahen, zu der beherrschenden geographischen Nord-Süd-Einteilung im Widerspruch steht. Die beiden Begriffe Asien und Europa haben offenbar für den Verfasser mehr politische als geographische Bedeutung, nachdem sich die übernommene Zweiteilung in der Zeit der Perserkriege zu einem erlebnismäßigen Gegensatz vertieft hatte. Ihm gilt das Interesse des Arztes, und aus diesem Erleben heraus kommt er dazu, außer der μορφή der Völker, die zunächst allein als Thema des Werkes genannt war, auch ihr ἦθος in den Bereich seiner Betrachtungen zu ziehen. Neben der medizinischen Frage nach den Ursachen der körperlichen Verschiedenheit drängt sich ihm das andere Problem, das die politischen Ereignisse ins Bewußtsein riefen, geradezu auf, die Frage nach

---

[51] Sie gehen, wie längst erkannt ist, auf herodoteische Anregungen zurück (vgl. die Kommentare, die besonders auf Herod. 2, 35 verweisen). So findet sich denn auch bei Herodot im Aegypten-Buch — und nur in diesem — die Verbindung von φύσις und νόμοι (2, 45, 2; vgl. unten S. 40). Wenn die Verse O.C. 337—341 unecht sein sollten, was nach *Meineke* neulich von *E. Eicken-Iselin,* Interpretationen und Untersuchungen zum Aufbau der Sophokleischen Rheseis (Diss. Basel 1942) 250 A. 2 und 267 vertreten wird, so müßten sie doch aus dem frühen 4. Jhdt. stammen. Sie sind auf alle Fälle von Ethnographie und politisch-sophistischer Spekulation angeregt und behalten somit in unserm Zusammenhang ihre klärende Bedeutung.

den Ursachen der ganz verschiedenen geistigen Haltung von Europäern und Asiaten.

In der Folgezeit war es vor allem die wissenschaftliche Völkerkunde, die sich den neu gefundenen Gesichtspunkt zunutze machte, wie ja schon bei der ersten Fassung des Begriffspaares mit dem politischen und erzieherischen Wollen ethnographisches Wissen verbunden war — drei Interessenkreise, die in den führenden Geistern der ionisch-attischen Kultur des 5. Jahrhunderts noch nicht getrennt waren; das beweisen neben Xenophanes und Hekataios auch Aischylos und Herodot. So fand er in die beschreibende Ethnographie Eingang, wie Herodot (2, 45) bezeugt: ἐμοὶ μέν νυν δοκέουσι ταῦτα λέγοντες τῆς Αἰγυπτίων φύσιος καὶ τῶν νόμων πάμπαν ἀπείρως ἔχειν οἱ Ἕλληνες. Diese Zerlegung des ägyptischen Wesens in die beiden Komponenten des angeborenen Charakters und der Sitten und Bräuche läßt sich nicht einfach aus der ältern Ethnographie herleiten. Denn Hekataios' Schema der Völkerbeschreibung berücksichtigt neben δίαιτα, νόμοι und θωμάσια eines Volkes wohl die φύσις τῆς χώρης, nicht aber diejenige der Bewohner [52]. Nur an dieser einen Stelle verbindet Herodot die beiden Begriffe, um in einer Art polarer Ausdrucksweise die Gesamtheit des ägyptischen Volkscharakters zu umfassen, und setzt damit die formulierte Begriffsverbindung voraus [53]. Er, bzw.

---

[52] Rekonstruiert von *Trüdinger* 20 ff. nach *Jacoby*.

[53] Zu vergleichen ist aus derselben Zeit die Art und Weise, die Euripides empfiehlt, um das Wesen eines Menschen richtig zu beurteilen (fr. 812, 4 ff. aus dem 'Phoinix'):

> κἀγὼ μὲν οὕτω χὤστις ἔστ' ἀνὴρ σοφός
> λογίζομαι τἀληθές, εἰς ἀνδρὸς φύσιν
> σκοπῶν δίαιτάν θ' ἥντιν ἡμερεύεται.

Aus φύσις und δίαιτα wird hier auf ein Drittes, den Charakter, geschlossen — einen Begriff, den man griechisch kaum anders als wieder durch φύσις (evtl. τρόποι) wiedergeben könnte. Klarer wäre demnach das Rezept, wenn aus der Beobachtung der δίαιτα des Einzelnen, bzw. der νόμοι eines Volkes sich dessen Charakter beurteilen ließe. Die Trennung der Indizien in φύσις und δίαιτα ist nur zu verstehen, wenn sich darin eine geprägte Form ausspricht. — Es ist denkbar, daß auch Sallust sich an griechische Ausdrucksweise anlehnt, wenn er Cat. 53, 6 vor der Synkrisis von Caesar und Cato erklärt, er wolle *utriusque naturam et mores aperire*.

die Ethnographen des 5. Jahrhunderts scheinen damit Schule gemacht und bis auf hellenistische Zeit nachgewirkt zu haben. Denn auf Poseidonios geht es wohl zurück, wenn Caesar und Strabon in der keltisch-germanischen Ethnographie sich dieses selben Ausdrucks bedienen [54].

Anderseits hat die aitiologisch orientierte Völkerbeschreibung unter dem Einfluß ärztlichen Denkens den Grundsatz, daß der Charakter eines Volkes von seiner Erbmasse und von seinem Brauchtum und seiner staatlichen Ordnung bedingt sei, auch auf die Betrachtung der körperlichen Eigenart übertragen. Davon ist die Schrift πἀὐτ. Zeuge; sie bedeutet also auch hier nicht einen Anfang, sondern wendet eine ältere Denkweise, freilich in durchaus origineller Ausgestaltung, an.

---

[54] Caes. Bell. Gall. 2, 15, 3: *Nervii... quorum de natura moribusque Caesar cum quaereret, sic reperiebat.* Strab. 4, 196: καὶ γὰρ τῇ φύσει καὶ τοῖς πολιτεύμασιν ἐμφερεῖς εἰσι καὶ συγγενεῖς ἀλλήλοις (sc. Germanen und Kelten). Vgl. auch Liv. 23, 5, 12.

II. Die Vorgeschichte der sophistischen Antithese Nomos-Physis

Die Verbindung Nomos-Physis, die uns in der Schrift περὶ ἀέρων ὑδάτων τόπων zuerst entgegentritt, ist in ihrer Bedeutung von jeder spätern antithetischen Verwendung dieses Begriffspaares so grundverschieden, daß die äußere Form fast nur zufällig übereinzustimmen scheint. Ob wir die jüngere Antithese in ihrer sophistisch-politischen oder ob wir sie in ihrer philosophisch-spekulativen Ausprägung betrachten, immer erkennen wir auf den ersten Blick den grundsätzlichen Unterschied, der sie von dem eben betrachteten Begriffspaar trennt. Es genügt, je ein Beispiel dieser beiden späteren Arten des Gebrauchs der Antithese vorzulegen, um den ganz andern gedanklichen Hintergrund deutlich werden zu lassen.

In welchem Sinn das politisch-sophistische Denken die beiden Begriffe einander gegenüberstellte, mag der bekannte Ausspruch des Hippias in Platons 'Protagoras' (337 C) zeigen: ἡγοῦμαι ἐγὼ ὑμᾶς συγγενεῖς τε καὶ οἰκείους καὶ πολίτας ἅπαντας εἶναι φύσει, οὐ νόμῳ· τὸ γὰρ ὅμοιον τῷ ὁμοίῳ φύσει συγγενές ἐστιν, ὁ δὲ νόμος τύραννος ὢν τῶν ἀνθρώπων πολλὰ παρὰ τὴν φύσιν βιάζεται.

Ein Beispiel für die philosophische Verwendung der Antithese bietet etwa Antisthenes' Satz[1]: κατὰ νόμον εἶναι πολλοὺς θεούς, κατὰ δὲ φύσιν ἕνα. Gegenüber πάυτ. ist in beiden Zitaten sowohl die scharf antithetische Setzung der zwei Begriffe wie auch die eindeutige Stellungnahme zugunsten der φύσις bezeichnend. Bei Antisthenes geht ihre positive Bewertung so weit, daß der Begriff beinahe mit ἀλήθεια synonym erscheint, eine Bedeutungsgleichung, die in πάυτ. undenkbar ist. Dieser tiefgreifende Wandel läßt sich nur verstehen aus den Tendenzen, die sich in der Begriffsentwicklung von νόμος und φύσις äußern, und aus der antithetischen Richtung des griechischen Denkens, das gerade

[1] Bei Philodem, π. εὐσεβ. p. 72 Gomp.; vgl. Cic. De nat. deor. 1, 13, 32.

den Gegensatz Schein-Wahrheit früh erkannt und in immer neuen Formen ausgesprochen hat. Die folgenden drei Kapitel sollen das im einzelnen zeigen.

1. Schein und Wahrheit im frühgriechischen Denken

a) Wort und Tat

Als Ausgangspunkt wählen wir eine der ältesten und verbreitetsten Begriffsverbindungen, diejenige von 'Wort' und 'Tat'. Sie eignet sich deshalb besonders gut zum Vergleich mit dem Paar Nomos-Physis, weil den Ausdrücken ἔπος, λόγος, γλῶττα von Hause aus ebenso wenig wie dem Wort νόμος eine schlechte Nebenbedeutung anhaftet und weil anderseits auch ἔργον (wie φύσις) ein ethisch wie erkenntnistheoretisch ursprünglich durchaus indifferenter Begriff ist. So sind in den homerischen Epen 'Worte' und 'Taten' die einander ergänzenden gleichwertigen Aeußerungsformen menschlichen Tuns. Es genügt, für diese Art der polaren Bezeichnung menschlicher Leistung an das häufige ἢ ἔπει ἠὲ καὶ ἔργῳ oder ἔργον τε ἔπος τε zu erinnern. In dem vielzitierten Vers Ι 443 μύθων τε ῥητῆρ' ἔμεναι πρηκτῆρά τε ἔργων ist zum erstenmal, von einem jüngern Iliasdichter, ausdrücklich die Verbindung von Worten und Taten als Ideal menschlicher Betätigung genannt [2]. In der Folgezeit finden sich die beiden Begriffe immer wieder verbunden, so bei Hesiod (Op. 710), Heraklit (B 1) [3], Aischylos (Pers. 174), Pindar (N. 1, 27 f.), auch bei Sophokles zweimal, und Herodot verwendet sie häufig, sowohl im Singular wie im Plural. Gegen die Mitte des 5. Jahrhunderts tritt an die Stelle von ἔπος zunächst in gleicher Bedeutung das jüngere λόγος, zuerst bei Anaxagoras (B 7), dann häufiger bei Sophokles [4].

Während so die Verknüpfung der beiden Begriffe ein — oft nur um der Form willen gewähltes — Bild der Gesamtheit

---

[2] Vgl. *Jaeger,* Paideia 30; *W. Marg,* Der Charakter in der Sprache der frühgriechischen Dichtung (Würzburg 1938) 55 f. m. A. 23.

[3] Ueber diesen Topos bei den Vorsokratikern handelt *Schottländer,* Hermes 62 (1927) 443 ff.

[4] Demselben Ausdruck der Vollständigkeit dient auch die verbale Verbindung λέγειν καὶ ποιεῖν (Heraklit B 112 u. ö.).

menschlicher Aeußerung geben soll, erscheint um dieselbe Zeit die Antithese von 'Wort' und 'Tat' als Ausdruck eines neuen Verhältnisses zur Wirklichkeit des Menschen. Die Erkenntnis, daß Worte und Taten eines Mannes sich widersprechen können, besitzt freilich schon die archaische Zeit. Solon hat sie für uns als erster scharf antithetisch formuliert in jener Elegie, in der er die eigene Feigheit und Dummheit der Athener für ihre Knechtschaft (nach der Ueberlieferung unter Peisistratos) verantwortlich macht (fr. 8, 7 f.):

εἰς γὰρ γλῶσσαν ὁρᾶτε καὶ εἰς ἔπη αἱμύλου ἀνδρός,
εἰς ἔργον δ' οὐδὲν γιγνόμενον βλέπετε.

Das bedeutet einen ersten Schritt zur Zerreißung des bisher einheitlichen Menschenbildes. Denn hier handelt es sich nicht mehr um die ethisch nicht bewertete Fabulierkunst eines Odysseus, die in dessen Gesamtbild ja gerade ein wesentlich bestimmendes, nicht ein widersprüchliches Merkmal ist. Sondern hier erwächst aus der Erfahrung des Widerspruchs zwischen Worten und Taten die Höherbewertung der ἔργα als des eigentlich 'Wirklichen' und entsprechend die Geringschätzung der λόγοι. Denn so wird nun der Gegensatz zu ἔργον in den weitaus meisten Fällen bezeichnet, während das ältere Wort ἔπος sich nach Solon in der ausgeprägten Antithese nicht mehr findet. Daneben stehen γλῶττα, μῦθος, φήμη, die alle viel mehr als λόγος schon von vorneherein die Bedeutung der 'bloßen, falschen Rede' haben (vgl. z. B. Soph. Phil. 98 f., wo die Erkenntnis Solons verallgemeinert wird). Doch kennt das archaisch gebundene Denken von Pindar und Aischylos, soweit wir das aus den erhaltenen Dichtungen beurteilen können, diese Gegenüberstellung überhaupt nicht. Nur im 'Prometheus', der auch sonst in vielen Einzelheiten so unaischyleisch, sophistisch anmutet, wird sie verwendet, und zwar gleich zweimal:

336 ἔργῳ κοὐ λόγῳ τεκμαίρομαι
1080 f. καὶ μὴν ἔργῳ κοὐκέτι μύθῳ χθὼν σεσάλευται.

Hier erscheint sie plötzlich schon vollständig ausgebildet in der später üblichen Form des adverbialen Dativs [5]. Auch

---

[5] Das tritt zu den vielen Beobachtungen stilistischer und gedanklicher Besonderheiten des 'Prometheus' gegenüber den andern aischyleischen Stücken hinzu, die sich mit der bloßen Annahme einer spätern Ueberarbei-

dürfte die Art der Verwendung an diesen Stellen, die die ausgesprochene Antithese zwar voraussetzt, aber zugunsten der Verstärkung des positiven Begriffs durch polare Setzung des negativen zurücktreten läßt, nicht die ursprüngliche sein. Näher bei dieser steht Euripides, der in seinem rhetorischen Stil schon von den ältesten erhaltenen Stücken an von dieser Figur reichlichen Gebrauch macht:

Alc. 339 λόγῳ γὰρ ἦσαν, οὐκ ἔργῳ φίλοι.

In dieser Form, wo λόγος nurmehr den Vorwand und Schein, ἔργον die Wirklichkeit bezeichnet, deckt sich die Antithese inhaltlich beinahe mit der spät-sophistischen νόμῳ-φύσει, die wir oben aus Platon und Antisthenes angeführt haben. Doch ist sie sicher älter und populärer als diese. Denn außer Euripides ist sie auch Herodot, und nicht nur in Reden, recht geläufig. Wie sie schließlich Thukydides in geradezu aufdringlicher Häufigkeit zur Pointierung braucht, während er den Gegensatz Nomos-Physis nur dreimal beiläufig antönt, ist allgemein bekannt und läßt sich z. B. im perikleischen Epitaphios leicht feststellen [6].

Als Ergebnis dieser summarischen Uebersicht möchte ich festhalten, daß die Antithese von Sein und Schein, die sich in der Gegenüberstellung menschlichen Handelns und bloßer, dazu im Widerspruch stehender Worte äußert, in vorsophisti-

---

tung kaum befriedigend erklären lassen. *W. Schmid,* Untersuchungen zum gefesselten Prometheus (Tübinger Beiträge zur Altertumswissenschaft Heft 9, Stuttgart 1929) 56 hat dieses Argument nicht angeführt, da er den oben herausgestellten Unterschied zwischen der Verbindung Wort-Tat und der ganz andern Antithese der zwei Begriffe übersieht und daher aischyleische und andere Stellen vergleicht, die nicht hieher gehören. Die Antithese ist bei Aischylos sonst nicht zu belegen.

[6] Auch Demokrit zeigt sich hierin als Zeitgenosse der Sophisten (VS 68 B 82), ebenso der Verfasser des hippokratischen Nomos (1: 7, 10; 4: 8, 8 ff. CMG, dazu Eurip. Troad. 1233). An der zweiten dieser Stellen χρὴ μὴ λόγῳ μοῦνον, ἀλλὰ καὶ ἔργῳ ἰητροὺς νομίζεσθαι hat der Hippokratiker offenbar eine geläufige Wendung aufgenommen und ungeschickt eingefügt; denn der an sich unsinnige Satz χρὴ ἔργῳ ἰητροὺς νομίζεσθαι ist nur dadurch zu erklären, daß sich dem Verfasser in den klaren Gedanken χρὴ μὴ μοῦνον ἰητροὺς νομίζεσθαι, ἀλλὰ καὶ εἶναι die rhetorische Antithese eingedrängt hat. Das spricht neben anderm gegen die Frühdatierung der Schrift, die *F. Müller,* Hermes 75 (1940) 93 ff. zu begründen versucht hat.

scher Zeit entstand, nicht von einem einzelnen Denker geschaffen, sondern geboren aus dem neuen Verhältnis heraus, das die Zeit zur Wirklichkeit menschlichen Verhaltens gewonnen hatte, und aus ihren neuen sprachlichen Ausdrucksmöglichkeiten. Sie ist dann allgemein zu einer Form der Beurteilung jenes Verhaltens geworden und schließlich zum manierierten Stilmittel herabgesunken.

b) Benennung und Wirklichkeit

Der besprochenen Antithese steht eine andere, bei Euripides und Thukydides ebenfalls beliebte Gegenüberstellung in ihrer endgültigen Form sehr nahe: ὄνομα-ἔργον. Diese äußere Aehnlichkeit darf aber nicht darüber hinwegtäuschen, daß dieses Begriffspaar aus einer ganz andern Fragestellung heraus entstanden ist. Es ist ursprünglich nichts anderes als ein Versuch zur Lösung des Problems, ob die menschliche Sprache ein richtiges Abbild der Wirklichkeit oder nur eine Summe willkürlich gewählter, an sich bedeutungsloser Laute sei. Dieses ist seinerseits schon eine Folgerung aus dem noch älteren etymologischen Interesse, das zunächst einfach nach der 'ursprünglichen' Bedeutung der Wörter fragte. Schon bei Homer sehen wir, wie es sich an Eigennamen versuchte, deren Zusammensetzung und Sinn in vielen Fällen noch klar zutage lag. Auch jenes zuerst erwähnte, tiefergehende Problem, durch das der Sinn der Sprache überhaupt in Frage gestellt wurde, kennt bereits das Epos und versucht es auf seine Art zu lösen, d. h. mit den Mitteln, die dem mythischen Denken hiefür zur Verfügung stehen. Denn anders ist es kaum aufzufassen, wenn im Epos ein Wesen zwei Namen führt, von denen der eine bei den Menschen, der andere bei den Göttern gelten soll. Nur um den Versuch, eine vorhandene Doppelnamigkeit zu erklären, kann es sich ja kaum handeln, da in vielen andern Fällen Doppelnamen einfach festgestellt werden, ohne daß man dafür eine Deutung sucht, so bei der Vielnamigkeit von Göttern, aber auch bei Appellativa [7]. Gegen diese Annahme spricht ferner,

[7] Σ 487, ε 273: ἄρκτόν, ἣν καὶ ἄμαξαν ἐπίκλησιν καλέουσι.
Ω 315 f.: ... αἰετὸν ἧκε, ὃν καὶ περκνὸν καλέουσι.

daß eine derartige Erklärung von Doppelnamen nicht nur dann gegeben wird, wenn die eine Benennung vorgriechisch ist und deshalb einer Deutung bedarf [8]. Anderseits ist doch anzunehmen, daß die Doppelheit der Namen dem Dichter überall schon vorlag, die beiden Namen aber nicht gleichberechtigt nebeneinander standen. Wenn dann zudem der gebräuchlichere weniger leicht etymologisierbar war, lag es nahe, den andern als den 'richtigern' von den Göttern herzuleiten [9]. Tatsächlich ist das Verhältnis der beiden Namen an den meisten Stellen so, daß die Bedeutung und Etymologie des 'göttlichen' Namens unmittelbarer in die Augen springt [10]. Bestimmt ist auch dieses Problem, wie die Etymologie, von Eigennamen ausgegangen. Und gewiß hat Epicharm, der den Doppelnamen einer Muschelart auf diese Weise erklärt (fr. 42, 10 f. Kaib.), die Methode aus dem Epos übernommen. Dagegen möchte man die Behauptung des Pherekydes von Syros (VS 7 B 12) ὅτι οἱ θεοὶ τὴν τράπεζαν θυωρὸν καλοῦσιν auf seine eigene Spekulation zurückführen, da er ja nachweislich als einer der ersten etymologische Erklärungen, besonders von Götternamen, zu geben versucht hat. Wie gerade diese immer wieder zum Etymologisieren reizten, zeigen neben Platons 'Kratylos' eine große Zahl von jüngern

---

[8] Vgl. *Leaf* in seinem Ilias-Kommentar (2. Aufl. London 1900) zu Α 403.

[9] Ebenso faßt Platon im 'Kratylos' 391 D ff., freilich aus anderer Sicht, den Götternamen als den 'richtigen' auf. Vgl. auch Phaedr. 252 B.

[10] Α 403. Β 813. Ξ 291. Υ 74. Daneben kommt das μῶλυ (κ 305) nicht in Betracht, das überhaupt nur einen Götternamen und als Zauberkraut eben einen märchenhaft unverständlichen hat. — Mit etwas anderer Motivierung scheint diese Ansicht schon *Kvičala* 1896 vertreten zu haben, den *H. Güntert,* Von der Sprache der Götter und Geister (Halle a. d. S. 1921) 113 zitiert. *Güntert* selbst lehnt sie 104 ff. ab und sieht vielmehr in den Götternamen eine gewisse Dunkelheit und Vielsinnigkeit. Ich kann da, im Hinblick auf Ξάνθος (Υ 74), χαλκίς (Ξ 291) und Βριάρεως (Α 403), nicht folgen. Ueberhaupt scheint mir bei *Güntert* der Abstand des homerischen vom primitiven Denken unterschätzt zu sein, ein Mangel, der sich durch den Ausgangspunkt seiner Untersuchung erklärt. Richtig bleibt seine Auffassung, daß offenbar der in des Dichters Gegenwart gebräuchliche Name zu dem der Menschen gemacht wurde. Damit stimmt *Wilamowitz,* Die griechische Heldensage, SBBerl. 1925, 218 f. (= Kleine Schriften 5, 2, 91) überein, der im übrigen versehentlich die Tatsachen umdreht und hinter der Doppelheit doch wohl zu wenig sucht.

und ältern Orphikerfragmenten, die den Schluß zu ziehen erlauben, daß schon in der ältesten Theologie solche Deutungen eine Rolle gespielt haben [11], wie denn überhaupt das etymologische Interesse letzten Endes auf den Glauben an die magische Bedeutung und Kraft des Namens an sich zurückzuführen ist [12].

Die rationale Sprachbetrachtung setzt mit dem Beginn des 5. Jahrhunderts ein. Wir sind gewohnt, sie aus der Perspektive des platonischen 'Kratylos' zu beurteilen und daher auch schon ihre Anfänge von der Antithese Nomos-Physis beherrscht zu sehen. Es ist indessen klar, daß wir uns hier, wo nach der Entstehung dieser Antithese gefragt wird, von einer solchen Betrachtungsweise lösen müssen. Wir werden also versuchen, die spärlichen Reste der Vorsokratiker, die ihre Anschauung vom Wesen der Sprache beleuchten, aus sich heraus möglichst ohne Hereintragen späterer Kategorien zu verstehen.

Stichwort ist das schon bei Homer in diesem Zusammenhang immer wiederkehrende καλεῖν:

Xenophanes B 32: ἥν τ' Ἶριν καλέουσι, νέφος καὶ τοῦτο πέφυκε,
πορφύρεον καὶ φοινίκεον καὶ χλωρὸν ἰδέσθαι.

Anaxagoras B 19: Ἶριν δὲ καλέομεν τὸ ἐν τῇσιν νεφέλῃσιν ἀντιλάμπον τῷ ἡλίῳ.

Empedokles B 9,5: οὐ θέμις ᾗ καλέουσι, νόμῳ δ'ἐπίφημι καὶ αὐτός.

Alle drei Philosophen verwerfen das καλεῖν der Menschen als den Ausdruck einer falschen Meinung und stellen ihm ihre richtige Erkenntnis gegenüber [13]. Doch ist dabei zu beachten, daß die gebräuchlichen Benennungen der Dinge nur deshalb abgelehnt werden, weil ihnen eine falsche Vorstellung zugrunde liegt. Denn für das archaische Denken sind Benennung und Begriff identisch, weil Gedanken nur dort, wo sie an die Oberfläche treten, d. h. eben in der Sprache, faßbar sind; daher wird

---

[11] Das Material bei *Nestle,* Philologus 64 (1905) 367 ff.

[12] Vgl. *Hoffmann* 21 A. 3, der auf *Jakob Grimm,* Deutsche Mythologie 2^4 (Berlin 1876) 1023 ff. und *E. Cassirer,* Philosophie der symbolischen Formen 1 (Berlin 1923) 56 u. 2 (Berlin 1925) 51 ff. verweist.

[13] Dagegen ist καλεῖν bei Xenophanes B 2, 5 neutral: δεινὸν ἄεθλον ὃ παγκράτιον καλέουσι. Zu Empedokles B 9, 5 vgl. unten S. 84 f. m. A. 67.

mit der Benennung zugleich der Begriff verworfen. Das gilt für Xenophanes wie für Parmenides und Heraklit (s. unten). Anaxagoras und Empedokles dagegen haben diese Stufe schon um ein geringes überschritten: Anaxagoras, der sich in dem καλέομεν selbst miteinschließt, behält den göttlichen Namen Iris bei für ein Phänomen, das er aus natürlichen Gegebenheiten zu erklären versteht, und Empedokles verwendet um der allgemeinen Verständlichkeit willen Ausdrücke, mit denen die Menge einen in seinen Augen falschen Begriff verbindet (vgl. unten S. 84 f.). Wie sehr daneben dennoch auch bei Anaxagoras Name und Begriff gleichgesetzt werden, zeigt sein Fragment B 17: τὸ δὲ γίνεσθαι καὶ ἀπόλλυσθαι οὐκ ὀρθῶς νομίζουσιν οἱ Ἕλληνες· οὐδὲν γὰρ χρῆμα γίνεται οὐδὲ ἀπόλλυται, ἀλλ' ἀπὸ ἐόντων χρημάτων συμμίσγεταί τε καὶ διακρίνεται. καὶ οὕτως ἂν ὀρθῶς καλοῖεν τό τε γίνεσθαι συμμίσγεσθαι καὶ τὸ ἀπόλλυσθαι διακρίνεσθαι [14]. νομίζειν und καλεῖν sind hier beinahe synonym verwendet, indem beide den Sprachgebrauch bezeichnen [15]. Dabei ist dieser freilich eine Folge der falschen Vorstellung, so daß wir daraus auch verstehen, wie νομίζειν zur Bedeutung 'meinen', 'glauben' kommen konnte (vgl. unten S. 73 ff.). Es hat sie aber hier noch nicht [16].

Auch inhaltlich stimmen Anaxagoras und Empedokles überein: Beide lehnen die Annahme eines Werdens und Vergehens der Dinge ab. Beide stehen mit dieser Lehre in eleatischer Tradition. Bei Parmenides ist deshalb auch der Ursprung dieser Verwerfung der gebräuchlichen Ausdrucksweise, des καλεῖν, zu suchen. Allerdings vermeidet er gerade dieses Wort an den Stellen, wo er sich mit dem Problem befaßt [17]:

---

[14] Zu ὀρθῶς καλεῖν vgl. ferner Herod. 6, 98, 3 und Eurip. fr. 781, 12.

[15] Vgl. νόμος bei Empedokles B 9, 5 und Herodot 4, 39 (unten S. 82 ff.). — Die terminologische Verwendung von καλεῖν = 'auf Grund falschen Glaubens etwas falsch benennen' findet sich auch Emped. B 15.

[16] Deshalb war *Diels'* Uebersetzung in den früheren Auflagen der VS «In bezug auf das Entstehen und Vergehen haben die Hellenen einen unrichtigen Sprachgebrauch» angemessener als diejenige von *Kranz* in der 5. Auflage «Von Entstehen und Vergehen aber haben die Hellenen keine richtige Meinung».

[17] In B 9, 1 ist die überlieferte Form ὀνόμασται kaum richtig; vgl. die verschiedenen Konjekturen im Apparat von *Kranz*. Herr Prof. *Von der Mühll* verweist mich zu seinem Vorschlag νενόμισται auf Plat. Rep. 7, 515 B

B 8, 36 οὐδὲν γὰρ ⟨ἢ⟩ ἔστιν ἢ ἔσται
ἄλλο πάρεξ τοῦ ἐόντος, ἐπεὶ τό γε Μοῖρ' ἐπέδησεν
οὖλον ἀκίνητόν τ' ἔμεναι· τῷ πάντ' ὄνομ' ἔσται,
ὅσσα βροτοὶ κατέθεντο πεποιθότες εἶναι ἀληθῆ,
γίγνεσθαί τε καὶ ὄλλυσθαι, εἶναί τε καὶ οὐχί.
B 8, 53 μορφὰς γὰρ κατέθεντο δύο γνώμας ὀνομάζειν.
B 19 οὕτω τοι κατὰ δόξαν ἔφυ τάδε καί νυν ἔασι
καὶ μετέπειτ' ἀπὸ τοῦδε τελευτήσουσι τραφέντα·
τοῖς δ' ὄνομ' ἄνθρωποι κατέθεντ' ἐπίσημον ἑκάστῳ.

ὄνομα und ὀνομάζειν sind hier die beherrschenden Ausdrücke, mit dem καλεῖν der andern Stellen bedeutungsgleich. Aus dem falschen Denken heraus (κατὰ δόξαν) haben die Menschen ihren Vorstellungen Namen gegeben. Primär ist also auch hier der menschliche Irrtum, der etwas für wahr hält (πεποιθότες εἶναι ἀληθῆ), das es nicht gibt, und ihm daher einen Namen beilegt, der von der Wahrheit aus betrachtet nur ein Name ist. Wie ausgeprägt und festsitzend dieser Gegensatz von ἀλήθεια und ὄνομα in Parmenides' Denken ist, zeigt B 8, 38, wo ὄνομα ohne Zusatz 'bloßer Name' heißt, eine Bedeutung des Wortes, die sich sonst erst in der Sophistik wieder findet und auch dort meist nur in ausgesprochenem Gegensatz zu ἔργον, πρᾶγμα o. ä. Dennoch ist es zu scharf ausgedrückt, wenn man gesagt hat, Parmenides habe «die Benennung als Quelle des Irrtums» bezeichnet und «den Sündenfall der Menschheit mit der Sprache beginnen» lassen [18]. Vielmehr ist das blinde Vertrauen auf die Erfahrung (ἔθος πολύπειρον B 7, 3) das erste, die falsche Benennung erst ein daraus folgender einmaliger Akt (κατέθεντο), der dann für die Folgezeit weiterwirkte und den Irrtum verewigte.

Damit aber wird es klar, daß man bei Parmenides und den von ihm abhängigen Lehren nur mit Vorbehalt von einer Theorie der Sprache reden darf. Geht es doch den Eleaten immer nur um die richtige Erkenntnis, die ἀλήθεια, mit ihrem Gegensatz, der δόξα. Die Sprache interessiert sie nur insofern, als sie der einzige Ausdruck der δόξα ist. Nur weil die δόξα selbst eine ein-

und *Nissen*, Philologus 91 (1936) 271 A. 2. Nach dem, was wir oben über die Synonymität von νομίζειν und καλεῖν in dieser Zeit festgestellt haben, ist seine Verbesserung der bedenklichen Form sehr ansprechend.

[18] *Diels*, Anfänge 7 f.

malige, seither immer fortwirkende θέσις ist, ist auch die Sprache θέσει (κατέθεντο). Dagegen wird die Frage des 'Kratylos' nach dem Verhältnis von Wort und Begriff gar nicht gestellt, weil Begriff und Wort ja zusammenfallen und beide falsch sind, da sie die eine Wirklichkeit und Wahrheit nicht erfassen und bezeichnen können. Daher ist ὄνομα nichts anderes als δόξα und wird wie diese in Gegensatz gestellt zu ἀλήθεια (B 8, 38 f.). So ist Parmenides'Anschauung von der menschlichen Sprache ganz und gar bestimmt durch die von ihm verkündete Lehre von der Unwirklichkeit der Scheinwelt und alles dessen, was mit ihr zusammenhängt.

Dagegen greifen Xenophanes (B32) und Anaxagoras (B19; beide oben S. 48) ein Problem ionischer ἱστορίη auf, das mit eleatischer Spekulation nichts zu tun hat: die Frage nach dem Wesen des Regenbogens. Anaximenes ist, soweit wir sehen, der erste, der sich um sie bemühte (VS 13 A 7 § 8 und A 18). Und seine Lösung des Problems ist es auch, die von Anaxagoras wieder aufgenommen und in Gegensatz zu der volkstümlichen Anschauung von der Göttlichkeit des Regenbogens gestellt wird. Schon Anaximenes wird seine Verkündung der eigenen Erkenntnis mit dieser Ablehnung der communis opinio verbunden haben. Ganz besonders aber verkörpert sich dieses Selbstbewußtsein des um die Wahrheit Wissenden in Xenophanes, dem 'Sophisten' unter den Vorsokratikern [19]. Für sein aufklärerisches und in rhetorischer Form vorgetragenes Wissen ist die scharf herausgearbeitete Antithese von καλεῖσθαι und πεφυκέναι in B 32 bezeichnend. Es ist kein Zufall, daß sich seine Ablehnung unrichtiger menschlicher Vorstellungen und Benennungen gegen einen Eigennamen wendet — deren 'Richtigkeit' diskutiert ja schon das homerische Epos —, und zwar gegen denjenigen eines Gottes; der Vers gehört also zugleich zu Xenophanes' Kritik an der überlieferten Religion. Das scheidet Xenophanes von Parmenides und seinen Nachfolgern, welche die Sprache in ihrer Gesamtheit als ein Ergebnis falschen Meinens verwarfen. Hier wird nur ein einzelner Ausdruck abgelehnt; die Sprache als Ganzes ist damit wohl

[19] Vgl. zu dieser Haltung der ionischen Philosophen im allgemeinen und des Xenophanes im besondern unten S. 76 ff.

als konventionell, nicht aber als schlechterdings falsch erkannt[20]. Entgegengesetzt wird dieser falschen Bezeichnung die Wahrheit hier nicht als ἀλήθεια, θέμις oder ὀρθόν, sondern einfach als das gewordene Sein (πεφυκέναι). Diese erstmalige Benennung der Wirklichkeit im Gegensatz zur geltenden unrichtigen Anschauung durch ein Wort des Stammes φυ-, der später in φύσις von so weitreichender Bedeutung werden sollte, wird uns noch beschäftigen. Hier genügt es uns, festzustellen, daß Xenophanes vor Parmenides und unabhängig von diesem als erster den Widerspruch zwischen dem konventionellen Namen und dem wahren Wesen der Dinge entdeckt hat.

Die Erkenntnis dieses Widerspruchs hat die Sophistik später in die Antithese ὄνομα-ἔργον oder ὄνομα-πρᾶγμα gefaßt. In solcher Form kennen wir sie aus Euripides und Thukydides, ebenso aus den sogenannten Dialexeis (1, 11; 3, 13; ähnlich 2,1), während Sophokles sie nirgends und Herodot selten und nicht in formaler Antithese ausgesprochen hat. Der Unterschied von der (oben S. 43 ff.) besprochenen Gegenüberstellung λόγῳ-ἔργῳ läßt sich noch in der rein rhetorischen Verwendung bei Euripides und Thukydides an einigen beliebig herausgegriffenen Beispielen zeigen:

Eurip. Or. 454: ὄνομα γάρ, ἔργον δ'οὐκ ἔχουσιν οἱ φίλοι
οἱ μὴ 'πὶ ταῖσι συμφοραῖς ὄντες φίλοι.

Hipp. 501: κρεῖσσον δὲ τοὔργον, εἴπερ ἐκσώσει γέ σε,
ἢ τοὔνομ', ᾧ σὺ κατθανῇ γαυρουμένη.

Thuk. 8, 78: ἄλλως ὄνομα καὶ οὐκ ἔργον.

8, 89, 2: ἔργῳ καὶ μὴ ὀνόματι χρῆναι ἀποδεικνύναι.

Nur an der letzten der angeführten Stellen könnte für ὀνόματι ebensowohl λόγῳ stehen, nicht aber an den andern. Schon die syntaktische Konstruktion weist ja auf den Bedeutungsunterschied der beiden Antithesen: während ἔργῳ-λόγῳ immer im Dativ steht, ist ἔργον-ὄνομα meist Subjekt oder Objekt des Satzes, das letztere vor allem bei ἔχειν (so Eurip. Troad. 1233; Hel. 601. 792; Phoen. 553; vgl. Iph. A. 128 u. ö.). Diese besonders häufige Konstruktion, in der ἔργον zeugmatisch hinzugefügt ist, ohne sich sinnvoll mit ἔχειν verbinden zu lassen, zeigt klar die Grund-

[20] Diese Auffassung scheint auch Demokrit zu vertreten; vgl. B 30 u. 251.

bedeutung des Ausdrucks. Er bezeichnet, daß ein Ding seinen Namen bloß besitzt, ohne sein eigenes Zutun aufgeprägt erhalten hat, während bei λόγῳ immer das persönliche Subjekt als Urheber für die Täuschung, das Nichtübereinstimmen mit der Wirklichkeit, verantwortlich gemacht wird. Das heißt: das eine Mal besteht ein Widerspruch zwischen der Geltung des Wortes und der Wirklichkeit des damit bezeichneten Dinges, das andere Mal zwischen Worten und Taten eines Menschen [21]. So beruht denn die Antithese ὄνομα-ἔργον letzten Endes auf der Anschauung, daß die Benennung eines Dinges seinem Wesen nicht entspricht, also auf derselben Meinung, die wir bei Xenophanes festgestellt haben und die Hermogenes in Platons 'Kratylos' grundsätzlich ausspricht (384 D): οὐ γὰρ φύσει ἑκάστῳ πεφυκέναι ὄνομα οὐδὲν οὐδενί.

Nun findet sich aber diese sonst erst in der Sophistik nachweisbare Gegenüberstellung schon bei Heraklit (B 48). Daß sie in seinem Werk von Bedeutung war, bestätigt zudem die hippokratische Schrift π. τροφῆς. Denn da diese Abhandlung neben stoischen deutlich heraklitisierende Züge trägt und die Antithese, die in ihrem 21. Kapitel erscheint, sich aus Stoischem nicht erklären läßt, wird auch sie aus der Schule Heraklits stammen [22]. Anderseits gilt Heraklit in der communis opinio als der Begründer jener Anschauung von der Sprache, welche im Gegensatz zur eleatischen die ὀνόματα für φύσει entstanden und daher für den adäquaten Ausdruck der Wirklichkeit hält. Man hat das aus Platons 'Kratylos' gefolgert, wo diese Ansicht vom 'Herakliteer' Kratylos vertreten wird, und hat eine Bestätigung dafür eben in Heraklits Fragment B 48 sehen wollen: τῷ οὖν τόξῳ ὄνομα βίος, ἔργον δὲ θάνατος [23].

Nun gilt aber für den 'Kratylos' der Nachweis von Rein-

---

[21] Freilich kann mit λόγῳ auch etwa die φήμη, also die Worte der Umwelt über einen Menschen, bezeichnet werden: Hipp. Nomos 1 u. 4 (oben S. 45 A. 6); vgl. dazu Eurip. Troad. 1233 und Hipp. π. τέχν. 8.

[22] *Diller,* Arch. f. Gesch. d. Medizin 29 (1937) 178 ff. hat die Schrift als nachstoisch erwiesen und in das 1. nachchristliche Jahrhundert datiert.

[23] So *Nestle,* Philologus 64 (1905) 380 und Mythos 103: «Jedenfalls hat Heraklit mit dieser Lehre, daß das Wort die natürlich unbewußte 'Nachahmung' des von ihm bezeichneten Dings sei, die älteste griechische Sprachtheorie aufgestellt, die wir kennen.»

hardt[23a]: Was Platon den Ἡρακλείτειοι in den Mund legt, ist nicht Lehre Heraklits, sondern seiner popularisierenden und Neues hineintragenden 'Schüler' aus sophistischen Kreisen. Dazu kommt, daß Heraklitismus und Etymologie a priori nichts miteinander zu tun haben, sondern erst von Platon in der Gestalt des Kratylos miteinander verbunden worden sind, daß somit weder Heraklit noch seine Schüler, es sei denn als Sophisten, eine Theorie der φύσει ὀρθότης τῶν ὀνομάτων aufgestellt haben[24].

Uns geht es hier nur um Heraklit selbst, der, wenn wir der communis opinio glauben sollen, mit einer formal übereinstimmenden Antithese gerade das Gegenteil dessen ausdrücken wollte, was wir oben als den Sinn der sophistischen Gegenüberstellung erkannt haben. Da ist es doch — auch wenn wir nicht annehmen, daß die sophistische Antithese unmittelbar von Heraklit beeinflußt sei — von vorneherein unwahrscheinlich, daß sich hinter der gleichen sprachlichen Form der gegenteilige Gedanke berge. Um zu einem sichern Ergebnis zu kommen, ziehen wir die übrigen Fragmente Heraklits heran, die geeignet sind, auf seine Auffassung der Sprache Licht zu werfen: B 67 ὁ θεὸς ἡμέρη εὐφρόνη, χειμὼν θέρος, πόλεμος εἰρήνη, κόρος λιμός, ἀλλοιοῦται δὲ ὅκωσπερ ⟨πῦρ⟩, ὁπόταν συμμιγῇ θυώμασιν, ὀνομάζεται καθ' ἡδονὴν ἑκάστου[25]: «Der Name hebt nur eine Erscheinung gesondert heraus und zerstört darum das Wesentliche[26].» Der Gott ist nicht nur Tag oder nur Nacht, nur Sommer oder nur Winter usw., sondern er ist immer beides, deshalb ist die Benennung, die nur eine Seite seines Wesens betont, mindestens unvollständig, wie in den Namen 'Myrrhe' oder 'Weihrauch' als Bezeichnung duftenden Räucherwerkes das Wesentliche und Gemeinsame, der Begriff des Feuers, fehlt. So ist wohl auch B 32 aufzufassen: ἓν τὸ σοφὸν μοῦνον λέγεσθαι οὐκ ἐθέλει καὶ ἐθέλει Ζηνὸς ὄνομα. Wieder handelt es sich um die Gottheit,

[23a] Parmenides 241 ff.

[24] Nachgewiesen von *M. Warburg,* Zwei Fragen zum 'Kratylos' (Neue philol. Untersuchungen hgg. von W. Jaeger Heft 5, Berlin 1929) 5 ff.

[25] Für ⟨πῦρ⟩ setzt *Snell,* Heraklit, nach *H. Fränkel,* Trans. Proc. Am. Phil. Ass. 1938, 230 ⟨ἔλαιον⟩, was sowohl inhaltlich wie paläographisch weniger gut scheint.

[26] So umschreibt *Snell,* Hermes 61 (1926) 368 f. den Sinn des Fragmentes richtig gegen *Hoffmann* 5.

die hier von einer andern Seite, als die denkende und wissende, gesehen ist. Das positive ἐθέλει ist offenbar Konzession an den überlieferten homerischen Volksglauben. Weniger klar ist dagegen der Grund für die Ablehnung des Namens [27]. Man wird am ehesten in der Richtung von B 67 suchen müssen· Mit dem Namen Zeus ist in Heraklits Zeit zunächst die Vorstellung des homerischen Göttervaters verbunden. Dieser reicht aber an Macht und Wissen bei weitem nicht an die einzige, allweise Gottheit Heraklits heran. Der Name drückt also wieder nur einen Teil des eigentlichen Wesens des Gottes aus und ist deshalb, so willkommen die Bezeichnung mit dem gebräuchlichen Wort gewesen wäre, unvollständig und unbrauchbar.

Wenn die Deutung dieses Fragments auch unsicher bleiben muß, soviel scheint doch festzustehen, daß das ὄνομα Heraklit ungeeignet erscheint zum Ausdruck des wahren Wesens einer Sache. Und dafür soll B 48 ein besonders prägnantes Beispiel geben: τῷ οὖν τόξῳ ὄνομα βίος, ἔργον δὲ θάνατος. Nicht als ob es Heraklit hier wesentlich auf das sprachliche Problem angekommen wäre. Er nennt einfach einen der vielen Fälle der 'Koinzidenz der Gegensätze'. Das Besondere daran ist aber, daß sich hier die Gegensätze an ein und demselben Objekt offenbaren, indem seine Wirkung zu seinem Namen im Widerspruch steht, beide aber nur zwei verschiedene Aspekte eines Ganzen sind. Mit Recht hat man dazu auf B 51 verwiesen [28]. Auch dort wird die Einheit der Gegensätze am Bogen aufgezeigt, der als Symbol für Heraklit von Bedeutung gewesen sein muß. Wie dort der Bogen als geschlossene äußere Einheit erscheint, die aus dem «Zusammenstreben des Auseinanderstrebenden» entsteht, so hier als Waffe, die eins ist, wenn auch ihr Name und ihre Wirkung einander entgegenstehen. Dabei wird aber nicht das ὄνομα zugunsten des ἔργον entwertet, da beide gleich unvollständige Teile oder Seiten eines Ganzen sind; darin liegt der Unterschied von der sophistischen Verwendung der Antithese. Hieraus erklärt es sich, daß in Hipp. π. τροφ. 21 (81, 2 CMG) beide Wörter gleichberechtigt im Wechsel gesetzt

---

[27] Vgl. die voneinander abweichenden Erklärungsversuche von *Snell* (s. vorige Anm.), *Reinhardt,* Parmenides 205 f. und *Gigon,* Heraklit 139.

[28] *Gigon,* Heraklit 92.

werden: οὔνομα τροφή, ἔργον δὲ οὐχί· ἔργον τροφή, οὔνομα δὲ οὐχί[29]. Es führt demnach kein direkter Weg von Heraklit zur Sophistik. Anderseits aber muß betont werden, daß für Heraklit das ὄνομα doch nur eine Seite der Wirklichkeit ist und daher diese nicht vollständig und richtig wiedergeben kann. Er würde also die ὀνόματα, um mit der spätern Terminologie zu sprechen, niemals als φύσει πεφυκότα bezeichnen; ebensowenig aber wären sie νόμῳ, d. h. schlechthin falsch.

Wir stellen damit fest, daß Heraklit die Antithese ὄνομα-ἔργον, deren Prägung nach den Erkenntnissen von Xenophanes und neben der schon formulierten Gegenüberstellung λόγῳ-ἔργῳ nahelag und nicht einem einzelnen 'Erfinder' zugeschrieben zu werden braucht, zu seinen besondern Zwecken verwendete und sie damit beträchtlich von ihrem ursprünglichen Sinn entfernte, ohne jedoch so weit zu gehen, daß er geradezu das Gegenteil davon in ihr ausdrücken wollte. Die Sophistik aber knüpft auch hier, wie in so vielen andern Erkenntnissen, an Xenophanes an. Sie hat in ihrem weitern Suchen nach wirkungsvollen Gegensatzpaaren später dem ὄνομα als einer unverbindlichen, trügerischen Aeußerlichkeit nicht nur die Wirklichkeit des Verhaltens (ἔργον, πρᾶγμα), sondern auch die der Gesinnung (νοῦς)[30], des körperlichen Seins (σῶμα)[31] und anderer Erscheinungsformen der 'Wahrheit' entgegengestellt[32]. Und schließlich wird das Sein selbst mit dem bloßen Namen kontrastiert[33].

Diese letzte Form leitet uns über zu jenen wenigen Fällen, wo in vorsophistischer Zeit nicht mehr irgendwelche Aeußerungen der Wirklichkeit und des täuschenden Scheins einander entgegengesetzt werden, sondern die reinen Begriffe des Wahren und Falschen selbst.

---

[29] *Calogero,* Gnomon 17 (1941) 201 betont, daß die Verwendung der Antithese hier durchaus verflacht ist.

[30] Eurip. Hel. 730 f.

[31] Eurip. Hel. 588. 1100; Or. 390; Iph. T. 504; Dialexeis 2, 1. Zum Gegensatz ὄνομα - σῶμα resp. πρᾶγμα bei Euripides, besonders in der 'Helena', vgl. *F. Solmsen,* Class. Rev. 48 (1934) 119 ff.

[32] Vgl. z. B. Hipp. π. τέχν. 8 (14, 23 f. CMG) ὀνόματι - τέχνῃ; dazu oben S. 53 A. 21.

[33] Hipp. π. τέχν. 6 (13, 3 f. CMG): οὐ φαίνεται οὐσίην ἔχον οὐδεμίην ἀλλ' ἢ ὄνομα.

c) Schein und Sein

Ihren schärfsten Ausdruck hat die Erkenntnis des Gegensatzes von Schein und Sein in der Lehre des Parmenides gefunden, der auf ihr seine ganze Welterklärung aufbaut. Doch darf die überragende Bedeutung, die die eleatische Schule für die Geschichte des griechischen Denkens hat, nicht dazu verleiten, diese Erkenntnis überhaupt Parmenides zuzuschreiben. Denn sie äußert sich schon im frühen 5. Jahrhundert an Orten und in Formen, die eleatischen Einfluß unwahrscheinlich machen.

Das bekannteste Beispiel ist jener Vers des Aischylos, den das athenische Volk bei der Aufführung der 'Sieben gegen Theben' im Jahre 467 auf Aristeides bezogen haben soll (Sept. 592): οὐ γὰρ δοκεῖν δίκαιος, ἀλλ' εἶναι θέλει. Scharf sind hier die Infinitive 'scheinen' und 'sein' einander gegenüberstellt. Das setzt voraus, daß der Gegensatz längst erkannt ist. Ebendaraufhin weist auch der im Sinne des Dichters protreptisch wirkende Preis der wahren vor der bloßen Scheingerechtigkeit, der in diesen Worten liegt. Er hat seinen vollen Sinn, wenn er nicht nur gesehen wird als Gegenparole gegen die Praxis des Lebens, die dem vom Dichter gerühmten Einzelfall nicht entspricht, sondern auch als Abwehr einer theoretischen Auffassung, die jenen grundsätzlichen Widerspruch zwischen Sein und Schein zwar erkannte, aber ethisch zu ihm nicht Stellung nahm.

Diese von Aischylos abgelehnte Haltung kommt in einer aus unbekanntem Zusammenhang stammenden Gnome des Simonides zum Ausdruck (fr. 55): τὸ δοκεῖν καὶ τὰν ἀλάθειαν βιᾶται. Aus diesem Satze spricht keine philosophische Erkenntnis, sondern eine Lebenserfahrung, die gnomisch verallgemeinert wird [34]. So nahe das Begriffspaar hier auch an die Antithese des Parmenides anklingt — immerhin ist der 'Schein' wieder

---

[34] Wie ich nachträglich sehe, stellt *G. Christ*, Simonides-Studien (Diss. Zürich 1941) 41 ff. den Vers mit einleuchtenden Gründen in die Diskussion um die Ueberzeugungskraft des dichterischen Wortes, das die Fähigkeit hat, auch Lüge als Wahrheit erscheinen zu lassen. Er hält in diesem Zusammenhang eine positive Bewertung des δοκεῖν durch Simonides für «durchaus wahrscheinlich» und betont ebenfalls die Nähe zur Sophistik.

verbal ausgedrückt —, so wenig hat doch der Satz mit seiner Lehre zu tun. Man wird deshalb auch hier kaum eleatischen Einfluß annehmen wollen — was ja auch chronologisch Schwierigkeiten bereiten könnte —, sondern darin wieder ein Zeugnis jener skeptischen ionischen Aufklärung sehen, die uns außer in Simonides besonders in Xenophanes entgegentritt.

Dieselbe Behauptung erscheint mit einer für die größere Nähe zur Sophistik bezeichnenden Verschiebung des negativen Begriffes in einem Sophoklesvers (fr. 83, 3): τό τοι νομισθὲν τῆς ἀληθείας κρατεῖ. Auch wenn wir keine unmittelbare Abhängigkeit dieses Verses von Simonides annehmen, so muß doch eine Beziehung zwischen beiden bestehen. Wir fassen in ihr einen der Fäden, die von den altionischen Denkern zu den Aufklärern der Sophistik laufen.

d) Ergebnis

Die Betrachtung der drei Grundformen, in denen sich die Erkenntnis des Gegensatzes von Schein und Wahrheit ausspricht, lehrt, daß diese ihren Ursprung im frühgriechischen Denken des 6. Jahrhunderts hat. Parmenides ist zwar nicht ihr Schöpfer, hat aber aus ihr in großartiger Einseitigkeit und Abstraktion die letzten Konsequenzen gezogen. Im übrigen zeigt die Mannigfaltigkeit der Formen den Wechsel der Gesichtspunkte, unter denen die Wirklichkeit betrachtet und mit dem Schein kontrastiert wurde. So treten bald 'der Vorwand', bald 'der bloße Name' oder 'das allgemein Geltende' der 'Tat', der 'Wahrheit' oder dem 'gewordenen Sein' gegenüber. Inhaltlich sind alle diese Formen des Gegensatzes mit der jüngern sophistischen Antithese Nomos-Physis verwandt und stehen ihr zum Teil schon sehr nahe. Der Zufall der Ueberlieferung hat es gefügt, daß wir auch schon in einem Fall das positive Glied durch einen Ausdruck vom Stamme φυ- (Xenophanes B 32), in einem andern das negative durch den Stamm νομ- (Soph. fr. 83) wiedergegeben finden. Um zu erkennen, wie diese beiden Stämme von ihrer ganz andern Grundbedeutung aus zu solcher Verwendung fähig wurden, untersuchen wir in den folgenden beiden Kapiteln ihre Bedeutungsentwicklung.

2. ΝΟΜΟΣ

Die Ableitung des Substantivums νόμος aus dem Verbalbegriff νέμειν ist unbestritten und war dem griechischen Sprachgefühl stets selbstverständlich[1]. Doch hilft sie zur Erkenntnis der Grundbedeutung des Wortes nicht viel weiter, da von νέμειν weder die ursprüngliche Bedeutung noch diejenige, aus der νόμος sich entwickelte, sicher erkannt ist. Vollends zum Verständnis der spätern Verwendung kann nur die Interpretation führen[2]. Immerhin läßt sich aus den Erkenntnissen der Etymologie und Wortbildungslehre ein Ansatz gewinnen.

Das Verbum νέμειν, urverwandt mit deutsch 'nehmen', hat von seinem ersten Auftreten in der Ilias an zwei verschiedene transitive Bedeutungen[3]: 'verteilen' (auch 'austeilen', 'zuteilen') und 'weiden' (also wohl 'dem Vieh als Weide zuteilen'). Dem entsprechen zwei mediale Verwendungen, die ebenfalls schon homerisch sind: 'sich selbst zuteilen' ('besitzen' und 'genießen') und 'weiden' (intransitiv, also mit dem Subjekt 'Vieh'). In der zweiten Bedeutung wird das Verbum auch für die 'abweidende', 'verzehrende' Tätigkeit des Feuers gebraucht (Ψ 177; Herod. 5, 101), meist in Verbindung mit einem Objekt, das entsprechend der Ausdrucksweise νομὰς νέμεσθαι die 'Weide' des Feuers bezeichnet. Die aktive Verwendung wird in dieser Bedeutung (πυρὶ νέμειν τι: Β 780; Herod. 6, 33, 2) eher jünger sein als die mediale, wie auch etwa der xenophontische Ausdruck αἰξὶ ὄρη νέμειν (Anab. 4, 6, 17; Cyr. 3, 2, 20) vorher nicht belegt zu sein scheint. Schließlich hat die medizinische Sprache das mediale Verbum von der Wirkung des Feuers auch auf die einer 'um sich greifenden' Wunde übertragen.

Zu einzelnen Stufen dieser verbalen Bedeutungsskala ver-

---

[1] Literatur bei *V. Ehrenberg,* Die Rechtsidee im frühen Griechentum (Leipzig 1921) 114 f. Daher kann auch später von νέμειν ein neuer Begriff νόμος mit aktiver Bedeutung abgeleitet werden (IG I² 45, 6 f. ca. 440 v. Chr.): γεωνόμους δὲ ἑλέσθαι... οὗτοι δὲ νειμάντων τὴν γῆν.

[2] Nach *Hirzel,* Themis 366 ff. und *Ehrenberg* (s. vorige Anm.) hat vor allem die Arbeit von *Stier,* auf die ich für das ganze Kapitel verweise, Wesentliches zur Klärung beigetragen.

[3] Das Folgende im Anschluß an *Liddell-Scott* s. v. νέμω.

suchen wir nun die verschiedenen Verbalsubstantive des Stammes νομ- in Beziehung zu setzen:

νόμος und νομή sind ihrer Bildung nach nomina actionis, bei denen der entgegengesetzte Akzent des o- und des a-Stammes die Regel ist[4]. Die Grundbedeutung als substantivum actionis von νέμειν hat νομή bewahrt, daneben bezeichnet das Wort aber auch die mediale Handlung von νέμεσθαι, so vom Feuer oder einem Geschwür[5]. Wenn es außerdem seit Herodot und Sophokles auch 'Weide' bedeuten kann, so entspricht das der häufigen passiven Verwendung derartiger Substantivbildungen[6]. Offen bleibt in diesem Fall nur die Frage, ob damit das Ergebnis der Handlung bezeichnet werden soll, das Wort also den Sinn des passiven Perfektpartizips von νέμειν hat ('das Zugeteilte') oder ob es vom Medium νέμεσθαι abzuleiten ist im Sinne des passiven Imperfektpartizips ('das Beweidete').

Wie die drei Bedeutungen von νομή lassen sich auch diejenigen des endbetonten o-Stammes ohne Schwierigkeit auf das Stammverbum zurückführen. Freilich hat das Wort in den überlieferten Texten nirgends den Sinn eines nomen agentis, was sonst bei endbetonten Maskulinbildungen die Regel ist[7]. Vielmehr ist es in einer Anzahl von meist nicht-attischen Belegen (aus Homer, Hesiod, Chorliedern von Komödie und Satyrspiel) mit νομή 'Weide' gleichbedeutend. Damit scheint wieder — wie etwa in λοιπός neben λείπω — das passive Ergebnis der Verbalhandlung bezeichnet zu sein, wenn man nicht auch hier an Ableitung vom Medium denken will[8]. Eindeutig

---

[4] *Vendryes* 151; *Chantraine* 20 f.

[5] Belege aus Polybios und Plutarch bei *Wilhelm*, Glotta 24 (1936) 136, wo auch nachgewiesen ist, daß dem Ausdruck ἐν χειρῶν νομαῖς dieselbe Vorstellung des 'Umsichgreifens' zugrunde liegt.

[6] Vgl. τομή, γονή u. a.: *Vendryes* 164; *Chantraine* 10. 18. 20.

[7] *Vendryes* 164; *Chantraine* 8 f. Nur im Kompositum γεωνόμος (oben S. 59 A. 1) und in den schon homerischen Eigennamen Ἀμφίνομος, Ἀστύνομος, Ἔννομος, Εὐρύνομος ist diese aktive Bedeutung erhalten.

[8] Dazu würden die stehenden Verbindungen ἐπέων νομός und ἐν χειρῶν νομῷ passen, falls die Endbetonung hier nach *Wilhelm* (oben A. 5) 137 ff. als gesichert gelten darf. Doch sind Thuk. 3, 66, 2 und Aristot. Pol. 3, 1285 a 7 m. E. keine Beweise für die Oxytonierung. Vielmehr scheint gerade an diesen Stellen eine Beziehung zu νόμος angedeutet zu sein.

passiv ist νομός schließlich dort aufzufassen, wo es den zugeteilten Wohnplatz oder, wie vor allem in der ägyptischen Verwaltung, den Gau eines Landes bezeichnet.

Es bleibt als letzte substantivische Ableitung νόμος. Im Gegensatz zu den andern beiden Verbalsubstantiven läßt sich hier keine der nachgewiesenen Bedeutungen in unmittelbar einleuchtende Beziehung zum Stammverbum bringen. Auszugehen ist auf Grund der Belege vom passiven Sinn, obwohl die stammbetonten Maskulina sonst gewöhnlich nomina actionis sind. Das Wort bezeichnet also nicht mehr die Handlung des νέμειν selbst, sondern ihr Ergebnis, wie wir das eben als Möglichkeit auch bei νομή, τομή u. a. festgestellt haben. Die Verschiebung ist von deutschen Verbalsubstantiven wie 'Sang', 'Trunk' aus leicht verständlich; im Griechischen lassen sich als analoge Bildungen etwa δόμος und φόρος vergleichen[9]. Während aber bei den angeführten Ausdrücken der unmittelbare Bedeutungszusammenhang mit dem Stammverbum klar ist, können wir von νόμος die Grundbedeutung nur erschließen. Wir setzen also mit Vorbehalt 'das Zugeteilte' als Ausgangspunkt der Wortgeschichte an [10] und prüfen, wie sich die durch Interpretation gewonnenen Erkenntnisse dazu verhalten.

a) Νόμος im archaischen Denken

Die älteste Stelle, an der νόμος uns entgegentritt, steht bei Hesiod (Op. 276 ff.) [11]:

---

[9] Wie ich nachträglich sehe, faßt *W. Porzig,* Die Namen für Satzinhalte im Griechischen und im Indogermanischen (Berlin 1942) 259 f. νόμος aktiv als «zusammenfassende Bezeichnung für alle Arten landwirtschaftlicher Tätigkeit». Doch ist diese Bedeutung von νέμεσθαι an den angeführten Homerstellen nicht gesichert, noch weniger der allgemeine Begriff 'Art und Weise des Verhaltens', der für Hesiod angesetzt wird.

[10] Entsprechend *E. Boisacq,* Dictionnaire étymologique de la langue grecque (Heidelberg 1916) s. v. νέμω: 'ce qui est attribué en partage'.

[11] α 3 ist sicher νόον zu lesen, obwohl Zenodots Lesart νόμον wahrscheinlich Ueberlieferungsvariante, nicht Konjektur ist. Für νόμον wäre neben ἄστεα unbedingt der Plural zu fordern, wie er Hes. Theog. 66 steht (unten S. 63 A. 15); vgl. auch *Stier* 232 A. 20. Ueber εὐνομίη ρ 487 s. unten S. 64.

τόνδε γὰρ ἀνθρώποισι νόμον διέταξε Κρονίων
ἰχθύσι μὲν καὶ θηρσὶ καὶ οἰωνοῖς πετεηνοῖς
ἐσθέμεν ἀλλήλους, ἐπεὶ οὐ δίκη ἐστὶ μετ' αὐτοῖς·
ἀνθρώποισι δ' ἔδωκε δίκην.

Man hat mit Recht betont, daß δίκη und νόμος hier scharf zu trennen sind [12]. Denn nicht nur die Menschen haben ja ihren νόμος, sondern auch die Tiere, die keine δίκη kennen. Das geht aus der folgenden Zweiteilung deutlich hervor. Der Sinn ist also: 'Folgende Lebensordnung hat Zeus für seine Geschöpfe angeordnet: für die Tiere, einander zu fressen, für die Menschen aber die Dike.' Daß dabei in Vers 276 nur die ἄνθρωποι genannt sind, ist daraus verständlich, daß es Hesiod eben nur auf sie ankommt und sich ihm daher der logisch untergeordnete Begriff an Stelle eines auch die Tiere umfassenden übergeordneten — der ihm übrigens kaum zur Verfügung stünde — schon dort aufdrängt. Das ist archaische Ausdrucksweise. Das Verhältnis von δίκη und νόμος faßt noch Herodot (4, 106) ähnlich auf wie Hesiod: Ἀνδροφάγοι... οὔτε δίκην νομίζοντες οὔτε νόμῳ οὐδενὶ χρεώμενοι [13]. Auch hier ist die Dike nur einer unter mehreren möglichen νόμοι, nur ist an Stelle des substantivischen Ausdrucks νόμος ἐστίν das Verbum νομίζειν getreten, weil νόμος, wie aus der zweiten Hälfte des Satzes hervorgeht, seine Bedeutung inzwischen verschoben hat. Für Hesiod ergibt sich, daß νόμος die einer Gruppe von Lebewesen zugeteilte und bei ihnen geltende Ordnung ist, also ein über ihnen stehendes Objektives, von dessen eigentlich subjektivem Charakter man sich noch nicht Rechenschaft gegeben hat und das sowohl gut wie schlecht sein kann [14].

---

[12] *Stier* 232.

[13] Herodot hat ohne Zweifel an ι 215 gedacht, wo vom Kyklopen gesagt ist ἄγριον οὔτε δίκας εὖ εἰδότα οὔτε θέμιστας. Derselbe Homervers hat auch bei Theognis 54 Nachahmung gefunden: οἳ πρόσθ' οὔτε δίκας ᾔδεσαν οὔτε νόμους.

[14] Abzulehnen ist demnach die Ansicht von *H. Grieser*, Nomos. Ein Beitrag zur griechischen Musikgeschichte (Quellen u. Studien z. Geschichte u. Kultur d. Altertums u. Mittelalters, Reihe D, Heft 5, Heidelberg 1937) 32, der νόμος hier als «die Eigenart, ja gewissermaßen das jedem Wesen stets unbewußt bleibende So-Sein seines Ich, das sich an jedem Tun offenbart», auffassen will und dementsprechend Zeus nur als Vermittler dieses nach seiner Meinung sogar über den Göttern stehenden νόμος gelten läßt.

Mit dieser Auffassung stimmt auch der sonstige Gebrauch von νόμος bei Hesiod überein, zunächst in fr. 221: ὥς κε πόλις ῥέζῃσι, νόμος δ' ἀρχαῖος ἄριστος. Das wird im Hinblick auf einen sakralen Ritus gesagt, wobei die erste Hälfte des Verses natürlich nicht eine Erklärung für die Entstehung des νόμος — danach fragt man zu dieser Zeit noch gar nicht — ist, sondern im Gegenteil auf die verpflichtende Kraft hinweisen soll, die er dadurch besitzt, daß er die Ordnung der Gemeinschaft, der Polis, ist. Ebenso ist es aufzufassen, wenn nach Theog. 417 Opfer und Gebet κατὰ νόμον vollzogen werden sollen. Dieser präpositionale Ausdruck, der hier zum erstenmal erscheint, findet sich später in ähnlichem Zusammenhang immer wieder. Seine Bedeutung bleibt hier noch ganz im Rahmen des bei Hesiod Festgestellten [15]. In diesen Bereich gehört schließlich auch Op. 388 οὗτός τοι πεδίων πέλεται νόμος: Hier ist νόμος die Ordnung, die den Gang der Arbeit auf den Feldern für alle bestimmt.

Abgesehen davon, daß man Hesiods Zeusreligion wohl nicht schwerer verkennen könnte, ist diese Bedeutung von νόμος überhaupt der ganzen Gräzität fremd und die damit vorausgesetzte psychologische Erfassung des Menschen für Hesiods Zeit völlig undenkbar. Auch die von *Grieser* 29 für die Macht des über den Göttern stehenden Nomos angeführte Herodotstelle (1, 90) ergibt bei unvoreingenommener Interpretation einen ganz andern Sinn: Kroisos läßt Apollon anfragen, ob es bei den griechischen Göttern Sitte sei, ihre Wohltäter zu täuschen. Mit der Moira des folgenden Kapitels hat das nichts zu tun.

[15] Ob der Hekatehymnus, in dem dieser Vers steht, einen spätern Einschub in die Theogonie darstellt oder mit *Friedländer,* GGA 1931, 261 als echt anzusehen ist, kann ich nicht entscheiden. Dagegen ist Theog. 66 f. sicher nachhesiodisch und zudem verdorben: μέλπονται πάντων τε νόμους καὶ ἤθεα κεδνὰ ἀθανάτων κλείουσι (sc. die Musen). Der übereinstimmende Versschluß von 65 und 67 weist auf Doppelfassung einer wohl an sich schon jungen Stelle. Man wird also 67 zu streichen haben, in dem ἀθανάτων nach πάντων seltsam nachklappt und κλείουσι das Verbum des vorhergehenden Verses wieder aufnimmt. Freilich können die Götter im ursprünglichen Gedanken nicht gefehlt haben (*Paley,* The Epics of Hesiod [London 1883] hat im Kommentar zur Stelle versucht, ihn wiederzugewinnen). Dann bezeichnen ἤθεα κεδνά (vgl. Op. 699 und *Thimme* 11) mehr das Charakterliche, 'die treffliche Denkweise', νόμοι den Ausdruck des Charakters im sich gleich bleibenden Verhalten in der Gemeinschaft, also schon fast 'die Sitten' wie im ethnographischen Nomosbegriff des 5. Jahrhunderts, auf den auch der Plural weist, der bei Hesiod sonst — kaum zufällig — fehlt.

Bevor wir Hesiod verlassen, haben wir noch kurz auf die umstrittene Frage einzutreten, ob die Komposita εὐνομίη (ρ 487; Hes. Theog. 902) und δυσνομίη (Hes. Theog. 230), bzw. die damit vorauszusetzenden Adjektive εὔνομος und δύσνομος von νόμος oder vom Verbum νέμειν herzuleiten seien. Die letzte Besprechung stellt sich m. E. mit Recht auf den Standpunkt, daß sich das Problem nicht endgültig lösen läßt, daß aber auch hier die Etymologie für die Auffassung der beiden Begriffe letztlich nicht entscheidend sein kann[16]. Es kommt dazu, daß dem Griechen die Herkunft des geprägten Substantivs von νέμειν immer bewußt und die Ableitung daher jederzeit wieder möglich war, so daß man also nicht platonische Stellen, die ἰσονομία mit ἴσον νέμειν zusammenbringen, als Beweis für die Entstehung des Kompositums verwenden darf[17]. Auch das Fehlen von νόμος bei Homer zwingt nicht dazu, εὐνομίη in ρ 487 von εὖ νέμειν abzuleiten. Denn der Vers, der das Wort enthält, stammt sicher nicht vom ältesten Odysseedichter und ist somit nicht älter als Hesiod[18], und bei diesem legt das Kompositum ἄνομος (Theog. 307) doch wohl auch für die andern Zusammensetzungen eher die Herleitung von νόμος nahe. εὐνομίη ist dann eben die 'gute Ordnung' im Gegensatz zur Willkür (ὕβρις) des Einzelnen. So kommt ja auch Hesiods Δυσνομίη (neben Ἀάτη, Theog. 230) dem Begriff Hybris nahe. Und dazu paßt Alkman fr. 44, wo Εὐνομία Tochter der Προμάθεια heißt; an staatliches, geschriebenes Gesetz haben wir natürlich auch hier nicht zu denken.

Welchen Bedeutungsumfang νόμος bei Alkman noch hat, zeigt sein fr. 93: οἶδα δ' ὀρνίχων νόμως πάντων. Zwar sind wir, da der Zusammenhang, in dem der Vers stand, unbekannt ist, für seine Deutung auf Vermutungen angewiesen. Aber wir werden kaum fehlgehen, wenn wir in ihm ein erstes Zeugnis für den musikalischen Begriff Nomos sehen[19]. Doch dürfen wir νόμως nicht einfach als 'Weisen' auffassen. Es liegt in dem

[16] *Ehrenberg*, RE Suppl. Bd. 7, 293 ff. (s. v. Isonomia); dort auch die ältere Literatur.

[17] Gegen die Argumentation von *Stier* 234.

[18] Vgl. *Von der Mühll*, RE Suppl. Bd. 7, 744 (s. v. Odyssee).

[19] *Grieser* (oben S. 62 A. 14) berücksichtigt die Stelle nicht, weist aber 28 auf die gemeinsame Quelle des politischen und musikalischen Nomosbegriffs.

Wort noch das Bestimmte, für die einzelne Vogelart Verbindliche ihrer Gesangsweise, das von Anfang an für die Anwendung des Ausdrucks auf das musikalische Gebiet maßgebend gewesen sein muß. Nur eine festgelegte, geordnete Tonfolge konnte als νόμος bezeichnet werden. Wenn es dann auch je nach der Instrumentalbegleitung (bzw. bei Alkman je nach der Vogelart) verschiedene 'Ordnungen' des Gesanges gab, so war doch gerade für den alten Nomos immer eine vorgeschriebene Regelmäßigkeit kennzeichnend [20]. Immerhin weist der Plural bei Alkman bereits auf den Bedeutungswandel, der sich in dem späten Hesiodvers Theog. 66 feststellen läßt (oben S. 63 A. 15): νόμος erscheint nun von außen gesehen als das Gemeinsame, das eine Gruppe von Wesen charakterisiert. Nie aber kann das nur ein äußerliches Merkmal sein; vielmehr ist es stets dadurch bezeichnend, daß es verpflichtende Geltung hat.

νόμος ist somit das bei einer Gruppe von Lebewesen 'Geltende'. Auf diese nirgends rein vorliegende Grundbedeutung lassen sich alle Bedeutungsabwandlungen zurückführen, die das Wort seit dem Beginn der Prosaliteratur hauptsächlich in zwei Richtungen erleidet.

Auf der einen Seite ist νόμος weiterhin die objektive, über dem Einzelnen und sogar über der Gemeinschaft stehende und ihr Leben regelnde Ordnung. Seine Bedeutung steigert sich in dieser Richtung noch, und er wird schließlich zum absolut Gültigen und Richtigen, freilich nur solange man sich der Tatsache nicht bewußt wird, daß diese Ordnung eigentlich erst ein Produkt der Gemeinschaft oder ihrer Glieder ist. In diesen Zusammenhang gehört zunächst der Nomosbegriff Heraklits. Zu seinem Verständnis gehen wir aus von B 114: ξὺν νόῳ λέγοντας ἰσχυρίζεσθαι χρὴ τῷ ξυνῷ πάντων, ὅκωσπερ νόμῳ πόλις, καὶ πολὺ ἰσχυροτέρως. τρέφονται γὰρ πάντες οἱ ἀνθρώπειοι νόμοι ὑπὸ ἑνὸς τοῦ θείου· κρατεῖ γὰρ τοσοῦτον ὁκόσον ἐθέλει καὶ ἐξαρκεῖ πᾶσι καὶ περιγίνεται [21]. Die bisherigen Interpreten betonen den sachlichen Unterschied zwischen dem νόμος τῆς πόλεως, der Staatsordnung, und

[20] Vgl. *Vetter,* RE 17, 841 (s. v. Nomos).

[21] Für die Erklärung des Fragments haben *Reinhardt,* Parmenides 215 f. und *Gigon,* Heraklit 11 ff. das Wesentliche geleistet; vgl. auch *H. Fränkel,* Am. Journ. Philol. 1938, 320 f.

den ἀνθρώπειοι νόμοι, der menschlichen Meinung und Konvention; ja man hat sogar zwischen den ἀνθρώπειοι νόμοι und dem εἷς θεῖος νόμος den Gegensatz Nomos-Physis finden wollen[22]. Demgegenüber lese ich aus der Behauptung, daß sich alle menschlichen νόμοι von dem einen göttlichen nähren, nicht in erster Linie einen Gegensatz, sondern eine Verwandtschaft der beiden heraus[23], und ich möchte auch zwischen dem im Vergleich genannten νόμος der Polis und den nachher erwähnten νόμοι eine Beziehung suchen. Da der εἷς θεῖος νόμος mit dem ξυνὸν πάντων identisch sein muß, ergibt sich dabei, daß νόμοι einerseits den ungebräuchlichen Plural von ξυνόν vertritt[24], anderseits aber selbstverständlich als Plural zum politischen νόμος empfunden wird. Denn dieser ist ja auch ein ξυνόν, freilich nur ein ἀνθρώπειος νόμος, der zwar vom einen göttlichen νόμος genährt wird, aber doch nicht mit diesem identisch ist. Damit kommt nun der begründende γάρ-Satz erst zu seiner vollen Bedeutung, und ebenso erhält der Komparativ καὶ πολὺ ἰσχυροτέρως erst so seinen Sinn, den er schon deshalb beanspruchen muß, weil Heraklit ihn durch das Wortspiel mit ἰσχυρίζεσθαι besonders betont: Da jedes ξυνόν besser ist als ein ἴδιον (B 2), stärkt sich die Polis mit Recht mit ihrem Nomos[25], denn er ist ein Ausfluß des einen göttlichen Nomos, des Logos; noch viel stärker soll sich der Verständige mit diesem einen ξυνόν, dem Logos, stärken, denn es steht so hoch über allen menschlichen νόμοι wie der eine göttliche Nomos, dessen Ausfluß sie doch zugleich alle sind.

Für den Nomosbegriff ergibt sich, daß Heraklit die vielen Möglichkeiten, die mit der Grundbedeutung des 'Geltenden' gegeben waren, nach allen Seiten ausschöpft und so — ganz im Einklang mit seiner Auffassung von der Sprache[26] — mit Bedeutungsnuancen spielt, dies alles aber autark durch Entwicklung der von Anfang an in dem Worte liegenden Möglichkeiten, ohne von fremder Lehre beeinflußt zu sein. Denn das 'Geltende' ist sowohl die politische Ordnung, die Verfassung

---

22 *Reinhardt,* Parmenides 215 f.

23 So auch *Gigon,* Heraklit 15.

24 *Gigon,* Heraklit 14.

25 Vgl. B 44: μάχεσθαι χρὴ τὸν δῆμον ὑπὲρ τοῦ νόμου ὅκωσπερ τείχεος.

26 S. oben S. 53 ff.

der Polis (so B 33 und B 44) wie auch die in ihr geltenden Sitten und allgemein anerkannten Maßstäbe des Denkens (auch das kann in B 44 mitenthalten sein), es ist aber zugleich im θεῖος νόμος das absolut Geltende, letztlich Richtige. Damit ist zum erstenmal die Einsicht ausgesprochen, daß die geltenden menschlichen νόμοι nicht absolut verbindlich sind[27]. Es muß aber gerade bei Heraklit, der über falsche menschliche Meinungen so scharf aburteilt (B 1. 2. 17. 19 u. ö.), besonders betont werden, daß er in νόμος den Hauptakzent noch ganz auf das Geltende, Verbindliche legt. Dabei mögen für die hohe Stellung, die er dem θεῖος νόμος zuweist, auch orphische Einflüsse bestimmend gewesen sein. Es soll deshalb im folgenden versucht werden, die Bedeutung des Nomos in der Orphik zu erfassen.

Wir wenden uns zunächst Pindar und seinem für die Folgezeit so bedeutsamen Fragment 169 zu:

> Νόμος ὁ πάντων βασιλεὺς
> θνατῶν τε καὶ ἀθανάτων
> ἄγει δικαιῶν τὸ βιαιότατον
> ὑπερτάτᾳ χειρί. τεκμαίρομαι
> ἔργοισιν Ἡρακλέος· ἐπεὶ Γαρυόνα βόας
> Κυκλωπίων ἐπὶ προθύρων Εὐρυσθέος
> ἀναιτήτας τε καὶ ἀπριάτας ἔλασεν.

Den bisherigen Interpretationsversuchen der viel zitierten Verse soll hier nicht ein neuer angefügt werden, nachdem grundsätzlich mit Recht festgestellt worden ist, daß νόμος bei Pindar nicht bloß heißt «wie es die Menschen gelten lassen», sondern daß «dem Begriff immer etwas Ehrwürdiges, gewissermaßen Geheiligtes innewohnt[28]». Das trifft sicher für fr. 169 zu, und von hier aus läßt sich unter Heranziehung des Formalen noch etwas weiter kommen. Wir stellen nebeneinander:

---

[27] *Gigon*, Heraklit 12 f. verweist dazu erklärend auf die Erkenntnisse der ionischen Ethnographie und die Erfahrungen in gesetzgeberischer Tätigkeit.

[28] *Stier* 229 gegen *Wilamowitz,* Platon 2, 96 (vgl. auch *Wilamowitz,* Pindaros 462 und Hesiodos Erga erklärt v. *U. v. Wilamowitz* [Berlin 1928] zu Vers 276 u. 388). Vgl. ferner *Busse*, Hermes 66 (1931) 126 ff. u. 367 f. und *Gundert* 49 f. u. A. 233.

Pindar fr. 169

Νόμος ὁ πάντων βασιλεὺς
ϑνατῶν τε καὶ ἀϑανάτων

Pindar O. 2, 17 ff.

... Χρόνος ὁ πάντων πατήρ ...

Heraklit B 53

Πόλεμος πάντων μὲν πατήρ ἐστι, πάντων δὲ βασιλεύς, καὶ τοὺς μὲν ϑεοὺς ἔδειξε, τοὺς δὲ ἀνϑρώπους.

Man hat «die Prädikation des πόλεμος bei Heraklit als offene Parodie der Prädikation des Zeus» und als «bewußte Verdrängung des Zeus durch das eigene erkannte Weltprinzip» bezeichnet und in diesem Sinne auch das Pindarfragment gedeutet [29]. Da dürfen wir doch bei aller äußern Aehnlichkeit den grundlegenden Unterschied nicht verkennen. Was in Heraklits zwar gehobenem, aber immerhin prosaischem Ausdruck Parodie ist, bleibt bei Pindar wirkliche religiöse Prädikation; auch wäre bei Pindars anerkannter Zeusverehrung, die sich besonders in dem dasselbe Thema wie fr. 169 betreffenden fr. 81 (τὸ δὲ μὴ Διὶ φίλτερον σιγῷμι πάμπαν), in I. 5, 53 (Ζεὺς ὁ πάντων κύριος) u. ö. ausspricht, eine derartige Parodie schlechthin unverständlich. Aber freilich, ein gewisser Widerspruch zu seiner sonstigen Zeusreligion ist nicht zu verkennen, wenn der Nomos sogar als βασιλεὺς ἀϑανάτων gepriesen wird. Denn wenn wir auch ϑνητῶν τε καὶ ἀϑανάτων nicht in seinem vollen Gewicht nehmen müssen, sondern als polaren Ausdruck zur Stärkung des πάντων auffassen dürfen [30], so bleibt eben doch Nomos der König aller, wie in O. 2, 17 Chronos der Vater aller heißt. Nun hat man in Chronos als Urvater hier sicher mit Recht eine orphische Vorstellung erkannt, zumal da im selben Gedicht der Mythos vom Leben der Seligen auf orphischer Lehre beruht [31]. So werden wir, zunächst mit einigem Vorbehalt, auch Nomos als göttliche Personifikation fassen [32] und dann allerdings auch dafür an

[29] *Gigon,* Heraklit 119.

[30] Vgl. *E. Kemmer,* Die polare Ausdrucksweise in der griechischen Literatur (Beiträge z. hist. Syntax d. griech. Sprache hgg. v. M. Schanz Heft 15, Würzburg 1903) 50. 55. u. ö.

[31] *Rathmann* 78 A. 49 vergleicht Pindar fr. 33 ἄνακτα τὸν πάντων ὑπερβάλλοντα Χρόνον μακάρων und verweist auf die entsprechenden Orphikerfragmente.

[32] Ueber den Wechsel zwischen Abstraktum und Personifikation und

Orphisches denken. Daß Nomos als Gottheit von der spätern orphischen Gemeinde verehrt und besungen wurde, zeigt der orphische Hymnus 64: Ἀθανάτων καλέω καὶ θνητῶν ἁγνὸν ἄνακτα, οὐράνιον Νόμον. Wenn dieses Preislied auch nach Form und Inhalt in seiner jetzigen Fassung jung ist, so geht es doch zweifellos auf Aelteres zurück, und ich möchte eine gemeinsame orphische Quelle für Pindar fr. 169 und den Eingangsvers des Hymnus für ebenso wahrscheinlich halten wie Abhängigkeit des Hymnus von Pindar [33]. Allerdings ist die Verehrung eines göttlichen Nomos als alte orphische Lehre nirgends bezeugt; denn es ist nicht erwiesen, daß in der Platonstelle, die gewöhnlich als Zeugnis dafür angeführt wird (Leg. 4, 715 E) [34], auch der θεῖος νόμος orphisch ist. Ein Vergleich mit zeitgenössischen Aeußerungen ergibt, daß θεῖος νόμος hier dem von den Göttern gesetzten und für alle Menschen verbindlichen ἄγραφος νόμος entspricht und im Zeitalter der sophistischen Diskussionen über νόμος und δίκαιον ein geläufiger, offenbar volkstümlichen Vorstellungen entstammender Begriff war [35]. Mit ihm hat Heraklits θεῖος νόμος die hohe Stellung und wohl auch die Herkunft gemein. Denn wenn wir den sophistischen Begriff aus dem Volksglauben an gewisse unverbrüchliche göttliche Satzungen herleiten dürfen, deren Uebertretung die Gottheit rächt, so sind wir damit in jene Sphäre gelangt, wo sich volkstümliche religiöse Vorstellungen und orphisches Dogma, die sich gegenseitig stets beeinflußt haben, schwer scheiden lassen.

---

die oft absichtliche Unklarheit Pindars vgl. *F. Dornseiff,* Pindars Stil (Berlin 1921) 52.

[33] Sicher an Pindar lehnt sich Chrysipp an im Eingang seines Buches περὶ νόμου (fr. 314 bei *v. Arnim* 3, 77): ὁ νόμος πάντων ἐστὶ βασιλεύς, θείων τε καὶ ἀνθρωπίνων πραγμάτων. Ueber Pindarzitate der Sophistik s. unten S. 82 A. 61.

[34] fr. 21 K.: ὁ μὲν δὴ θεός, ὥσπερ καὶ ὁ παλαιὸς λόγος, ἀρχήν τε καὶ τελευτὴν καὶ μέσα τῶν ὄντων ἁπάντων ἔχων... · τῷ δὲ ἀεὶ συνέπεται δίκη τῶν ἀπολειπομένων τοῦ θείου νόμου τιμωρός: *Rathmann* 92 A. 14; dagegen zweifelnd *Gundert,* Gnomon 13 (1937) 340.

[35] Gorg. Epitaph. (VS 82 B 6): ...τοῦτον νομίζοντες θειότατον καὶ κοινότατον νόμον, τὸ δέον ἐν τῷ δέοντι καὶ λέγειν καὶ σιγᾶν...; Thuk. 3, 82, 6: τὰς ἐς σφᾶς αὐτοὺς πίστεις οὐ τῷ θείῳ νόμῳ μᾶλλον ἐκρατύνοντο ἢ τῷ κοινῇ τι παρανομῆσαι.

Auf sichererem Boden stehen wir dagegen bei der auch in diesen Bereich fallenden Dike. Sie gehört sicher zu den altorphischen Gottheiten, und der Glaube an sie ist eine jener Vorstellungen, die aus Hesiod von den Orphikern weiterentwickelt wurden [36] — wenn nicht vielmehr schon Hesiod damit volkstümlichem Glauben an die göttliche Sühnung jedes Unrechts durch himmlische Aufseher Ausdruck gibt, der in der Orphik dann systematisiert wird, mit Benützung Hesiods [37]. Die Abstammung der Dike von Nomos und Eusebeia aber, die wir erst aus den spätern rhapsodischen ἱεροὶ λόγοι kennen (fr. 105 b K.), sieht sehr nach nachträglicher Einordnung in eine Genealogie aus. Ebensowenig sind wir berechtigt, die ὑποθῆκαι τῆς Νυκτός, nach denen Zeus den Nomos zu seinem πάρεδρος machte (fr. 160 K.), deshalb schon der alten Theogonie zuzuweisen, weil Nyx als Urgöttin durch Aristophanes für diese sicher bezeugt ist (Av. 690 ff. = fr. 1 K.). Dagegen darf hier Hesiod (Theog. 901 ff.) herangezogen werden, der als Schwestern der Dike Eunomia und Eirene nennt. Als dann das Simplex νόμος die Bedeutung übernommen hatte, die bei Hesiod noch εὐνομίη hat, also die 'richtige Ordnung' bezeichnete, lag es nahe, den Nomos neben Dike zum Beisitzer des Zeus zu machen. Nur soviel von den spätern Vorstellungen wird schon in die Zeit des Onomakritos gehören. Und hier sind nun die Pindarverse einzureihen: 'Die rechte göttliche Ordnung, zu gleich die Gottheit der Ordnung, der König über alle, tut mit überlegener Hand das Gewalttätigste, indem sie es zugleich zu Recht macht', d. h. weil Herakles im Namen des Nomos handelt, ist auch seine Gewalttat gerechtfertigt.

Heraklit kannte sicher orphische Lehren [38]; das beweist u. a. gerade die ausdrückliche Ablehnung alles Mysterienwesens in B 14. So wird denn die orphische Vergöttlichung des Nomos, die erst dem Worte seinen feierlichen Klang gegeben hat, neben dem ältern volkstümlichen Glauben an eine ewige göttliche Rechtsordnung die Voraussetzung bilden für Hera-

---

[36] fr. 23 K.: *O. Kern,* Die Religion der Griechen 1 (Berlin 1926) 271.

[37] Vgl. ρ 485 ff., das nicht von Hes. Op. 252 ff. abzuhängen braucht.

[38] *Rathmann* 88 ff., wo allerdings zu weitgehende Folgerungen gezogen sind.

klits Verwendung des Ausdrucks in dem oben besprochenen Zusammenhang. Es ist unnötig zu betonen, daß seine Verkündung natürlich mit orphischer Dogmatik nichts zu tun hat.

Es bleibt uns noch die gewöhnliche Verwendung von νόμος bei Pindar zu untersuchen. Alle andern Stellen zeigen, daß das Wort meist einfach die traditionell gefestigte und geltende Ordnung bedeutet, so allgemein I. 2, 38 ἱπποτροφίας νομίζων ἐν Πανελλάνων νόμῳ oder die Bezeichnung der Nemeen als Ἀδράστειος νόμος (N. 10, 28), ebenso der νόμος φαρμάκων, den Asklepios von Chiron lernt, also 'die vorgeschriebene, richtige Anwendung' der Heilmittel (N. 3, 55). Im besondern wird das Wort auf politische Verhältnisse angewendet, so P. 1, 62 und 10, 70 und vor allem 2, 86:

ἐν πάντα δὲ νόμον εὐθύγλωσσος ἀνὴρ προφέρει,
παρὰ τυραννίδι, χὠπόταν ὁ λάβρος στρατός,
χὤταν πόλιν οἱ σοφοὶ τηρέωντι. χρὴ δὲ
πρὸς θεὸν οὐκ ἐρίζειν,
ὃς ἀνέχει τοτὲ μὲν τὰ κείνων, τότ' αὖθ' ἑτέροις
ἔδωκεν μέγα κῦδος.

Hier kann νόμος geradezu mit 'Verfassung' übersetzt werden, obschon es natürlich nicht terminus technicus dafür ist, sondern allgemein die Form des geordneten staatlichen Lebens bezeichnet. Ich habe die Stelle so weit ausgeschrieben, weil sie einen Blick tun läßt in Pindars Denken über Recht und Staatsform. Er anerkennt die Wandelbarkeit der Verfassung als gegeben; sie beruht aber nicht auf menschlicher Willkür, sondern Zeus steht auch hinter ihr, der eben nach seinem Gutdünken die Macht verteilt. Deutlicher noch und mit größerer Schärfe als selbst bei Heraklit B 114 spricht sich die Erkenntnis von der Wandelbarkeit menschlichen Rechtes in fr. 215 aus: ἄλλα δ'ἄλλοισιν νόμιμα, σφετέραν δ' αἰνεῖ δίκαν ἕκαστος. Und doch wäre es verfehlt, darin jene Lehre von der Relativität des νόμος zu sehen, aus der die Sophistik das Recht zu seiner Verwerfung ableitete. Denn jedes νόμιμον ist eben Ausdruck von Zeus' Wille und daher verpflichtend [39].

---

[39] Nicht hieher gehört dagegen N. 9, 15: κρέσσων δὲ καππαύει δίκαν τὰν πρόσθεν ἀνήρ, das zunächst wie die Lehre vom Recht des Stärkern anmutet. In diesem Sinne faßt es *Wilamowitz,* Platon 2, 96. Doch lehrt der Zusam-

In demselben politischen, aber noch nicht terminologischen Sinn ist νόμος auch bei Theognis 54 aufzufassen (oben S. 62 A. 13). Es bedeutet nur noch einen kleinen Schritt von hier aus, wenn das Wort schließlich zur festen Bezeichnung für das staatliche Gesetz wird [40]. Wann dies in Athen geschah, ist unsicher. Fest steht lediglich, daß sowohl Drakon wie Solon ihre Gesetze noch θεσμοί nannten. Für Solon besitzen wir sein eigenes Zeugnis (fr. 24, 18). Zudem zeigt seine Dichtung, soweit sie uns erhalten ist, daß dem νόμος im damaligen Athen überhaupt keine politische Bedeutung zukam [41]. So wird man der allgemein anerkannten Auffassung zustimmen können, daß die athenischen Gesetze erst seit der Verfassung des Kleisthenes νόμοι hießen [42].

In der einen Richtung hat sich so νόμος zu einem Begriff von autoritativer Bedeutung entwickelt. Anderseits aber sinkt das Wort herab zur Bezeichnung der bloßen 'Sitte', indem es nicht mehr das Verpflichtende einer Gemeinschaftsordnung hervorhebt, sondern einfach die Einrichtung als solche im Vergleich zu andern. In diese Richtung weist schon das oben angeführte Alkmanfragment 93 und die nachhesiodische Theogoniestelle Vers 66. Ein Ansatz zu dieser Entwicklung läßt sich auch bei Alkaios erkennen. Wenn Alkaios von einer Trinksitte sagt (fr. 45, 5) ἔνθα νόμος θάμ' ἔνεστ' ὀρίνην, so mag darin zwar das Verbindliche noch mitklingen; gerade im Trinkkomment hat sich ja der Ausdruck (συμποτικοὶ νόμοι) bis in späteste

---

menhang, daß die Gnome den Uebergang zum folgenden vermittelt und δίκη dann wie I. 8, 26 f. als 'Streit' aufzufassen ist: so *Dornseiff*, Gnomon 9 (1933) 273 und, weniger klar, *H. Bischoff*, Gnomen Pindars (Würzburg 1938) 5.

[40] Vgl. zum folgenden *Kahrstedt*, Klio 31 (1938) 6 ff.

[41] In Solons fr. 24, 16 die Lesart des Londoner Aristoteles-Papyrus νόμου vor der besser bezeugten ὁμοῦ zu bevorzugen, wie es *Stier* 230 ff. nach andern tut, ist durch nichts gerechtfertigt. ὁμοῦ wird in μ 424 in derselben Verwendung (ξυνέεργον ὁμοῦ τρόπιν ἠδὲ καὶ ἱστόν) durchaus nicht als «überflüssiger Zusatz» empfunden, und anderseits wäre die Stellung des Genitivs am Versanfang als Attribut zu einem Substantiv am Ende des vorhergehenden Verses mindestens bei Solon ohne Analogie.

[42] Sie wurde, soweit ich sehe, zuerst von *Hirzel*, ΑΓΡΑΦΟΣ ΝΟΜΟΣ 49 und Themis 373 ff. vertreten.

Zeit erhalten. Zugleich scheint er aber hier schon der beschreibenden Feststellung zu dienen. Für dieses νόμος ἐστί findet sich ebenfalls bei Alkaios zum erstenmal der verbale Ausdruck νομίζεται (fr. 44):

φίλος μὲν ἦσθα κἀπ' ἔριφον κάλην
καὶ χοῖρον· οὔτω τοῦτο νομίσδεται.

«Du warst ein Freund, für den man bei der Bewirtung sich Umstände macht», hat man die nach dem Zeugnis des Scholiasten sprichwörtliche Redewendung umschrieben [43]. Dann heißt der Nachsatz doch wohl 'es ist Sitte', zugleich aber wieder 'es gehört sich', einen guten Freund so zu bewirten. Also auch hier hört man in νόμος noch das Verbindliche. Stehen so diese Verse noch ganz am Anfang des Bedeutungswandels, so erscheint er schon ausgeprägter, wenn Pherekydes von Syros die Aitiologie eines auf göttlichen Ursprung zurückgeführten Brauches abschließt mit den Worten (VS 7 B 2) ἐκ τούτου δὲ ὁ νόμος ἐγένετο καὶ θεοῖσι καὶ ἀνθρώποισιν. Freilich wird auch hier die Verbindlichkeit des Ritus damit, daß die Frage nach seiner Herkunft gestellt wird, noch durchaus nicht bezweifelt, ja dieses Problem existiert für Pherekydes noch gar nicht. In vorsophistischer Zeit zeigt sich schließlich auch bei Pindar an einigen der oben angeführten Stellen ein Einfluß dieser Entwicklung, und ebenso ist sein Zeitgenosse Aischylos von ihr nicht unberührt (etwa Ag. 594 γυναικείῳ νόμῳ), wenn er auch im allgemeinen das Wort noch in der älteren, uns aus Pindar und Heraklit geläufigen Bedeutung verwendet.

b) Νομίζειν

Es sei hier im Anschluß an Alkaios' Fragment 44 gleich zu νομίζειν einiges bemerkt: Das Fehlen des denominativen Verbums ist bei Homer, der das Substantiv nicht kennt, selbstverständlich. Auch zu Hesiods Zeit scheint es noch nicht gebildet zu sein. Nach dem einzigen frühen Beleg bei Alkaios findet es sich bei Xenophanes (B 2, 13 ἀλλ' εἰκῇ μάλα τοῦτο νομίζεται, sc.

[43] *Wilamowitz*, Neue lesbische Lyrik, NJbb 33 (1914) 234 (= Kleine Schriften 1, 397).

προκρίνειν ῥώμην τῆς ἀγαθῆς σοφίης), Heraklit (B 14 τὰ νομιζόμενα κατ' ἀνθρώπους μυστήρια) und Parmenides (B 6, 8 οἷς τὸ πέλειν τε καὶ οὐκ εἶναι ταὐτὸν νενόμισται κοὐ ταὐτόν) je einmal, und zwar immer im Medium-Passiv. Man möchte das für einen Zufall unserer Ueberlieferung halten, wenn nicht der Gebrauch bei Aischylos ebenfalls darauf hinwiese, daß die mediale Verwendung offenbar die ältere war: bei insgesamt acht Belegen des Verbums steht an drei Stellen (Ag. 1046; Eum. 32. 423) die mediale Form νομίζεται im Sinne von νόμος ἐστίν. Von den fünf aktiven Formen hat nur eine die später geläufige Bedeutung *putare* (Pers. 169), bei den andern (Pers. 498; Cho. 101. 1003) wird auch in der transitivpersönlichen Wendung immer die intransitive Ableitung von νόμος gefühlt, und Cho. 801 erscheint das Verbum sogar gleichbedeutend mit dem alten Wurzelwort νέμειν[44]. Bei Pindar weist Rumpels Index vollends nur zwei Belege des Wortes nach. Der eine (I. 2, 38 ἱπποτροφίας νομίζων ἐν Πανελλάνων νόμῳ) deutet wieder auf die Herkunft vom intransitiven Ausdruck, eine Beziehung, die durch die Beifügung des Substantivs noch verstärkt wird: wer ἱπποτροφίας νομίζει 'Pferdezucht ausübt', für den 'gilt' der νόμος ἱπποτροφίας. An der zweiten Stelle dagegen (I. 5, 2 μεγασθενῆ νόμισαν χρυσὸν ἄνθρωποι περιώσιον ἄλλων) ist das Verbum wohl als *putare* mit doppeltem Akkusativ zu verstehen[45].

Diesem überwiegend intransitiv-medialen Gebrauch in der ersten Hälfte des Jahrhunderts steht bei Sophokles, Herodot, Aristophanes in zunehmendem Maße die Verwendung der transitiv-aktiven Formen des Verbums gegenüber, so daß schließlich bei Thukydides nurmehr wenige Belege für die erste Bedeutung neben unzähligen für die zweite stehen[46]. Bei diesem

---

[44] Vgl. dazu Simonides fr. 4, 5, wo umgekehrt νέμεται in der Bedeutung von νομίζεται ('gilt') erscheint. *Wilamowitz,* Sappho 166 verweist dazu auf Thuk. 1, 6, 2: τὰ οὕτω νεμόμενα sind hier 'die Gegenden, bei deren Bewohnern (νέμεσθαι) diese Sitten gelten (νομίζεσθαι)', es liegt also eine Vermischung der Bedeutung beider Verba in dem einen νέμεσθαι vor.

[45] So *Wilamowitz,* Pindaros 200; anders *Dissen* (in *Rumpels* Lexicon Pindaricum [Leipzig 1883] s. v.): «*in honore habent, aestimant*».

[46] Euripides ist nicht berücksichtigt, da der Index von *C. D. Beck* (Glasgow 1829) unvollständig und die neue Behandlung von *J. Smereka,* Studia Euripidea 1 (Lemberg 1936) noch nicht vollendet zu sein scheint. — Daß auch in den voreuklidischen attischen Inschriften aus den Jahren 453—433

Sachverhalt werden wir nicht mehr zögern, das intransitive Medium-Passiv für ursprünglich, das transitive Aktiv für die sekundäre Bildung zu halten, und sehen darin ein neues Beispiel für eine Erscheinung, die sich an einer großen Zahl griechischer Verba, besonders denominativen, nachweisen läßt[47].

Man möchte vielleicht dagegen einwenden, daß schon der doppelte Nominativ in dem angeführten Parmenidesfragment B 6, 8 eine aktive Konstruktion mit doppeltem Akkusativ voraussetze[48]. Doch zwingt nichts zu dieser Annahme. Vielmehr zeigt der sogenannte dativus auctoris (nicht ὑπό!) hier noch deutlich seinen ursprünglichen Charakter als Dativ des Interesses, der die Person nicht als Subjekt einer Handlung, sondern nur als geistig an einem Zustand oder Vorgang beteiligt darstellt. Der Unterschied zwischen der ältern medialen und der spätern passiven Verwendung des Verbums wird deutlich, wenn wir das genannte Heraklitfragment (B 14): τὰ νομιζόμενα κατ' ἀνθρώπους μυστήρια mit Herod. 2, 17 τῷ ὑπ' Ἑλλήνων νενομισμένῳ vergleichen: die Menschen, bei denen ein Brauch oder eine Meinung 'gilt', sind nun zu deren Urhebern geworden.

Es ergibt sich aus all dem, daß νομίζεσθαι zunächst bedeutete 'Sitte sein', 'gelten', worin ursprünglich, wie wir bei Alkaios sahen, das Verbindliche der Sitte noch mitklang[49]. Dann

---

dreimal das mediale Partizip Präsens und erst in den zwanziger Jahren zweimal das Aktiv belegt ist (nach dem Index von *Hiller von Gärtringen* zu IG I²), mag auf dem Zufall der Ueberlieferung beruhen, paßt aber jedenfalls in das gewonnene Bild.

[47] *J. Wackernagel,* Sprachliche Untersuchungen zu Homer (Göttingen 1916) 122 ff.

[48] Vgl. auch Empedokles B 17, 22.

[49] Nur so erklärt es sich, daß νόμισμα 'Münze', 'Geld' bedeuten konnte. Das Wort ist in dieser Bedeutung allerdings erst bei Euripides und Herodot belegt, bei Aischylos (Sept. 269) heißt es noch 'Sitte'. Doch kennt schon Sophokles (Ant. 296) beide Bedeutungen und spielt mit dem Doppelsinn ebenso wie Euripides (fr. 542) und Aristophanes (Nub. 247). Da die attischen Inschriften das Wort im Sinn von 'Münze' von den dreißiger Jahren des 5. Jhdts. an verwenden, wird es mindestens seit den Perserkriegen diese Bedeutung haben; ja es ist nicht ausgeschlossen, daß Xenophanes, wenn er die Münzprägung als εὕρημα der Lydier aufführte (B 4), schon den Ausdruck νόμισμα gebrauchte. — Das Wort verhält sich übrigens zu νομίζεσθαι wie unser 'Geld' zu 'gelten' (vgl. die Belege für die noch lange gefühlte Be-

aber löste sich das Verbum mehr und mehr von dieser im Worte νόμος liegenden Urbedeutung. Schon Xenophanes B 2 (oben S. 73 f.) zeigt, von welcher Richtung der Anstoß kam und wohin er führte. Der selbstbewußte Denker, der seine σοφίη aller Volksmeinung und vollends bloßer Körperkraft weit überlegen weiß, hält die Hochschätzung körperlicher Leistung für verfehlt: 'doch ganz ohne Grund gilt diese Bewertung' (V. 13). So erwächst aus dem Bewußtsein der eigenen geistigen Ueberlegenheit die Verachtung der Volksmeinung, alles dessen, ἃ νομίζεται oder νόμος ἐστίν[50]. Es wird niemand daran denken, in dieser Gegenüberstellung der eigenen Weisheit und der allgemeinen Anschauungen den parmenideischen Gegensatz ἀλήθεια-δόξα zu sehen, zumal da Xenophanes selbst ausspricht, daß auch seine σοφίη nur δόξα sei (B 35): ταῦτα δεδοξάσθω μὲν ἐοικότα τοῖς ἐτύμοισι. Dieser Vers dient doch wohl nicht dem Ausdruck absoluten Glaubens an die eigene δόξα[51]. Vielmehr ist er eng mit B 34 zusammenzuhalten[52], wonach mit allen menschlichen Annahmen, die nicht auf Empirie beruhen (ἰδεῖν), δόκος, bloßes Meinen, verbunden ist. Das bedeutet aber zugleich, daß δόξα eben doch möglich und berechtigt ist und im besten Falle der Wahrheit nahe kommen kann (ἐοικότα τοῖς ἐτύμοισι). Und auf dieser höchsten Stufe menschlichen Wissens steht die δόξα des σοφός,

---

ziehung zwischen den beiden Wörtern in *Grimms* Wörterbuch s. v. Geld). Im Griechischen war man sich des Zusammenhangs auch später bewußt, so Aristoteles (Eth. Nic. 5, 1133 a 25), der allerdings von der ihm geläufigen Antithese Nomos-Physis aus in νόμισμα gerade nicht das verbindlich Geltende, sondern das bloß willkürlich Gesetzte hört; so auch noch Julian, or. 7, 211 BC (nach kynischer Quelle?). — Daß auch *nummus* auf eine sizilisch-griechische Münzbezeichnung νόμος zurückgeht, hat kürzlich *F. Altheim*, Rom und der Hellenismus (Leipzig o. J. [1942]) 79 ff. im Anschluß an *Willers*, Rhein. Mus. 60 (1905) 349 ff. betont.

[50] Zum richtigen Verständnis von νομίζεται an dieser Stelle kann Euripides helfen, der in seinem Satyrspiel 'Autolykos' (fr. 282) im Anschluß an Xenophanes — so berichtet Athenaios 10, 413 C — die Hochschätzung des Athletentums verwarf und dabei den angeführten Xenophanesvers dem Sinne nach richtig wiedergab mit den Worten (V. 13): ἐμεμψάμην δὲ καὶ τὸν Ἑλλήνων νόμον.

[51] So deutet ihn *Nestle*, Mythos 91.

[52] Das Wesentliche über dieses Fragment hat *H. Fränkel*, Hermes 60 (1925) 184 ff. gesagt.

also des Xenophanes eigene 'Meinung', die das Ergebnis empirischer Forschung ist und daher derjenigen der Menge weit überlegen. Deshalb wird diese denn auch immer wieder scharf abgelehnt und mit der eigenen Weisheit kontrastiert, außer B 2, 13 besonders in B 14 (οἱ βροτοὶ δοκέουσι) und B 32 (ἥν τ' Ἶριν καλέουσι, νέφος καὶ τοῦτο πέφυκε). Das ist dieselbe Verwerfung aller Volksmeinung als falscher Leichtgläubigkeit, wie sie aus dem Eingangssatz von Hekataios' Genealogien spricht (F 1): Ἑκαταῖος Μιλήσιος ὧδε μυθεῖται· τάδε γράφω, ὥς μοι δοκεῖ ἀληθέα εἶναι· οἱ γὰρ Ἑλλήνων λόγοι πολλοί τε καὶ γελοῖοι, ὡς ἐμοὶ φαίνονται, εἰσίν. Auch hier wird die eigene δόξα (δοκεῖ) als der Wahrheit näher den widerspruchsvollen Reden der Menge entgegengestellt.

Es ist festzuhalten, daß dieses Selbstbewußtsein des Denkenden, nach der Wahrheit Strebenden, der sich über die falschen Anschauungen der vielen erhaben fühlt, an sich mit Erkenntniskritik nichts zu tun hat, wiewohl mit der Ablehnung der Volksmeinung oft die Frage nach den Grundlagen des eigenen Wissens und die Erkenntnis seiner Unvollständigkeit und Ungenauigkeit verbunden ist. Ebensowenig ist diese Haltung ausschließlich auf die eleatische Schule beschränkt. Sie kennzeichnet Hekataios ebenso wie Xenophanes und Heraklit (oben S. 51 u. 67); und man wird nicht fehlgehen, wenn man sie schon Thales und Anaximenes (oben S. 51) zuschreibt. Aus ihr ist es zu erklären, daß nun das Verbum νομίζεσθαι in der vorsokratischen Philosophie den Sinn 'bei der Menge gelten' und daher 'fälschlich gelten' bekommt. Ob die Entstehung des Aktivums auch von dieser Seite her begünstigt wurde, läßt sich nicht feststellen und ist auch nicht entscheidend. Tatsache bleibt, daß νομίζειν bald neben der Bedeutung 'als Sitte haben oder ausüben' auch wie unser 'meinen' das subjektive, richtige oder falsche Glauben bezeichnet. Dabei ist es kein Zufall, daß das Wort gleich schon bei Herodot, wo es uns zum erstenmal in häufiger Verwendung entgegentritt, in den weitaus meisten Fällen ein falsches Meinen ausdrückt, ganz Herodots selbstbewußter und bei aller Frömmigkeit doch recht rationalistisch aufklärerischer Art entsprechend. Für die Herkunft des Wortes aus der Sphäre des Kampfes gegen Tradition und Volksmeinung spricht auch die Tatsache, daß Aristophanes es in den sophistischen Debatten der 'Wolken' viel häufiger gebraucht als in all seinen andern Stücken. In der Folgezeit wird es schließlich ohne besondern Akzent für Richtiges und Falsches gleichermaßen verwendet.

c) Νόμος in der Sprache der Aufklärung des 5. Jahrhunderts

Wir hatten (oben S. 72 f.) begonnen, die Entwicklung des Wortes νόμος zur Bedeutung der 'unverbindlichen Sitte' zu verfolgen, und hatten einen Ansatz dazu — nicht mehr — bei Alkaios fr. 45, 5 gesehen. Am klarsten tritt diese Seite der Wortgeschichte im Werke Herodots zutage. Die Beschreibung der νόμοι fremder Stämme ist ja das Hauptthema der griechischen Ethnographie, die dem Wort wohl überhaupt erst seinen weiten Anwendungsbereich eröffnet hat. Die Formel νόμοισι δὲ χρέωνται τοιοισίδε hat in ihrer Topik einen festen Platz bei der Charakterisierung jedes Fremdvolkes. Wir werden νόμοι hier unbedenklich als 'Sitten', 'Bräuche' übersetzen. Anderseits erscheint es uns selbstverständlich, daß οἱ Σόλωνος νόμοι die 'Gesetze' Solons sind. Nun stehen aber bei Herodot in derselben Verbindung nebeneinander (4, 105) Νευροὶ δὲ νόμοισι μὲν χρέωνται Σκυθικοῖσι und (1, 29) ὁρκίοισι γὰρ μεγάλοισι κατείχοντο (sc. οἱ Ἀθηναῖοι) δέκα ἔτεα χρήσεσθαι νόμοισι τοὺς ἄν σφι Σόλων θῆται. Es ist klar, daß Herodot hier nicht denselben starken Unterschied empfunden haben kann, wie wir ihn durch die gegebene Uebersetzung ausdrücken. Ebenso verhält es sich mit dem häufigen Ausdruck νόμος ἐστί, z. B. 2, 36: τοῖσι ἄλλοισι ἀνθρώποισι νόμος ἅμα κήδει κεκάρθαι τὰς κεφαλάς (vgl. auch 3, 16, 4 und 5, 18, 2) neben 3, 2: νόθον οὔ σφι (sc. τοῖς Πέρσαις) νόμος ἐστὶ βασιλεῦσαι γνησίου παρεόντος. Im letzten Satz ist offenbar die Rede von einer verfassungsrechtlichen Bestimmung über die Regelung der persischen Thronfolge — wenn auch nicht an eine schriftlich festgelegte persische Verfassung zu denken ist —, während der erste von einer allgemein verbreiteten menschlichen Sitte spricht. Wenn wir das Gemeinsame in den beiden Nuancen von νόμος suchen, kommen wir wieder auf die Bedeutung der Ordnung, des für das menschliche Zusammenleben Bestimmenden, zugleich des dafür Charakteristischen. Wir stellen also wohl eine Erweiterung des

Anwendungsbereiches, aber keine eigentliche Bedeutungsänderung fest.

Immerhin lehrt eine Stelle wie 1, 196, daß Herodot selbst bei verschiedenem Zusammenhang auch einen Bedeutungsunterschied, wenn auch einen viel kleinern, als wir ihn mit der Uebersetzung 'Sitte' — 'Gesetz' geben, aus dem Wort heraushörte: Die ausführliche Darstellung eines Brauches wird dort eingeleitet mit den Worten νόμος σοφώτατος ὅδε, und nach der Beschreibung steht die abschließende Bemerkung ὁ μέν νυν κάλλιστος νόμος οὗτός σφι ἦν. Innerhalb der dazwischenliegenden Schilderung aber wird von einem Einzelvorgang im Rahmen des ganzen Brauches erklärt, daß darüber ein νόμος ἔκειτο, also eine 'gesetzliche Bestimmung' bestand. Wenn νόμος hier offensichtlich die Vorschrift bezeichnet, die einen Teil des Gesamt-νόμος regelt, und gleich darauf in der Schlußwertung mit demselben Wort wieder die Gesamtheit der Sitte gemeint ist, muß auch für Herodot und seine Hörer eine Bedeutungsnuance fühlbar gewesen sein. Ein Anhaltspunkt für Herodots Wertung des νόμος ergibt sich aus dieser Erkenntnis zunächst nicht. Es läßt sich lediglich feststellen, daß in diesem ethnographischen Zusammenhang das Wort rein deskriptiv und daher indifferent zur Bezeichnung von Gutem und Schlechtem verwendet wird. Während es z. B. 3, 16, 4 οὐκ ὦν θηρίοισι νόμος οὐδαμῶς σφί ἐστι τὸν νέκυν διδόναι beinahe mit *fas* bedeutungsgleich ist, heißt anderseits auch eine belanglose persische Gelagesitte νόμος. Der Wert oder Unwert eines νόμος wird also für Herodot einzig durch seinen konkreten Inhalt bestimmt. Das bedeutet doch schon einen großen Schritt von der Auffassung Pindars und Heraklits weg, für die in νόμος schlechthin etwas Ehrwürdiges mitklang, in der Richtung auf jene Relativierung der Sophistik, die wir später zu untersuchen haben werden. Aber noch sind wir weit entfernt von jener Entwertung des νόμος, die erst der Antithese Nomos-Physis ihren weiten Anwendungsbereich eröffnete. Denn für Herodot ist noch jeder νόμος von schlechthin verpflichtender Autorität für die jeweilige Gemeinschaft, bei der er gilt, selbst dann, wenn er vom griechischen Standpunkt aus verwerflich ist.

Eben diese Wahrheit, nicht etwa umgekehrt die Naturwidrigkeit und Verwerflichkeit jedes νόμος[53] soll mit dem bekannten Experiment des Dareios (3, 38) bewiesen werden. Die ganze Anekdote will ja gerade zeigen, daß Kambyses wirklich wahnsinnig war, wenn er die νόμοι seiner Untertanen mißachtete und verlachte. Nun handelt es sich freilich bei seinem Vorgehen ausschließlich um Verstöße gegen religiöse νόμοι, und um deren Unzulänglichkeit nachzuweisen, hätte es nicht der langen Ausführungen von Kapitel 38 bedurft. Diese sind also offensichtlich um ihrer selbst willen eingelegt. Da stammt nun die Behauptung, daß die Menschen, wenn sie aus sämtlichen existierenden νόμοι die schönsten auslesen dürften, ihre eigenen wählen würden, weil sie diese für die besten halten, zweifellos von einem Sophisten. Denn die Dialexeis, die nicht von Herodot abhängen, erzählen 2, 18 und 2, 26 dieselbe Geschichte. Die Pointe ist dort noch schärfer gespitzt, indem alle Menschen ihre αἰσχρά auf einen Haufen zusammentragen, dann jeder ein καλόν daraus nimmt und so schließlich nichts übrigbleibt: οὐ γὰρ πάντες ταὐτὰ νομίζοντι. Es leuchtet ein, daß diese Fassung in der Hochsophistik geprägt wurde und letzten Endes auf dieselbe Quelle zurückgeht wie Herodot[54]. Dann

---

[53] Diese Auffassung vertraten *Dümmler,* Akademika 249 ff. und *W. Nestle,* Herodots Verhältnis zur Philosophie und Sophistik (Stuttgart 1908) 25. Richtiger ist die letzte Aeußerung von *Nestle,* Mythos 509 f.

[54] *Reinhardt,* Parmenides 142 sucht die Quelle Herodots in der ionischen Aufklärung zur Zeit des Dareios und Xerxes. Dareios ist doch wohl vielmehr gewählt als der zu Herodots Zeit wie schon für Aischylos repräsentativste Vertreter der Persermacht. — Herodot erzählt 7, 152 dieselbe Anekdote wie 3, 38, aber von den κακά anstatt von den νόμοι. Nach *Nestles* einleuchtender Vermutung im Philologus 70 (1911) 250 f. haben wir darin die ursprüngliche Fassung zu sehen. Sie findet sich auch bei Valer. Max. 7, 2 ext. 2 im Munde von Solon und bei Ps. Plut. cons. ad Apoll. 106 B als Ausspruch des Sokrates. Man wird darin kaum mit *Nestle* eine ursprüngliche Solon-Anekdote erblicken, die später auf andere Leute übertragen wurde, sondern als Quelle eine volkstümliche, namenlose Erzählung ansetzen, die dann bald dem, bald jenem Weisen in den Mund gelegt wurde; so beurteilt die verschiedenen Fassungen, wie ich nachträglich sehe, auch *W. Aly,* Volksmärchen, Sage und Novelle bei Herodot (Göttingen 1921) 289 A. 1. Dagegen hat *Nestle* sicher mit Recht die Uebertragung auf die νόμοι für die Tat eines Sophisten erklärt.

werden wir aber auch die ergänzende Dareios-Anekdote von den Begräbnissitten nicht für historisch halten, sondern für eine sophistische Folgerung aus der vorherodoteischen Ethnographie, die zeigen will, ὅτι νομίζουσι πολλόν τι καλλίστους τοὺς ἑωυτῶν νόμους ἕκαστοι εἶναι (3, 38) [55]. Negativ gewendet stimmt das genau überein mit der genannten Feststellung der Dialexeis (2, 18). Ich kann darin nicht die Rechtfertigung der Verschiedenheit der νόμοι sehen, die darauf beruhen soll, daß sie eben νόμοι sind [56]. Vielmehr ist deutlich ihre nur relative Gültigkeit ausgesprochen. Nicht aber wird daraus die Berechtigung zu ihrer Verwerfung abgeleitet, geschweige denn, daß ihnen als neue Norm die Physis entgegengestellt würde. Die νόμοι bleiben, auch wenn sie bei verschiedenen Völkern verschieden oder gar widersprüchlich sind, für das Einzelvolk schlechthin bindend [57].

Fragt man schließlich nach dem Sophisten, dem Herodot hier folgt, so scheidet Hippias, der Vertreter des Naturrechts, der jeden νόμος verwirft, von vornherein aus. Wenn ein Name genannt werden kann, so möchte ich am ehesten an Protagoras denken [58]. Er ist, soweit wir sehen, der erste, der die längst erkannte Relativität und Veränderlichkeit der Formen der Gemeinschaft theoretisch begründet und aus ihrer Entstehung erklärt, der aber zugleich — am deutlichsten in der großen Rede, die ihm Platon im 'Protagoras' (320—328) in den Mund legt — die Notwendigkeit und Verbindlichkeit der herrschenden Gesetze betont [59].

Für die sophistische Herkunft des Herodot-Kapitels 3, 38 ist endlich auch das abschließende Pindarzitat bezeichnend [60].

---

[55] Das ist dieselbe Auffassung, die uns schon oben S. 71 in Pindars fr. 215 entgegentrat. Hieher gehört auch der unechte Schluß von Aisch. Sept. 1070 f.

[56] *Stier* 239.

[57] Vgl. *M. Pohlenz,* Herodot (Leipzig 1937) 185 f. *Stier* 240.

[58] So auch *H. Gomperz,* Sophistik und Rhetorik (Leipzig 1912) 164.

[59] Zur nähern Begründung vgl. unten S. 114 ff.

[60] *Aly,* Formprobleme 74. Verfehlt scheint mir *Stiers* Deutung 243, der das Zitat darauf zurückführt, daß «Pindars Wort vom Νόμος βασιλεύς zunächst in Athen anscheinend als starke Paradoxie empfunden wurde»; deshalb bestätige Herodot nun mit ὀρθῶς seine Richtigkeit. Die Dinge lie-

Es taucht in der sophistischen νόμοι-Diskussion in verschiedener Deutung immer wieder auf und zeigt, wie Pindar schon damals mit und ohne Absicht mißverstanden werden konnte [61]. Schon Herodots sophistischer νόμος ist wesentlich menschlicher als der göttliche König Pindars; immerhin ist ihm die Bedeutung einer das Leben regelnden Norm geblieben, und Herodots ganzes Geschichtswerk bringt neben der Verschiedenheit der νόμοι überall auch ihre Macht, häufig ihren wohltätigen, selten ihren schlechten Einfluß zur Anschauung [62].

Um so auffälliger ist es unter diesen Umständen, daß Herodot einmal den Dativ νόμῳ in einem Sinne verwendet, der schon nahe heranreicht an die Bedeutung des Wortes, die wir aus der Antithese νόμῳ-φύσει kennen. Bei der Beschreibung der Südküste Asiens sagt er von dieser (4, 39): λήγει δὲ αὕτη, οὐ λήγουσα εἰ μὴ νόμῳ, ἐς τὸν κόλπον τὸν Ἀράβιον. 'Diese Küste läuft aus — d. h. eigentlich läuft sie nicht aus, sondern nur, wie man so zu sagen pflegt — in den arabischen Meerbusen.' Es ist festzuhalten, daß mit dem eingeschobenen partizipialen Ausdruck nicht eine falsche Meinung widerlegt, sondern nur die eigene Aussage präzisiert, eine gebräuchliche Redewendung berichtigt werden soll. Der Satz zeigt an einem besonders feinen Beispiel Herodot als Sprachbeobachter [63], der an die sorglose Alltagsrede den Maßstab der Logik legt und gerne jede sich bietende Gelegenheit benützt, um auf Grund seiner Einsicht Korrekturen anzubringen am νόμος, dem geltenden Sprach-

---

gen ja umgekehrt: nicht die Richtigkeit von Pindars Ausspruch soll dargelegt werden, sondern dieser soll vielmehr Herodots Auffassung von der Macht des νόμος bestätigen. So wird ὀρθῶς bei einem Zitat, das zur Bekräftigung der eigenen Meinung dient, auch sonst verwendet, z. B. Herod. 4, 29 (Homervers). Platon sagt dafür τῷ ὄντι: Theaet. 173 E (Pindarzitat); Rep. 1, 343 C (Sprichwort); 2, 362 A (Aischyloszitat).

[61] Hippias bei Plat. Prot. 337 C; Kallikles bei Plat. Gorg. 484 B; Anon. Iambl. 6, 1; Hipp. π. γονῆς 1; Eurip. Hec. 799 f.

[62] Sophokles ergibt über Herodot hinaus nichts Neues für die Geschichte des Wortes. Dem andern Stoff und Stil entsprechend überwiegt die Bedeutung 'Gesetz' und das Verpflichtende des Begriffs vor dem unverbindlichen 'Sitte'. Doch findet sich auch dieses: fr. 122, O. C. 337 (doch s. zu diesem Vers oben S. 39 A. 51).

[63] Diesem wesentlichen Zuge im Bilde Herodots ist *Diels,* Anfänge 13 ff. als erster nachgegangen.

gebrauch. Denn etwas anderes kann νόμος hier nicht heißen, und von einem erkenntnistheoretischen Ursprung des Begriffs findet sich auch nicht eine Spur[64]. Wohl hat das Wort seine Bedeutung erweitert, insofern als unter dem 'geltenden Brauch' nun auch und ganz besonders die Sprache verstanden wird; doch war das vorgebildet in Ausdrücken wie γλῶσσαν νομίζειν (1, 142, 3; 4, 183, 4) und φωνὴν νομίζειν (2, 42, 4). Auffällig möchte höchstens sein, daß νόμος ohne Zusatz 'Sprachgebrauch' bedeuten kann. Doch haben wir ja einerseits festgestellt, daß bei Anaxagoras (B 17, oben S. 49) νομίζειν und καλεῖν gleichbedeutend sind. Anderseits setzt Herodot den Akzent eben auf 'Brauch', deshalb war auch die Umschreibung ἡ νομιζομένη oder νενομισμένη γλῶττα oder ähnlich weniger geeignet, und das später (seit Platon) in diesem Sinne verwendete Wort συνήθεια kennt Herodot noch nicht. Man wird also zur Erklärung dieser besondern Verwendung nicht die eleatische Erkenntnistheorie bemühen. Wenn die leichte Bedeutungsverschiebung nicht von vorneherein verständlich erscheinen sollte, werden wir eher die Ergebnisse unserer Untersuchung über νομίζειν heranziehen. Wir haben (oben S. 77) gesehen, daß bei Herodot das Wort wie bei Anaxagoras meist ein falsches Meinen oder Aussprechen bezeichnet; so wird 2, 17 dem ὀρθὸς λόγος, d. h. der ἀληθείη (vgl. 6, 68), 'die bei den Griechen geltende falsche Meinung', τὸ ὑπ' Ἑλλήνων νενομισμένον, entgegengesetzt. Es ist leicht einzusehen, daß aus solcher Verwendung die Bedeutung des verbalen Ausdrucks, dessen Verwandtschaft mit dem Stammwort νόμος immer empfunden wurde, auf dieses abfärben konnte, besonders bei Herodot, der die Relativität aller νόμοι erkannt hat und im Bewußtsein seines eigenen, auf ἱστορίη gegründeten Wissens das bloße νομιζόμενον ablehnt. Wenn wir nicht bei Herodot fälschlich eine erhabene Nomosidee suchen[65], werden wir deshalb darin auch keinen Bruch, sondern eine allmähliche Bedeutungsverschiebung sehen, die zunächst geringfügig ist, da das Wort noch nicht die 'falsche Meinung', sondern erst den 'gebräuchlichen Ausdruck' bezeichnet.

Von dem Standpunkt aus, zu dem uns die Betrachtung der

---

[64] Gegen *Reinhardt*, Parmenides 87.

[65] So *Stier* 240.

Bedeutungsentwicklung von νόμος geführt hat, treten wir nun an das Hauptzeugnis heran, das für die terminologische Verwendung des Wortes in eleatischer Umwertung angeführt worden ist [66], Empedokles B 9:

οἱ δ' ὅτε μὲν κατὰ φῶτα μιγέντ' εἰς αἰθέρ' ἵκωνται
ἢ κατὰ θηρῶν ἀγροτέρων γένος ἢ κατὰ θάμνων
ἠὲ κατ' οἰωνῶν, τότε μὲν τὸ λέγουσι γενέσθαι,
εὖτε δ' ἀποκρινθῶσι, τὸ δ' αὖ δυσδαίμονα πότμον·
οὐ θέμις ᾗ καλέουσι, νόμῳ δ' ἐπίφημι καὶ αὐτός [67].

Man könnte zunächst daran denken, νόμῳ als Objekt zu ἐπίφημι aufzufassen [68]. Der Sinn des Verbums, das nur noch in einer Hesychglosse (ἐπιφάμεναι = συγκαταθέσθαι, also nicht aus Empedokles) belegt ist, scheint dann zu sein 'sich zu etwas in zustimmendem Sinne äußern'. Dann würde sich also Empedokles selbst mit dem falschen Sprachgebrauch oder gar der falschen Anschauung einverstanden erklären. So scheint es Plutarch an einer der Stellen, die den Vers überliefern, aufgefaßt zu haben (adv. Colot. 1112 F: νενόμισται..., νόμῳ δ' ἐπίφημι καὶ αὐτός); doch ist, wie ich vermute, hier das Zitat überhaupt sekundär aus 1113 B, wo es in unserer Ueberlieferung korrupt ist, hereingekommen. Denn der Zusammenhang bei Empedokles spricht entschieden gegen diese Deutung, und ebenso spricht dagegen eine Stelle aus der hippokratischen Schrift π. διαίτης (1, 4), die zur Interpretation herangezogen werden muß. Der Verfasser von π. διαίτης, der (wohl um 350) die Lehren verschiedener Vorsokratiker kompiliert, umschreibt dort offensichtlich die angeführten Verse des Empedokles (6, 474 L.): νομίζεται δὲ παρὰ τῶν ἀνθρώπων τὸ μὲν ἐξ Ἅιδου εἰς φάος αὐξηθὲν γενέσθαι, τὸ δὲ ἐκ τοῦ φάεος εἰς Ἅιδην μειωθὲν ἀπολέσθαι. Nach Widerlegung dieser Meinung fährt er fort (6, 476 L.): ὅτι δ' ἂν διαλέγωμαι γενέσθαι ἢ ἀπολέσθαι, τῶν πολλῶν εἵνεκεν ἑρμηνεύω. Diese

---

[66] *Reinhardt,* Parmenides 86.

[67] Ich lese V. 5 mit *Wilamowitz,* Hermes 65 (1930) 246 an Stelle der Ueberlieferung ᾗ θέμις καλέουσι. Nur die Aenderung gibt den geforderten Sinn «wie sie sprechen, ist es nicht richtig», während *Diels* seinen Text (ἣ θέμις ⟨οὐ⟩ καλέουσι) übersetzen muß mit «was Recht ist, sprechen sie nicht». Der Ausfall des οὐ erklärt die Umstellung.

[68] So *Liddell-Scott* s. v. ἐπίφημι und *Ehrenberg,* Naturrecht 138.

freie Paraphrase von νόμῳ δ' ἐπίφημι καὶ αὐτός zeigt, daß der Hippokratiker den Satz verstanden hat als 'dem geltenden allgemein verständlichen Sprachgebrauch nach spreche auch ich dazu so, verwende auch ich diese Ausdrücke'. Dann heißt eben ἐπίφημι einfach 'ich äußere mich zu etwas' [69], und das Objekt ist aus der vorhergehenden Diskussion zu ergänzen. Wiewohl diese Auffassung des Hippokratikers für uns nicht verbindlich sein muß, werden wir sie doch annehmen als die einzig befriedigende. Denn 'falsche Meinung' kann νόμος hier schon deshalb nicht heißen, weil Empedokles selbst sich ja an diesen νόμος hält. Dessen Kennzeichen ist die allgemeine Gültigkeit, nicht die Unrichtigkeit, und sie ist es, die sogar Empedokles zwingt, sich seiner zu bedienen, wenn er für alle verständlich reden will. Es kommt dazu, daß auch νομίζεσθαι bei Empedokles (B 17, 22) nicht einen falschen, abzulehnenden Glauben bezeichnet, sondern einfach eine allgemein geltende Meinung, im Gegensatz zur Verwendung in π. διαίτης, dessen Verfasser schon die Antithese Nomos-Physis kennt (unten S. 153 ff.). Damit soll jedoch nicht bestritten werden, daß νόμος bei Empedokles wie bei Herodot als der falsche Sprachgebrauch erkannt ist und als solcher korrigiert werden soll. Ebenso ist es sicher richtig, daß Empedokles diese Verwendung des Wortes nicht aus staatsrechtlichen Theorien übertragen haben kann [70]. Vielmehr stammt sie, wie ich oben gezeigt zu haben glaube, aus den Kreisen jener σοφοί im weitesten Sinne, die auf Grund ihrer eigenen besseren Einsicht das νομιζόμενον verwarfen. Wenn so alles 'Geltende' als νόμος bezeichnet werden konnte und zugleich als mit der Wahrheit im Widerspruch stehende Konvention erkannt wurde, dann lag es bei der griechischen Vorliebe für Antithesen nahe, diese Erkenntnis auch sprachlich scharf gegensätzlich zu formulieren.

d) Νόμος als Gegenbegriff zur 'Wahrheit'

Wir haben schon (oben S. 58) gesehen, wie bei Sophokles (fr. 83, 3) die verbale Form νομισθέν als Gegensatz zu ἀλήθεια

[69] Vgl. die bedeutungsverwandten Verben ἐπιλέγειν (hauptsächlich bei Herodot) und ἐπονομάζειν (Platon). Herr Prof. *Von der Mühll* verweist mich zudem auf ὄνομα ἐπιφέρειν (Plat. Rep. 10, 596 A; Polit. 307 B).

[70] *Reinhardt,* Parmenides 86.

erscheint. Nun aber tritt unter sophistischem Einfluß auch das Substantiv νόμος dem Begriff der Wahrheit scharf gegenüber. So beurteilt der Verfasser von π. ἱερῆς νούσου 14—17 den νόμος als durch die Tradition geheiligten, aber nur durch Zufall entstandenen und mit der Wahrheit in Widerspruch stehenden Brauch negativ, wenn er die Bezeichnung φρένες für das Zwerchfell ablehnt aus der Erkenntnis, daß das Gehirn der wirkliche Sitz des Denkens sei (17: 392): διὸ φημὶ τὸν ἐγκέφαλον εἶναι τὸν ἑρμηνεύοντα τὴν ξύνεσιν. αἱ δὲ φρένες ἄλλως οὔνομα ἔχουσι τῇ τύχῃ κεκτημένον καὶ τῷ νόμῳ, τῷ δ' ἐόντι οὐ [τῇ φύσει][71]. Wenn dem νόμος hier die Wahrheit, das ἐόν, entgegengestellt wird, so beweist dies, daß das Wort mit dem ethnographisch-politischen Nomosbegriff von Herodot wenig mehr gemein hat. Es bezeichnet hier vielmehr den von der philosophischen Erkenntnis aus negativ beurteilten Sprachgebrauch. Nach dessen Entstehung fragt der Autor nicht und läßt es damit unentschieden, ob der Bezeichnung auch eine falsche Auffassung zugrunde liege. Er bewertet den Ausdruck φρένες gleich wie den Namen 'Herzohren' für einen Körperteil, der mit dem Gehör nichts zu tun

---

[71] *Wilamowitz,* SBBerl. 1901, 8 hat als erster an Stelle der Vulgata τῷ δ' ἐόντι οὐκ οὐδὲ τῇ φύσει die Lesart von θ, das er als Vertreterin der bessern Rezension erwiesen hat, τὸ δ' ἐὸν οὐ τῇ φύσει aufgenommen und folgerichtig τῇ φύσει gestrichen. Doch befriedigt sein Text deshalb nicht, weil man eher einen Gegensatz zu τῇ τύχῃ ... καὶ τῷ νόμῳ erwartet, d. h. eine adverbiale Bestimmung zu κεκτημένον als ein weiteres Attribut zu dem entfernten Objekt ὄνομα. Auch ist schwer einzusehen, was das ἐὸν ὄνομα der φρένες sein sollte. Der Sinn des Satzes ist doch wohl: 'Das Zwerchfell hat fälschlich (zu ἄλλως vgl. das Ende desselben Satzes μάτην τοῦτο τὸ οὔνομα ἔχουσι und die Gleichsetzung von ἄλλως und μάτην bei Eurip. Hec. 489, ferner Eurip. Hel. 614 f.; Cycl. 354 f.; Aristoph. Lysistr. 252) einen Namen, den es nur durch Zufall und Gewohnheit besitzt, aber nicht in Wahrheit.' Dem entspricht die oben im Text gegebene Lesart von κ, welches oft mit θ zusammen gegen die andern Handschriften, gelegentlich sogar gegen θ das Richtige hat. So erklärt sich auch der Zusatz τῇ φύσει als Glosse zu τῷ ἐόντι und Gegensatz zu τῷ νόμῳ viel besser. Wie die stark von einander abweichenden Handschriften zeigen, ist ja mit mehrfachen Entstellungen zu rechnen, die auch *Wilamowitz* veranlaßt haben, gelegentlich sogar die Vulgata der durch θ vertretenen Rezension vorzuziehen. — Für die substantivische Verwenduug von τὸ ἐόν 'die Wahrheit' vgl. *J. E. Powell,* Lexicon to Herodotus (Cambridge 1938) 104 und Demokrit B 9 (unten S. 88).

hat. Doch lehnt er, wie die Verbindung mit τύχη und der ausgesprochene Gegensatz zu ἐόν zeigen, den νόμος mit stärkerer Betonung ab als Herodot und Empedokles. Der Zusatz τῇ φύσει, der sich textkritisch nicht halten läßt, erweist sich, von der sophistischen Antithese aus betrachtet, als gleichbedeutend mit τῷ ἐόντι. Der Interpolator hat den Sinn der Aussage also richtig erfaßt.

Aus diesem philosophisch beeinflußten, aber durchaus nicht terminologischen Nomosbegriff wird sich auch Demokrits Formulierung (B 9 = B 125) νόμῳ γλυκύ, νόμῳ πικρόν, νόμῳ χροιή, ἐτεῇ δὲ ἄτομα καὶ κενόν am ehesten erklären lassen. Wenn dieser Satz in Demokrits Erkenntnistheorie gehört, bereitet sein Verständnis nicht geringe Schwierigkeiten [72]. Den Ausgangspunkt der Erklärung muß auf alle Fälle die Physik bilden. Da sich Demokrits Atome nur durch mechanische Eigenschaften, wie Härte, Größe, Gestalt und Gewicht, voneinander unterscheiden, bezeichnen die allgemeingültigen Begriffe der Farbe, des Geschmackes usw. nicht das wirkliche Wesen der Dinge, das in den Atomen und dem Leeren besteht. Immerhin sind auch diese 'sekundären' Qualitäten von bestimmten mechanischen Gegebenheiten, der Gestalt und der gegenseitigen Lage der Atome, abhängig, also nicht nur von der subjektiven Empfindung des Wahrnehmenden. Wie dann trotzdem dieselbe Atomkonstellation verschiedene Sinneseindrücke hervorrufen kann, so daß z. B. dieselbe Speise dem einen süß, dem andern bitter erscheint, hat schon Theophrast nicht verstanden [73]. Dennoch scheint ein Interpretationsversuch auf Grund der sicher deutbaren Nachrichten nicht von vorneherein aussichtslos. Aus der Tatsache, daß auch die 'sekundären' Eigenschaften nicht nur Vorstellungen des erkennenden Subjekts sind, ergibt sich mit Sicherheit, daß νόμος nicht die falsche Meinung des Einzelnen sein kann. Wenn aber für Demokrit nur die mechanischen Gegebenheiten

---

[72] Sie sind durch die Behandlung von *N. Papadopulos,* Die Erkenntnislehre des Demokrit (Diss. Leipzig 1933) 22 f. u. 41 ff. kaum kleiner geworden.

[73] VS 68 A 135 §§ 63 ff. Auch die letzte Behandlung von *Langerbeck,* der mit dem ὅμοιον-ὁμοίῳ-Prinzip operiert, hat die Schwierigkeit nicht beseitigt.

Wirklichkeit haben, sind alle Bezeichnungen für Eindrücke des Auges, Ohrs und Geschmacks nur Namen für Empfindungen, die in Wahrheit aus den rein mechanischen Grundlagen der Atome und des leeren Raumes hervorgehen. Nur der Sprachgebrauch, bzw. die ihm zugrunde liegende communis opinio, hat also die Begriffe Geschmack, Farbe usw. geschaffen. Für den Physiker ist dieser νόμος falsch, da er nicht das wahre, auf mechanischer Gesetzmäßigkeit beruhende Wesen der Dinge bezeichnet. ἐτεή nennt er diese Wahrheit mit einem Ausdruck, der inhaltlich genau dem ἐόν von πίν. entspricht, wenn er auch etymologisch kaum zu der Wurzel von εἶναι gehört. Demokrit selbst verwendet, wie Sextus, der das Fragment überliefert, bezeugt[74], τῷ ἐόντι gleichbedeutend mit ἐτεῇ: B 9 τῷ μὲν ἐόντι οὐδὲν ἀτρεκὲς συνίεμεν deckt sich mit B 7 ἐτεῇ οὐδὲν ἴσμεν oder B 10 ἐτεῇ... οἷον ἕκαστον ἔστιν ἢ οὐκ ἔστιν οὐ συνίεμεν. Sextus hat die demokritische Antithese νόμῳ-ἐτεῇ rein eleatisch-erkenntnistheoretisch aufgefaßt; doch wird man eher das Physikalische in den Vordergrund zu stellen haben und etwa an Polemik gegen Anaxagoras denken, der seinen σπέρματα πάντων χρημάτων ἰδέας παντοίας καὶ χροιὰς καὶ ἡδονάς zuschrieb[75]. νόμῳ-ἐτεῇ reißt also nicht den tiefen, unüberbrückbaren Abgrund des Parmenides zwischen falscher Sinnenwelt und ewiger Seinswelt auf, sondern ist eher aus der oben skizzierten Haltung der ionischen φυσικοί zu verstehen. Warum ist aber dann als Gegensatz zu νόμῳ nicht φύσει gewählt? Sollte Demokrit das Wort bewußt vermieden haben, da damit immer die Vorstellung des Werdens verknüpft war, das die Eleaten in die Welt des trügerischen Scheins verwiesen hatten, so daß er den Begriff φύσις nicht zur Bezeichnung der Wahrheit verwenden konnte[76]? Dieser Annahme widerspricht die Ueberlieferung, wonach Demokrit die Atome, die doch den Inbegriff seiner Wahrheit darstellen, φύσις genannt hat[77]. Zwar ist der Ausdruck in dieser Bedeutung in keinem Fragment belegt, doch haben wir kaum Ur-

---

[74] Adv. math. 7, 135 f. = VS 68 B 9.

[75] VS 59 B 4. Zu Demokrits Polemik gegen Anaxagoras vgl. VS 68 B 5 und *Gigon*, Philologus 91 (1936) 25.

[76] *Diller*, Naturbegriff 248; vgl. unten S. 89 ff.

[77] VS 68 A 58 = B 168; vgl. B 1 a.

sache, an der gut bezeugten Nachricht zu zweifeln; paßt sie doch durchaus in die ionische Physisauffassung [78]. Anderseits lehren die ethischen Fragmente, daß Demokrit das Wort auch ganz unterminologisch brauchte [79]. Es bestand also kein Hindernis, es auch in die Antithese zu setzen, wenn nämlich Demokrit diese geprägte Gegenüberstellung schon kannte. Aus seiner Formulierung müssen wir entnehmen, daß sie ihm in der philosophischen Umwertung, die sich erst im 4. Jahrhundert nachweisen läßt, ebenso wie dem Verfasser von πίν. unbekannt war [80].

Ueberblicken wir das ganze vorstehende Kapitel, so läßt sich zusammenfassend feststellen, daß νόμος aus dem ursprünglichen Begriff der stolzen 'geltenden und allgemein verpflichtenden Ordnung' unter dem Einfluß eines vernunftgläubigen Denkens, das sich seit der Mitte des 5. Jahrhunderts immer mehr geltend macht, schließlich zur 'allgemein verbreiteten, aber meist falschen Meinung der vielen' geworden ist. Als solche wird er in Gegensatz zu einer Wahrheit gestellt, die man nach richtigern Maßstäben als den allgemein anerkannten festgestellt zu haben glaubt. Wie gerade die φύσις zu einem solchen Maßstab werden, d. h. sich zu einem Wertbegriff entwickeln konnte, soll im folgenden Kapitel untersucht werden.

3. ΦΥΣΙΣ

a) Vorsokratisches

Das Substantiv φύσις hat seine ursprüngliche verbale Kraft als 'Werden', 'Wachsen' immer beibehalten [1]. Das ist der Grund, daß die Eleaten es als Ausdruck eines Begriffs, der in der Welt des ewigen Seins keinen Platz habe, verwarfen. Wie Empedokles in B 9 jeden Glauben an ein Werden und Ver-

---

[78] Vgl. unten S. 95 ff.

[79] VS 68 B 3. 33. 176. 183. 242. 277 f.

[80] Ueber die sophistische Antithese Nomos-Physis in Demokrits Fragment B 278 s. unten S. 143 ff.

[1] Vgl. zum ganzen Kapitel *Diller*, Naturbegriff 242 ff., *Deichgräber*, Antike 15 (1939) 116 ff. und *Nestle*, Hippocratica 8 ff.

gehen ablehnt (oben S. 84 f.), so tut er es auch mit etwas andern Worten in dem nahe dazugehörigen Fragment B 8:

ἄλλο δέ τοι ἐρέω· φύσις οὐδενὸς ἔστιν ἁπάντων
θνητῶν, οὐδέ τις οὐλομένου θανάτοιο τελευτή,
ἀλλὰ μόνον μίξις τε διάλλαξίς τε μιγέντων
ἔστι, φύσις δ' ἐπὶ τοῖς ὀνομάζεται ἀνθρώποισιν.

Wieder wird der abgelehnte Begriff als bloßes ὄνομα verworfen, mit derselben Bezeichnung, die Parmenides im gleichen Fall anwendet (oben S. 50). φύσις als Gegensatz von τελευτή kann hier nur die Bedeutung von γένεσις haben (trotz Aristot. Metaph. 4, 1014 b 35 ff., der es als οὐσία auffaßt) und bewahrt damit seine Funktion als substantivum actionis zu φύεσθαι. Empedokles zeigt sich also in der Terminologie wie in der Lehre als Nachfolger des Parmenides, dessen Fragment B 19 (oben S. 50) nahe mit der hier vorgetragenen Auffassung zusammengeht. Auch dort wird das Werden der Scheinwelt mit φῦναι an Stelle des auch bei Empedokles gebräuchlichern γίγνεσθαι bezeichnet und ebenso der Gegensatz dazu mit τελευτᾶν. Aber auch die Verwendung des Substantivs φύσις findet sich schon bei Parmenides in diesem Sinne (B 10):

εἴσῃ δ' αἰθερίαν τε φύσιν τά τ' ἐν αἰθέρι πάντα
σήματα καὶ καθαρᾶς εὐαγέος ἠελίοιο
λαμπάδος ἔργ' ἀίδηλα καὶ ὁππόθεν ἐξεγένοντο,
ἔργα τε κύκλωπος πεύσῃ περίφοιτα σελήνης
καὶ φύσιν, εἰδήσεις δὲ καὶ οὐρανὸν ἀμφὶς ἔχοντα
ἔνθεν ἔφυ τε καὶ ὥς μιν ἄγουσ' ἐπέδησεν Ἀνάγκη
πείρατ' ἔχειν ἄστρων.

Die Göttin verspricht dem Wißbegierigen in diesen Versen, ihn über vier Erscheinungen zu unterrichten: Aether, Sonne, Mond und Himmel, und von jeder soll er, wie die scharf durchgeführte Parallelisierung im Ausdruck zeigt, zweierlei erfahren:

	A	B	
a	αἰθερίαν φύσιν	τὰ ἐν αἰθέρι σήματα	β
b	ὁππόθεν ἐξεγένοντο (sc. τὰ ἡλίου ἔργα)	ἠελίοιο λαμπάδος ἔργα	α
a	φύσιν σελήνης	ἔργα σελήνης	α
b	ἔνθεν ἔφυ οὐρανός	ὥς μιν ἐπέδησεν Ἀνάγκη πείρατ' ἔχειν ἄστρων	β

Dem zweimaligen verbalen Ausdruck in A (ἐξεγένοντο-ἔφυ) entspricht der zweimalige substantivische (φύσιν). Der Sinn kann nur sein, daß von jeder Erscheinung außer ihrem jetzigen Sein und Wirken auch ihre Entstehung dargelegt werden soll. Ein Vergleich mit B 19, das wie B 10 in den Doxa-Teil des Werkes gehört, bestätigt diese Auffassung: Zur Scheinwelt gehört als wesentlichstes Kennzeichen das Werden aller Dinge [2]. Sobald das hier erkannt ist, wird auch der bewußt kunstvolle Aufbau der vier Glieder klar, der durch die oben beigesetzten Buchstaben schematisch veranschaulicht werden mag. Wie auf der Seite des Werdens (A) zwischen substantivischem (a) und verbalem (b) Ausdruck ein regelmäßiger Wechsel ist, so steht auf der andern Seite (B), dem zweimaligen φύσις in A entsprechend, ein zweimaliges ἔργα (α), aber nun zusammengenommen als doppeltes Mittelglied (αα), und dieser Stellung entspricht dann wieder im gesamten der Wechsel in der Reihenfolge von Werden und Sein AB — BA — BA — AB.

Die Verse bildeten im Aufbau des ganzen Gedichtes wohl die allgemeine Einleitung zu einer Kosmogonie, in welcher wie in den alten Epen dieser Art sowohl die Entstehung wie auch der jetzige Zustand des Kosmos (bzw. bei Hesiod der Götterwelt) geschildert wurde, und haben ihre nächste Parallele in Hesiods Theogonie 108 ff. Darauf, wie das nachher im einzelnen ausgeführt war, mag B 11 einen Hinweis geben, das man einst für eine Doppelfassung von B 10 hielt, weswegen man das eine oder andere verwarf: auf die allgemeine Einleitung und Disposition von B 10 folgte die Einzelschilderung, in der zunächst die Entstehung des ganzen Kosmos — davon ist B 11 der Anfang — und dann offenbar seine ἔργα, sein jetziger Zustand und seine Wirkung, dargestellt waren.

Φύσις ist demnach bei Parmenides [3] wie bei Empedokles schlechthin 'Entstehung', 'Werden', eine Tatsache, die allein

[2] Falsch ist demnach die Uebersetzung in VS, wo φύσις mit 'Wesen' wiedergegeben ist, ebenso wie diejenige von *W. Nestle*, Die Vorsokratiker (Jena 1908) 129 fr. 12, der 'Natur' setzt. Richtiger *Thimme* 44: 'Ursprung'.

[3] Das schwierige und umstrittene B 16 (μελέων φύσις) muß ich beiseite lassen. Sicher ist nur die Nachahmung durch Empedokles B 63: ἀλλὰ διέσπασται μελέων φύσις· ἡ μὲν ἐν ἀνδρός..., was *Diels-Kranz* mit «Ursprung der

schon die These von der eleatischen Herkunft des Gegensatzes Nomos-Physis von vorneherein unglaubwürdig erscheinen läßt. Ist es doch mehr als unwahrscheinlich, daß ein Begriff, den Parmenides in die Scheinwelt der δόξα verweist und Empedokles nur als ὄνομα gelten läßt, von Nachfolgern derselben Schule später zum Inbegriff der Wahrheit hätte gemacht werden können. Von Parmenides' Physisbegriff führt also kein Weg zur 'sophistischen' φύσις, welche das wahre Wesen, das von allen sekundären, besonders menschlichen Zutaten unbeeinflußte So-Sein der Dinge bezeichnet [4].

Nun ist aber anderseits φύσις wohl gleich von Anfang an neben dem 'Werden' auch das 'Geworden-Sein' und, da dieses zunächst in der äußeren Gestalt offenbar wird, das 'Aussehen', der 'Wuchs'. Diese Bedeutung liegt dem Wort an der einzigen Stelle bei Homer (κ 303) und an den wenigen bei Aischylos [5] und Pindar (I. 4, 53; N. 6, 5) zugrunde.

Schwierig, aber für unsere Frage von entscheidender Bedeutung ist das Problem des Physisbegriffes bei Heraklit, wo das Wort zum erstenmal recht häufig auftritt, besonders in Anbetracht der wenigen Fragmente, die überhaupt erhalten sind. Wir gehen aus von der Wendung κατὰ φύσιν, die Heraklit in B 1 und B 112 verwendet. In B 1 erklärt Heraklit am Anfang seines Werkes, er wolle alles erörtern (ἔπεα καὶ ἔργα) [6], indem er jedes

---

Glieder› übersetzen, der Sache wie auch dem Gebrauch von φύσις bei Empedokles durchaus entsprechend. Wenn man ferner Emped. B 106 heranzieht, das *Fränkel,* Parmenides 171 als Nachbildung erkannte, und dazu die volkstümliche Fassung desselben Gedankens bei Herod. 3, 134, 3, die wohl aus der popularisierenden, aber in vielem von Empedokles beeinflußten Medizin stammt, so ist hier überall von einem 'Wachsen' der Glieder (bei Parmenides evtl. noch 'Elemente'?) die Rede, was sich mit dem parmenideischen Physisbegriff von B 10 gut vereinbaren ließe.

[4] Vgl. auch *Diller,* Naturbegriff 243 f.

[5] Suppl. 496, Pers. 441 und Cho. 281: 'Wuchs', 'Gestalt'; Ag. 633: 'Wachstum'. Wieder fällt 'Prometheus' aus dem Rahmen. Prometheus rühmt sich 488 ff. als 'Erfinder' der Deutung des Vogelflugs: διώρισ' οἵτινές τε δεξιοὶ φύσιν εὐωνύμους τε. Da kann φύσις nur die Gesamtheit des Wesens der Vögel sein, das als Ganzes Einfluß hat auf die Deutung (s. oben S. 44 A. 5).

[6] Vgl. oben S. 43 m. A. 4 und *Gigon,* Heraklit 8.

einzelne auseinanderlege κατὰ φύσιν und zeige, wie es sich verhalte (κατὰ φύσιν διαιρέων ἕκαστον καὶ φράζων ὅκως ἔχει). Die chiastische Stellung von κατὰ φύσιν und ὅκως ἔχει weist in diesem an Beziehungen so reichen Fragment auf inhaltliche Entsprechung der beiden Wortgruppen, ebenso wie anderseits διαιρέων und φράζων einander parallel stehen. Es handelt sich bei diesen beiden Partizipien um dieselbe Zerlegung einer Gesamthandlung in ihre Komponenten wie bei ἔπεα καὶ ἔργα, nur diesmal in umgekehrter Reihenfolge. Die Ergänzung zum wirklichen, gedanklichen Auseinanderlegen der Einzeldinge ist das Zeigen durch Worte, das Darlegen ihres Wesens. Nun liegt es nahe, dem Sein der Dinge (ὅκως ἔχει) ihr Werden (κατὰ φύσιν) gegenüberzustellen [7], und bestimmt klingt diese Grundbedeutung von φύσις hier wie immer mit. Aber διαιρέων weist darauf hin, daß die Methode der Untersuchung ein greifbares Zerlegen ist [8] — an platonische Diairesis darf man nicht denken —, und das läßt sich kaum 'der Herkunft des Einzelnen nach', sondern nur 'seinem (gewordenen) wahren Wesen nach' ausführen [9]. Damit stimmt nun B 112 überein: τὸ φρονεῖν ἀρετὴ μεγίστη, καὶ σοφίη ἀληθέα λέγειν καὶ ποιεῖν κατὰ φύσιν ἐπαίοντας. κατὰ φύσιν ist sowohl zu ποιεῖν wie zu ἐπαίοντας zu ziehen; dagegen gehört ποιεῖν nicht mehr zu ἀληθέα [10]; dadurch wird die Verbindung λέγειν καὶ ποιεῖν nur scheinbar gestört, in Wirklichkeit erhält sie chiastische Stellung, also gerade Betonung der Zusammengehörigkeit. φύσις kann hier auf keinen Fall 'Werden' sein. Ein befriedigender Sinn des schwer zu deutenden Satzes ergibt sich, wenn wir das Wort wie oben in B 1 auffassen: 'Man soll handeln nach dem wahren Wesen (der Dinge), indem man diesem gemäß aufmerkt.' Freilich sähe

---

[7] So *Gigon*, Heraklit 10.

[8] Gegen die dieser Methode zugrunde liegende Auffassung wendet sich doch wohl Parmenides B 8, 22: οὐδὲ διαιρετόν ἐστιν, ἐπεὶ πᾶν ἐστιν ὁμοῖον. Ueberhaupt scheint διαιρεῖν bei Heraklit von Bedeutung gewesen zu sein; darauf weist B 50, wo διαιρετόν - ἀδιαίρετον sehr wohl heraklitische Terminologie sein kann.

[9] Richtig umschreibt *Gigon* mit ὅπως πέφυκεν; das heißt aber, wenn wir an das oben S. 48 ff. behandelte Xenophanesfragment B 32 denken, 'wie es wirklich ist (auf Grund seines Werdens)'. So übersetzt denn auch *Snell* «ihrem Wesen nach»; ähnlich faßt *Diller*, Naturbegriff 243 den Ausdruck auf.

[10] Gegen *Reinhardt*, Parmenides 223 A. 1.

man bei φύσις gerne einen Genitiv; aber sein Fehlen berechtigt nicht, an eine über den Dingen stehende, personifizierte 'Natur' zu denken. Selbst B 123 φύσις κρύπτεσθαι φιλεῖ, das bei Heraklit am ehesten in diese Richtung weist, ist wohl auch von dem 'wahren Wesen der Dinge' gesagt [11]. Daß der Ausdruck κατὰ φύσιν in jener Zeit diese Bedeutung hat, zeigen schließlich einige Verse Epicharms (VS 23 B 2, 8 ff.), die nicht von Heraklit abzuhängen brauchen:

ἐν μεταλλαγᾷ δὲ πάντες ἐντὶ πάντα τὸν χρόνον.
ὃ δὲ μεταλλάσσει κατὰ φύσιν κοὔποκ' ἐν ταὐτῷ μένει,
ἕτερον εἴη κα τόδ' ἤδη τοῦ παρεξεστακότος.

Dieser Physisbegriff wirft nun auch ein neues Licht auf die eleatische Polemik gegen das Wort und seinen Inhalt. Sie richtet sich offenbar nicht nur allgemein gegen den Glauben an ein Werden, sondern speziell gegen eine Anschauung, die das wahre Wesen der Dinge für etwas Gewordenes hält und daher mit dem Ausdruck φύσις bezeichnet. Sie lehnt in diesem nicht nur das 'Entstehen' ab, sondern die allgemein verbreitete Ansicht, die sich in der Verwendung des Wortes in der Odyssee wie bei Heraklit, Aischylos und Pindar ausspricht, aus dem Werden der Dinge lasse sich ihr Sein, sei es nun seine Außenseite, die Gestalt, oder sein eigentliches Wesen, verstehen. Demgegenüber betont Parmenides die ursprüngliche verbale Bedeutung von φύσις und verwirft mit dem Entstehen überhaupt auch das Wort in seinem erweiterten Sinne.

Diesen letzteren für ausschließlich herakliteisch zu halten, haben wir trotzdem keinen Anlaß. Wir sahen, wie sich bei Xenophanes eine Bedeutungsentwicklung des Stammes φυ- in derselben Richtung zu erkennen gibt, ja wie in jenem Vers von B 32 der Stamm zum erstenmal zur Bezeichnung der Wahrheit im Gegensatz zur konventionellen falschen Meinung dient. Das fügt sich in die normale Entwicklung ein, die wir im Vorstehenden von der Bedeutung des Wortes φύσις zu geben versuchten. Es stimmt hingegen nicht überein mit jener bewußten Umwertung des Ausdrucks, die, soweit wir sehen, zuerst Parmenides vornahm, indem er auf die alte verbale Be-

[11] So *Reinhardt,* Parmenides 222.

deutung zurückgriff, und die nachher in der eleatischen Tradition in Geltung blieb [12].

b) Der naturwissenschaftlich-sophistische Physisbegriff

Mit dem Vordringen des rationalen, 'naturwissenschaftlichen' Denkens in alle Gebiete des ionischen, später auch des attischen Geisteslebens erweitert sich der Anwendungsbereich des Wortes φύσις in ungeahntem Maße. Deutlich läßt sich das an drei etwa gleichzeitig verfaßten Werken ionischer Forschung verfolgen, die für uns die ältesten Zeugnisse für die allmähliche Loslösung der Einzelwissenschaften aus der alten, den Gesamtbereich der Natur und des Menschenlebens umfassenden ἱστορίη darstellen. Es sind die zwei hippokratischen Schriften π. ἀέρων ὑδάτων τόπων und π. ἱερῆς νούσου [13] und das Geschichtswerk Herodots.

Das Besondere dieses ionischen Physisbegriffes läßt ein Vergleich mit zeitgenössischen attischen Aeußerungen im Werke von Sophokles hervortreten. In dessen ältesten erhaltenen Stücken bewahrt das Wort entweder seinen ursprünglichen Sinn 'Geburt', 'Herkunft', besonders im adverbiellen Dativ (Ant. 659; Ai. 1301) und Akkusativ (Ant. 727; Ai. 1259), oder es wird wie an der letztgenannten Stelle (μαθὼν ὃς εἶ φύσιν) in bewußter Doppeldeutigkeit gesetzt, um auszudrücken, daß mit der Herkunft und Geburt zugleich das Wesen des Menschen gegeben sei [14]. In den spätern Stücken überwiegt diese zweite Bedeutung. Sie läßt sich vergleichen mit dem bei Aischylos und Pindar Festgestellten (oben S. 92). Wie dort das Aeußere, so wird hier — und schon Aisch. Prom. 489 (oben S. 92 A. 5) — das gesamte Wesen als ein gewachsenes und gewordenes bezeichnet. Nirgends aber finden sich im gleichzeitigen Attisch jene prägnanten Bedeutungen, die sich als kennzeichnend für

[12] Diese grundsätzliche Diskrepanz zwischen den Physisbegriffen von Xenophanes und Parmenides spricht neben vielem andern gegen *Reinhardts* These, die die Lehre des Xenophanes von Parmenides abhängig sein läßt.

[13] Zur Datierung von πάύτ. und πίν. vgl. den Anhang.

[14] Richtig *Campbell* im Kommentar seiner Ausgabe (Oxford 1879/81) zu Ai. 1259: 'by birth' and 'in nature'. In ähnlichem Doppelsinn steht das Wort Ai. 472 und fr. 84.

das ionisch-wissenschaftliche Denken bei Herodot und den Hippokratikern feststellen lassen. Es sind hier vor allem drei Richtungen, in denen sich das Wort entwickelt hat:

1. Es bezeichnet die 'normale Beschaffenheit' eines Dinges gegenüber sekundären Abweichungen. So Herod. 7, 16α: τὴν πάντων χρησιμωτάτην ἀνθρώποισι θάλασσαν πνεύματά φασι ἀνέμων ἐμπίπτοντα οὐ περιορᾶν φύσι τῇ ἑωυτῆς χρᾶσθαι[15]. Die Winde stören das eigentliche Wesen des Meeres, seinen Normalzustand der Ruhe. Aehnlich wird in 3, 109 οἱ ἐν Ἀραβίοισι ὑπόπτεροι ὄφιες εἰ ἐγίνοντο ὡς ἡ φύσις αὐτοῖσι ὑπάρχει, οὐκ ἂν ἦν βιώσιμα ἀνθρώποισι mit φύσις die normale Veranlagung der Schlangen, sich durch Eier zu vermehren, bezeichnet im Gegensatz zu der merkwürdigen, von der göttlichen Vorsehung mit kluger Absicht angeordneten Fortpflanzungsart der arabischen Schlangen. Auch die Wendung κατὰ φύσιν heißt bei Herodot (2, 38) 'normal': Die ägyptischen Priester prüfen bei der Untersuchung der heiligen Stiere unter anderem τὰς τρίχας τῆς οὐρῆς εἰ κατὰ φύσιν ἔχει πεφυκυίας. Schließlich läßt sich aus dieser selben Physisauffassung auch die auffällige Verbindung des komparativen Genitivs φύσιος mit einem Komparativ verstehen, die sich außer bei Herodot nur in den zwei genannten hippokratischen Schriften findet: Herod. 4, 50, 2: Da es im Winter im Skythenlande nur wenig regnet, steigt die Donau nur um ein geringes über ihre Normalhöhe: ὀλίγῳ μέζων τῆς ἑωυτοῦ φύσιος γίνεται. Herod. 5, 118, 2: Pixodaros beantragt im Rate der Karer, diese sollten mit dem Flusse im Rücken kämpfen, ἵνα μὴ ἔχοντες ὀπίσω φεύγειν ... ἀναγκαζόμενοι γινοίατο ἔτι ἀμείνονες τῆς φύσιος[16]. πίν. 11 (382): Der Südwind ist eine der Veranlassungen zu epileptischen Anfällen, da durch ihn das Gehirn abnorm feucht wird (ὑγρότερος γέγονε τῆς φύσιος, vgl. auch 14: 388). Ebenso nimmt er den Gestirnen ihren natürlichen Glanz (13: 386): τὸν δὲ ἥλιον καὶ τὴν σελήνην καὶ τὰ ἄστρα πουλὺ ἀμβλυωπότερα καθίστησι τῆς φύσιος.

[15] Daß φασὶ auf ein Zitat weist und nicht darauf, daß «der Sprecher die See nicht kenne» *(Stein)*, hat *R. W. Macan* in seinem Kommentar zur Stelle (London 1908) mit Recht betont. Man darf wohl mit noch größerer Bestimmtheit Solon fr. 11 als Vorbild bezeichnen:

ἐξ ἀνέμων δὲ θάλασσα ταράσσεται· ἢν δέ τις αὐτὴν
μὴ κινῇ, πάντων ἐστὶ δικαιοτάτη.

Zur Bedeutung von δίκαιος vgl. unten S. 97 m. A. 20.

[16] Vgl. auch Herod. 7, 103, 4 oben S. 30 ff.

πάϋτ. 9 (64, 5): Blasenentzündung entsteht, ὁκόταν ἡ κύστις θερμανθῇ μᾶλλον τῆς φύσιος.

Die drei Schriften gehören, wie gerade an diesem übereinstimmenden Physisbegriff deutlich wird, zeitlich ziemlich nahe zusammen. Ebenso klar geht daraus hervor, daß sie letzten Endes aus derselben Geisteshaltung, der ionischen ἱστορίη, erwachsen sind. Dort ist deshalb auch der Ursprung dieses Physisbegriffes zu suchen, nicht aber im spezifisch medizinischen Denken. Denn gegen diese zweite Annahme, zu der man bei der isolierten Betrachtung der hippokratischen Schriften geneigt sein könnte [17], spricht sowohl die Verwendung bei Herodot, wo Entlehnung aus Medizinischem nicht wahrscheinlich ist, wie auch die Tatsache, daß es sich bei den angeführten Beispielen ja gar nicht um die φύσις ἀνθρώπου, sondern um allgemeine physikalische Erscheinungen handelt.

Allerdings ist der Begriff dann von den Aerzten aufgenommen worden und hat durch sie seine besondere Ausprägung erfahren. Dafür zeugen vor allem die zwei um 400 verfaßten chirurgischen Schriften des Corpus Hippocraticum, π. ἀγμῶν und π. ἄρθρων ἐμβολῆς [18]. In π. ἀγμῶν heißt ἡ δικαίη (oder δικαιοτάτη) φύσις 'der Normalzustand' [19]. Das Adjektiv δίκαιος bezeichnet hier das der naturgegebenen Art (δίκη) Entsprechende, das Naturgemäße und wird in Gegensatz gestellt zu βίαιον, dem Naturwidrigen, Abnormen [20]. So wird schließlich φύσις allein oder der Ausdruck τὸ κατὰ φύσιν zur Bezeichnung für den 'Normalzustand' [21], und die Tätigkeit des Chirurgen heißt nun εἰς τὴν φύσιν ἄγειν [22]. Eben diesen Ausdruck soll schon Herodikos von Selymbria gebraucht haben, wenn er nach dem anonymen Auszug aus den Iatrika des Menon die Arzneikunst als ἔντεχνος ἀγωγὴ εἰς τὸ κατὰ

---

[17] So *Deichgräber,* Antike 15 (1939) 130.

[18] *Deichgräber,* Epidemien 97 f.

[19] π. ἀγμ. 1 (II 46, 8 K.). 37 (II 101, 17 K.); vgl. *Nestle,* Hippocratica 10 f.

[20] π. ἀγμ. 30 (II 90, 14 f. K.); vgl. auch π. ἀρθρ. ἐμβ. 10 (II 126, 2 K.). Die angeführte Erklärung von δίκαιος hat nach andern *Fränkel,* Parmenides 166 ff. gegeben.

[21] π. ἀγμ. 2 (II 47, 10. 19. 20 K.). 3 (II 49, 10 K.) u. ö.

[22] π. ἀρθρ. ἐμβ. 16 (II 141, 4 K.). 38 (II 159, 7 K.). 62 (II 211, 20 K.); vgl. auch π. νούσων 1, 10 (6, 158 L.).

φύσιν definierte [23]. Das kann allerdings nicht wörtliches Zitat sein; dagegen spricht sowohl die Form wie auch die Art der sonstigen Berichte des Anonymus Londinensis. Doch wird anzuerkennen sein, daß schon in der ersten Hälfte des 5. Jahrhunderts — Herodikos war älterer Zeitgenosse von Protagoras [24] — der aus der ionischen Naturwissenschaft übernommene Begriff der φύσις in der Medizin von Bedeutung war.

2. Aus dieser Betonung des Normativen ergab sich von selbst die Anerkennung der φύσις als vorbildlich und maßgebend. Zu einem ähnlichen Ergebnis gelangte man dadurch, daß man eine andere Seite des Physisbegriffes in den Vordergrund stellte und in ihm vor allem das Unbeeinflußte, ohne fremdes Zutun Entstandene und Gewordene sah. Diese Bedeutung lag freilich von Anfang an in dem Worte φύσις, insofern es als 'Entstehung' ein Werden aus eigener Kraft bezeichnete [25]. Aber erst in der Zeit der Sophistik trägt es, gerade auch von dieser Seite aus gesehen, einen starken Wertakzent. Ihn verdankt es nicht nur der ionischen Wissenschaft. Die Sophistik übernahm ja außer dem Erbe der Ionier auch dasjenige der Dichtung, besonders ihres paränetisch-erzieherischen Teils. Damit übernahm sie zugleich von dort viele Anregungen, die sie dann mehr oder weniger verändert und mit neuem Sinn erfüllt weitergab. So steht zweifellos ihre Betonung der φύσις auf dem Gebiete der Erziehung im Zusammenhang mit dem Glauben daran, daß das Wesen und die Anlagen jedes Menschen durch seine blutsmäßige Abstammung ein für allemal gegeben und bestimmt seien, mit jenem Glauben also, den für uns am klarsten Pindar vertritt. Ihn müssen wir hier des-

---

[23] Anon. Lond. 9, 31 in Supplementum Aristotelicum ed. *Diels* 3, 1 (1893).

[24] Er wird Plat. Prot. 316 D als lebend erwähnt, während Plat. Rep. 3, 406 A—C seinen in hohem Alter eingetretenen Tod voraussetzt. Auf denselben Herodikos bezieht sich wohl auch Hipp. Epid. 6, 3, 18 (5, 302 L., um 400 geschrieben), das ebenfalls nach seinem Tode verfaßt ist. Man wird demnach das Geburtsjahr nicht viel nach 500 ansetzen.

[25] Vgl. *Veazie*, Arch. f. Gesch. d. Philos. 33 (1921) 4 ff. Es stehen dort neben richtigen Erkenntnissen allerdings auch viele phantastische Interpretationen, die Bedeutungen in das Wort hineinlegen, die es im 5. Jhdt. gar nicht haben konnte.

halb in die Entwicklungsgeschichte der Physis-Idee kurz einzuordnen versuchen.

Φύσις bezeichnet bei Pindar immer nur das körperliche Wesen, den Wuchs [26]. Für das, was die Ionier mit dem Worte benennen, die innere, angeborene Art, braucht er φυά. Auch das hieß zunächst Wuchs [27]. Dann aber — immer im dativus causae verwendet — ist es die durch Abstammung bedingte, mit der Geburt gegebene Anlage, die Wesen und Leistungen jedes Menschen bestimmt [28]. Alle wirklichen Fähigkeiten sind angeboren [29]. Sie lassen sich nicht erwerben durch Lernen [30], nur durch Uebung fördern [31]. Die hohe Stellung, die der φυά damit zugewiesen wird, ist deutlich. Man hat das Adelsethik genannt. Pindar spricht an den meisten dieser Stellen vom Berufe des Dichters, also von sich selbst, oder dann vom Sieger, dem das Lied gilt. Mit Recht hat man ihn hier zugleich als Verteidiger der blutsmäßig begründeten Ansprüche des Adels gegenüber der aufkommenden Demokratie gesehen. Aber schon wenn er sich gegen Konkurrenten wendet, die ihre σοφία, ihre Dichtkunst, nur durch Lernen zu erwerben suchten, ohne dazu von Natur, d. h. von den Göttern, begabt zu sein, zeigt es sich, daß hinter dem Preis der φυά ein allgemeinerer, ein griechischer Gedanke steckt, der nicht auf die Adelsschicht beschränkt ist. Das geht vollends klar hervor aus dem gedanklichen Umkreis, der bei Pindar jedesmal notwendig verbunden erscheint mit dem Lob der eingeborenen Anlage. Kurz und deutlich wird der Leitgedanke ausgesprochen in N. 7, 54: φυᾷ δ' ἕκαστος διαφέρομεν βιοτὰν λαχόντες, ὁ μὲν τά, τὰ δ' ἄλλοι. Ausführlicher steht dasselbe N. 1, 25 ff.: τέχναι δ' ἑτέρων ἕτεραι· χρὴ δ' ἐν εὐθείαις ὁδοῖς στείχοντα μάρνασθαι φυᾷ. πράσσει γὰρ ἔργῳ μὲν σθένος, βουλαῖσι δὲ φρήν, ἐσσόμενον προιδεῖν συγγενὲς οἷς ἕπεται. Das ist zunächst ein Lob des Siegers, dem das Lied gilt: er zeichnet sich

[26] Stellen s. oben S. 92.

[27] O. 1, 67; P. 4, 235; I. 6, 47; 7, 22. Vgl. zum folgenden *Thimme* 18 ff. und *Gundert* 15 ff.

[28] O. 2, 86; 9, 100; P. 8, 44; N. 1, 25; 7, 54.

[29] συγγενής (O. 13, 13; N. 1, 28; 3, 40), σύμφυτος (I. 3, 14), ἐμφυής (O. 11, 19); vgl. O. 10, 20: φύντ' ἀρετᾷ.

[30] μανθάνειν (O. 2, 86), διδάσκεσθαι (O. 9, 100; N. 3, 40).

[31] O. 10, 20.

in beiden Arten menschlichen Wirkens aus, ἔργῳ καὶ βουλαῖσι[32]. Es ist zugleich eine Rechtfertigung des Dichters, dessen τέχνη eben nur in einer Richtung liegt. Derselben Begründung dienen auch die angeführten Verse aus N. 7. Und selbst in O. 9, 100 ff., wo wieder der Preis des Siegers Anlaß gibt zu den Worten τὸ δὲ φυᾷ κράτιστον ἅπαν, mündet der Gedanke, der zunächst zur Ablehnung der bloß angelernten ἀρεταί abzuschweifen schien, schließlich beim eigenen Anliegen des Dichters (V. 104 f.): ἐντὶ γὰρ ἄλλαι ὁδῶν ὁδοὶ περαίτεραι[33], μία δ' οὐχ ἅπαντας ἄμμε θρέψει μελέτα· σοφίαι μὲν αἰπειναί. Die in diesem Zusammenhang immer wiederkehrende Betonung der verschiedenen Wege und Ziele des Menschen ist ein Gedanke, dessen Bedeutung für Pindar hier nicht eingehender untersucht werden kann[34]. Diese Art von 'Relativismus' müßte zusammengesehen werden mit Aeußerungen wie P. 2, 88 f. und fr. 215 (oben S. 71). Für uns ist wesentlich, daß der Preis der φυά nicht bloßes Lob des Herkommens und des adligen Blutes bedeutet, sondern ebensosehr Aufforderung zur Entfaltung der angeborenen Kräfte, hervorgegangen aus der Erkenntnis der gottgegebenen Verschiedenheit und Mannigfaltigkeit der natürlichen Begabungen und Ziele. Nur so, nicht als Ausdruck einer engen Standesethik, konnte der damit ausgesprochene Glaube die weite Wirkung ausüben, die er tatsächlich gehabt hat. Denn der Satz von Protagoras (B 3) φύσεως καὶ ἀσκήσεως διδασκαλία δεῖται ist zwar nicht Adelsethik, sondern sophistische Erziehungstheorie, steht aber in seiner Grundauffassung Pindar näher als dem Aristokraten Kritias, der gesagt haben soll (B 9): ἐκ μελέτης πλείους ἢ φύσεως ἀγαθοί. Die Anerkennung der

[32] Vgl. ἔργῳ – ἔπει oben S. 43 f.

[33] Zum Bild des Weges vgl. auch N. 1, 25 (oben im Text) und die anders gerichtete Behandlung dieser Verse von *O. Becker*, Das Bild des Weges und verwandte Vorstellungen im frühgriechischen Denken (Hermes Einzelschriften Heft 4, Berlin 1937) 67.

[34] Für Bakchylides 10 und 14 hat das *Wilamowitz,* Sappho 183 ff. getan. Der Gedanke müßte ferner zurückverfolgt werden über Solon fr. 1, 43 ff. und Archilochos fr. 41 bis zu seinem ersten Auftreten in ξ 228; vgl. *Snell,* Antike 17 (1941) 8. *P. Pachlatko*, Die Stellung der Griechen zum Problem der Verschiedenheit der Menschen (Diss. Zürich 1940) hat diese wichtige Seite seines Themas nicht berücksichtigt.

φυά oder φύσις als der unbedingt erforderlichen Grundlage für alle wirkliche ἀρετή ist eben ein allgemein griechischer Gedanke. In der Adelsethik hat er seine konsequenteste und weitestgehende Ausbildung erfahren. Aber gerade die Sophisten, für deren Wirksamkeit doch die Lehr- und Lernbarkeit der ἀρετή Grundvoraussetzung war, haben die Bedeutung der φύσις kaum je geleugnet. Gerade weil ihnen deren hohe Einschätzung vom ionisch-naturwissenschaftlichen Denken her selbstverständlich geworden war, griffen sie auch im menschlichen Bezirk auf jene Erziehungsanschauungen der alten paränetischen Dichtung zurück. Der Kult der menschlichen Physis gegenüber allem Sekundären, Angelernten entspricht deshalb sophistischer Geisteshaltung nicht weniger als anderseits die Betonung der Notwendigkeit von Lernen und Ueben [35]. Deshalb ist es auch gar nicht möglich, die verschiedenen Richtungen der sophistischen Erziehungstheorie mit voller Schärfe zu sondern [36], und die Versuche dazu sind von vorneherein zum Scheitern verurteilt.

Doch darum handelt es sich hier ja gar nicht. Der Exkurs dürfte gezeigt haben, daß der Begriff der φυά oder φύσις als der mit der Geburt gegebenen, durch sekundäre fremde Einflüsse

---

[35] Gegen *Nestle,* Hippocratica 13, der die Charakteristik des Themistokles bei Thuk. 1, 138, 3, in welcher seine angeborenen Fähigkeiten gegenüber aller μάθησις und μελέτη hervorgehoben werden, als unsophistisch bezeichnet. Vgl. auch *Jaeger,* Paideia 369. 387.

[36] Die vielen Stellen aus sophistischer Zeit, von denen ich nur die wichtigsten anführe, zeigen, daß die φύσις überhaupt nie ganz vernachlässigt und nur höchst selten einem andern Faktor untergeordnet wird, so von Kritias B 9 (s. oben) und Ps. Epicharm VS 23 B 33. Umgekehrt gilt sie oft als allein ausschlaggebend: Eurip. Hipp. 917 ff. (nach Theogn. 429 ff. — so *U. v. Wilamowitz,* Euripides, Hippolytos [Berlin 1891] 221 —, aber wohl im Bewußtsein sophistischer Erörterungen über das Thema); Eurip. fr. 810; Aristoph. Vesp. 1280 ff.; Nub. 877; auch Thuk. 1, 121, 4. In den meisten Fällen aber ist sie eine unentbehrliche Voraussetzung neben andern Faktoren: Ps. Epicharm B 40; Anon. Iambl. 1, 2; Hipp. Nomos 2; Simylos bei Stob. 4, 18, 4. Zum Ganzen *Shorey,* Trans. Proc. Am. Phil. Ass. 40 (1909) 185 ff. und *Lesky,* NJbb 2 (1939) 373 ff., der versucht, in Euripides' Auffassung des Verhältnisses von Anlage und Erziehung eine Wandlung im Sinne eines wachsenden Glaubens an die Möglichkeit erzieherischer Beeinflussung nachzuweisen.

nicht zu verändernden menschlichen Anlage wesentlich beigetragen hat zu jener Hochschätzung der φύσις im allgemeinen, die sich im sophistischen Denken überall ausspricht. Noch deutlicher gibt sich diese Auffassung von der φύσις als einer unbeeinflußbaren, sich selbst genügenden Macht in einer andern Gruppe von Aeußerungen kund, die φύσις und παιδεία in Verbindung bringen. Als ältestes Zeugnis dafür gilt allgemein Epicharm B 4:

> Εὔμαιε, τὸ σοφόν ἐστιν οὐ καθ' ἓν μόνον,
> ἀλλ' ὅσσα περ ζῇ, πάντα καὶ γνώμαν ἔχει.
> καὶ γὰρ τὸ θῆλυ τᾶν ἀλεκτορίδων γένος,
> αἰ λῇς καταμαθεῖν ἀτενές, οὐ τίκτει τέκνα
> ζῶντ', ἀλλ' ἐπῴζει καὶ ποιεῖ ψυχὰν ἔχειν.
> τὸ δὲ σοφὸν ἁ φύσις τόδ' οἶδεν ὡς ἔχει
> μόνα· πεπαίδευται γὰρ αὐταύτας ὕπο.

Die Zweifel an der Echtheit dieser Verse sind alt [37]. Ihr Hauptargument ist gerade die Verwendung des Wortes φύσις. Denn so wie es hier steht, läßt es sich nicht anders fassen denn als die personifizierte, außerhalb und über den Einzeldingen stehende Naturordnung. In diesem Sinne fehlt aber das Wort nicht nur in der ersten Hälfte des 5. Jahrhunderts vollständig, sondern es findet sich selbst in sophistischer Zeit selten und erst gegen das Ende des Jahrhunderts. Vollends kennen diejenigen hippokratischen Schriften, die mit Sicherheit dem fünften Jahrhundert zuzuweisen sind, diesen Begriff nicht [38]. Der Anstoß in den Epicharmversen wird auch nicht beseitigt durch die Gleichsetzung von τὸ σοφόν mit ἁ φύσις (V.6) [39]. Man könnte allerdings dafür auf Aristophanes' 'Wespen' (1280 ff.) verweisen, wo die φύσις selbst σοφή heißt:

> εἶτ' Ἀριφράδην, πολύ τι θυμοσοφικώτατον,
> ὅντινά ποτ' ὤμοσε, μαθόντα παρὰ μηδενός,
> ἀλλ' ἀπὸ σοφῆς φύσεος αὐτόματον ἐκμαθεῖν.

---

[37] *Heidel,* Proc. Am. Acad. 45 (1910) 106; *Reinhardt,* Parmenides 222; *Gigon,* Heraklit 101; *Diller,* Naturbegriff 252.

[38] Sowohl *Nestle,* Hippocratica 10 wie *Thimme* 51 lassen sich von der Vieldeutigkeit des deutschen Wortes 'Natur' verleiten, wenn sie in diesem Zusammenhang von personifizierter φύσις und 'Allnatur' sprechen.

[39] So *Nestle,* Hippocratica 14.

Aber Ariphrades wird ja hier deshalb ironisch gerühmt, weil er, ohne von jemandem gelernt zu haben, auf Grund seiner eigenen φύσις σοφός sei. Hier ist also φύσις das eigene, angeborene Wesen, nicht eine außenstehende Macht. Das lehrt eindeutig der Zusammenhang und vor allem das Wort θυμόσοφος, das eben denjenigen bezeichnet, der infolge seines eigenen θυμός weise ist [40]. Damit stehen diese Verse dem pindarischen Wort σοφὸς ὁ πολλὰ εἰδὼς φυᾷ (O. 2, 86) näher als dem umstrittenen Epicharmfragment. Allerdings trägt σοφός bei Pindar einen viel stärkern Wertakzent als im abgeschliffenen Gebrauch der Sophistik. Und sicher stammt auch die Lehre, die den Versen des Aristophanes zugrunde liegt, nicht aus der Sphäre der Adelsethik, sondern aus sophistischen Kreisen, wo sie aus jenen Voraussetzungen entstehen konnte, die wir im Vorstehenden darzulegen versucht haben.

Ebenso erklären sich auch die übrigen Stellen, die in diesem Zusammenhang als Beweis für den Glauben an eine personifizierte, außermenschliche φύσις angeführt zu werden pflegen [41]. Dazu gehören vor allem die auffälligen Aphorismen am Beginn von Hipp. Epid. 6, 5, 1 (5, 314 L.): 1) νούσων φύσιες ἰητροί. 2) ἀνευρίσκει ἡ φύσις ἑωυτῇ τὰς ἐφόδους, οὐκ ἐκ διανοίας... 3) εὐπαίδευτος ἡ φύσις, ἑκοῦσα οὐ μαθοῦσα τὰ δέοντα ποιέει. Im ersten Satz sind die φύσιες (Mehrzahl!) sicher die einzelnen menschlichen Konstitutionen, eine Bedeutung, die in den medizinischen Schriften neben derjenigen des 'Wesens' und der 'Norm' die gebräuchlichste ist. Dann erscheint es aber auch von vorne-

[40] Vgl. Aristoph. Nub. 877.

[41] *Thimme* 51; *Nestle,* Hippocratica 10. Auch die neueste Behandlung von *Leisegang* (RE 20, 1130 ff.) verfällt in denselben Fehler, den ihr Verfasser seinen Vorgängern zum Vorwurf macht: Er trennt den Wortschatz der echten Vorsokratikerfragmente nicht von dem der Doxographen (a. a. O. 1132) und scheidet auch nicht zwischen ältern und jüngern Hippokratikern (1140 f.). So liest er denn (1133) aus späten Berichten wie Empedokles A 73, B 126, Menestor 5 und den unechten Philolaosfragmenten nicht nur eine φύσις als «tätiges, handelndes, denkendes Wesen» heraus, sondern will sogar eine «für die älteste Naturphilosophie und -dichtung charakteristische Erhebung der φύσις zu einem göttlichen Wesen und einer kosmischen Macht» feststellen. Doch läßt sich das kaum dadurch beweisen, daß man die φυσικοί auf Grund später Zeugnisse zu mystischen Theologen macht (1135 f.).

herein unwahrscheinlich, daß in Satz 2 und 3 ein ganz anderer Physisbegriff vorliegen sollte. Und wirklich ist auch hier die Bedeutung 'Konstitution', 'wahres Wesen des menschlichen Körpers' durchaus verständlich und sinngemäß. Allerdings muß man sich im klaren sein darüber, daß das wahre Wesen des Menschen für den hippokratischen Arzt nicht nur die Muskeln, Adern und Knochen, sondern das daraus gebildete Ganze und die in ihm wirkende Kraft ist [42]. Ebenso wird man auch in π. διαίτ. 1, 15 (VS I 186, 27) die handelnde φύσις auffassen dürfen: τόδε ἰητρικῆς· τὸ λυπέον ἀπαλλάσσειν καὶ ὑφ' οὗ πονεῖ ἀφαιρέοντα ὑγιέα ποιεῖν. ἡ φύσις αὐτομάτη ταὐτὰ ἐπίσταται. Und in der späten Schrift π. τροφ. 39 (82, 28 CMG) [43] spricht der Plural wieder eindeutig für diese Interpretation: φύσιες πάντων ἀδίδακτοι.

Gemeinsam ist all diesen Aussagen, daß sie die φύσις als αὐτοδίδακτος und wirkend bezeichnen. Nur in den Epicharmversen aber ist darunter eine über den Menschen und Dingen stehende Allnatur zu verstehen. Da die gesamte Ueberlieferung in der ersten Hälfte des 5. Jahrhunderts diesen Physisbegriff nicht kennt, müssen die Verse unecht sein. Sie lassen sich auch nicht mit Heraklits Einfluß erklären, denn die φύσις Heraklits ist ebenfalls das in den Dingen selbst liegende Wesen [44]. Da nun unter den von Alkimos angeführten Epicharmversen einige sicher als unecht und aus dem 4. Jahrhundert stammend

---

[42] Daraus erklärt sich die beliebte Verbindung von φύσις und δύναμις, die besonders auf den Menschen Anwendung findet: πίν. 18: 394; π. φύσ. ἀνθρ. 5 (6, 42 L.); π. ἀρχ. ἰητρ. 3 (38, 19 CMG). 13 (45, 3); Demokrit B 3; π. διαίτ. 2, 38 (6, 530 L.); auch noch Philolaos B 11 und π. τροφ. 1 (79, 5 CMG).

[43] Zur Datierung vgl. oben S. 53 A. 22.

[44] Vgl. oben S. 92 ff. Damit erledigt sich auch der Versuch *Nestles,* Hippocratica 14 f., den hippokratischen Physisbegriff von Heraklit herzuleiten. Ein Einfluß Heraklits ist ja überhaupt außerhalb der 'Schulphilosophie' im 5. Jhdt. kaum nachzuweisen und gerade in der guten wissenschaftlichen Medizin ebensowenig zu erwarten wie bei Herodot. Dagegen steht die Schrift π. διαίτης die mannigfache philosophische und sophistische Einflüsse verarbeitet, auf einer andern Ebene. Dort werden wir trotz *Gigon,* Heraklit 36 ff. mit Gedanken von Herakliteern zu rechnen haben. Im übrigen besteht ein Zusammenhang zwischen Heraklit und dem spätern Physisbegriff nur insofern, als Heraklit ebenso wie Herodot und die Hippokratiker Vertreter der ionischen Wissenschaft ist.

erwiesen sind [45], steht nichts im Wege, auch B 4 dazuzuzählen. Dann ist auch die Mischung von sophistisch-heraklitisierender Erziehungslehre mit dem spätsophistischen Physisbegriff und als Ausgangspunkt Polemik gegen Heraklits ἓν τὸ σοφόν (B 41) eher verständlich [46].

Vor dem letzten Viertel des 5. Jahrhunderts erscheint also φύσις in der Ueberlieferung nirgends als personifizierte, außer und über den Menschen und Dingen stehende Macht. Wenn Demokrit ihre αὐτάρκεια betont, so läßt sich das als Weiterführung des eben verfolgten Gedankens einer von außen unbeeinflußten Kraft gut verstehen [47]. Ebenso fügt sich der Gegensatz φύσις-τέχνη hier ein [48]. Doch sind das schon erste Spuren jener Entwicklung, die schließlich zur Idee einer alles umfassenden und beherrschenden, unsterblichen φύσις führte. Diese findet

---

[45] *Diels-Kranz,* VS I 193 f.

[46] Daß an den drei genannten hippokratischen Stellen über die von selbst weise Natur Herakliteisches hereinspielt, scheint mir *Deichgräber,* Epidemien 60 f. richtig gesehen zu haben. Er hält, anschließend an *Fredrich,* die Diätetik des Herodikos von Selymbria für die Grundlage von π. διαίτης und Epid. 6 und nimmt an, daß Herodikos seine diätetischen Ansichten naturphilosophisch habe unterbauen wollen, indem er sie mit Lehren des Archelaos verband. Daher stamme die herakliteisch gefärbte Naturphilosophie der hippokratischen Schriften. Diese Annahme bereitet zunächst chronologische Schwierigkeiten, da Archelaos, der Schüler von Anaxagoras, auf keinen Fall älter als Herodikos gewesen sein kann (vgl. oben S. 98 A. 24 u. unten S. 111 ff.). Dazu kommt ferner, daß wir nicht den geringsten Anhaltspunkt haben, der erlaubte, Archelaos zu einem Herakliteer zu machen. Da war *Fredrich* 218 vorsichtiger, indem er vermutete, erst der Verfasser von π. διαίτης habe die Lehren von Archelaos und Herodikos mit herakliteischem Gedankengut verbunden. Wenn aber *W. Jaeger,* Diokles 170 f. im Recht ist, der Diokles zu einem Schüler des späten Aristoteles macht und im Zusammenhang damit auch π. διαίτης weit ins 4. Jhdt. herabrückt, so stünden weitere Möglichkeiten anderer Einwirkungen und Vermittler vorsokratischen und sophistischen Gedankengutes offen. Aehnlich steht es für das 6. Epidemienbuch, dessen Abfassung wohl auch eher nach als vor 400 anzusetzen ist.

[47] VS 68 B 176; vgl. B 210 und Anaxagoras' Bezeichnung des νοῦς als αὐτοκρατής (VS 59 B 12).

[48] Als eine der ältesten Stellen ist Hipp. π. τέχν. 12 zu nennen. Die Antithese wird dann in der sophistischen Literatur zu einem beliebten Topos.

sich zuerst bei Gorgias [49] und Euripides [50] und dann in der um diese Zeit aufkommenden Bezeichnung περὶ φύσιος ἱστορίη für die vorsokratische Spekulation [51] und hängt mit dem Versuch einer teleologischen Welterklärung zusammen, den zuerst Diogenes von Apollonia unternommen zu haben scheint [52]. Doch das gehört nicht mehr in den Rahmen dieser Untersuchung. Denn zu jener Zeit war die Antithese Nomos-Physis, deren Entstehung hier aufgehellt werden soll, bereits voll ausgebildet.

3. Zu ihrer Schaffung hat die dritte Seite des Physisbegriffs am meisten beigetragen, die Auffassung der φύσις als des wahren Wesens, der wirklichen Beschaffenheit der Dinge. Es ist jene Bedeutung des Wortes, die uns zum erstenmal, und zwar gleich in ausgesprochener Antithese zum Falschen, Konventionellen im Verbum πεφυκέναι bei Xenophanes (B 32) entgegentritt (oben S. 48 ff. und 94) und auf die dann auch die Verwendung des Begriffs φύσις bei Heraklit hinweist (oben S. 92 ff.). Im ionischen Denken haben wir also ihren Ursprung zu suchen und werden dort auch ihre weitern Spuren finden. Allerdings hat die fragmentarische Ueberlieferung der eigentlichen Schulphilosophie das Wort in diesem Sinne vor Demokrit und der Sophistik nur an einer einzigen Stelle bewahrt. Doch fügt sich diese gut hier ein: Diogenes von Apollonia B 2 εἰ τούτων τι ἦν ἕτερον τοῦ ἑτέρου, ἕτερον ὂν τῇ ἰδίᾳ φύσει ('seinem eigentlichen, wahren Wesen nach').

So ist es verständlich, wenn Herodot das Wort ebenso verwendet. Er spricht vor allem bei auffälligen Erscheinungen, deren Erklärung ihm zu denken gibt, von ihrer φύσις, so von derjenigen Aegyptens (2, 5), des rätselhaften Nils (2, 19. 35), der Krokodile (2, 68) und Nilpferde (2, 71). Ueberall soll mit dem Ausdruck das eigentümliche, nur diesen Erscheinungen

---

[49] Palamedes (VS 82 B 11 a) 1. Wohl davon abhängig ist Xenoph. Apol. 27 (*Morr*, Hermes 61 [1926] 467 ff.). Vgl. auch das Apophthegma des Anaxagoras bei Diog. Laert. 2, 13 (VS 59 A 1).

[50] fr. 910, gedeutet auf Anaxagoras; Troad. 886. Alle angeführten Stellen scheinen darauf hinzuweisen, daß Anaxagoras bei der Ausbildung dieses Physisbegriffs eine Rolle gespielt hat. Vgl. auch Soph. fr. 739.

[51] Zuerst π. ἀρχ. ἰητρ. 20 (51, 10 CMG); Plat. Phaed. 96 A.

[52] *Theiler* 6 ff.

zukommende Wesen hervorgehoben werden [53]. Besonders in 2, 19 τοῦ ποταμοῦ δὲ φύσιος πέρι οὔτε τι τῶν ἱρέων οὔτε ἄλλου οὐδενὸς παραλαβεῖν ἐδυνάσθην und 2, 45 ἐμοὶ μέν νυν δοκέουσι ταῦτα λέγοντες τῆς Αἰγυπτίων φύσιος καὶ τῶν νόμων πάμπαν ἀπείρως ἔχειν οἱ Ἕλληνες bezeichnet φύσις geradezu das wahre Wesen im Gegensatz zu den allgemein verbreiteten Anschauungen über die betreffende Sache [54]. Es möchte auffallen, daß sich die angeführten Stellen sämtliche in den ethnographischen Kapiteln über Aegypten im zweiten Buche finden, die erwiesenermaßen am stärksten von Hekataios beeinflußt sind [55]. Man wird deshalb einer Vermutung zustimmen, die den Wortgebrauch Herodots schon für Hekataios in Anspruch nimmt [56]. Sie fügt sich gut in unsere bisherigen Ergebnisse ein. Hekataios, der zeitlich wie geographisch mit Xenophanes und Heraklit nahe zusammengehört (Heraklit B 40), bildet geradezu das 'missing link', das zur Vermittlung und Popularisierung dieses ionisch-wissenschaftlichen Begriffs anzusetzen war. Mit dessen ionischer Herkunft auch im attischen Denken des ausgehenden 5. Jahrhunderts stimmt die Tatsache überein, daß Aristophanes das Wort in den 'Wolken', offenbar als Ausdruck der ionisch-sophistischen Philosophie und Aufklärung, doppelt so häufig verwendet wie in irgendeinem andern seiner Stücke [57].

Damit ist die positive Ergänzung zu dem Nachweis, der den Eingang dieses Kapitels bildete, geliefert. Wie dort gezeigt wurde, daß das Wort φύσις unmöglich von Parmenides und den Eleaten zum Inbegriff der Wahrheit erhoben und so zur

---

[53] So liegen auch in der oben S. 96 ausgeschriebenen Herodotstelle 7, 16 α die Bedeutungen des 'Normalen' und des 'wahren Wesens' nahe beisammen. Dagegen heißt in Herod. 3, 22, 4 ἐξηγησάμενοι τῶν πυρῶν τὴν φύσιν 'das Wachsen', 'die Herkunft' des Weizens; der äthiopische König bezeichnet das Brot ja eben wegen der Herkunft des Weizens als κόπρος; so richtig *Legrand* in der französischen Uebersetzung seiner Ausgabe (Hérodote, Histoires, Paris 1939) gegen *Thimme* 60. Sonst ist die alte Bedeutung 'Herkunft', 'Abstammung' nur noch 7, 134, 2 bewahrt.

[54] 2, 19 mag daneben die Bedeutung 'Herkunft' noch mitklingen, da es sich ja um die Nilschwelle handelt (vgl. die vorige Anm.). Zu 2, 45 vgl. oben S. 39 f. m. A. 51.

[55] *Jacoby*, Hekataios 2677 ff. u. RE Suppl. Bd. 2, 426 f. (s. v. Herodotos).

[56] *Thimme* 60.

[57] Vgl. das oben S. 77 f. über νομίζειν Festgestellte.

antithetischen Verwendung mit νόμος fähig werden konnte, so hat sich nun ergeben, daß vielmehr die Naturauffassung der ionischen φυσικοί zusammen mit der im Laufe des 5. Jahrhunderts sich vollziehenden Einwirkung von medizinischem und erzieherischem Denken zu diesem Ergebnis führte.

c) *Φύσις als Gegenbegriff zum 'Schein'*

Auf Grund dieser Entwicklung erscheint es natürlich, daß nun in den beiden alten (oben S. 46 ff. besprochenen) Antithesen von Benennung und Wirklichkeit und von Schein und Sein immer häufiger das positive Glied durch einen Ausdruck vom Stamme φυ- wiedergegeben wird. Beispiele dafür liefert insbesondere die Tragödie des Euripides, in der ja alle Zeitströmungen ihren Niederschlag gefunden haben. So wird in fr. 168

ὀνόματι μεμπτὸν τὸ νόθον, ἡ φύσις δ' ἴση

und fr. 377 μάτην δὲ θνητοὶ τοὺς νόθους φεύγουσ' ἄρα
παῖδας φυτεύειν· ὃς γὰρ ἂν χρηστὸς φύῃ,
οὐ τοὔνομ' αὐτοῦ τὴν φύσιν διαφθερεῖ

dem ὄνομα nicht ἔργον, πρᾶγμα, νοῦς o. ä. gegenübergestellt[58], sondern die φύσις als das wahre angeborene Wesen, das der auf bloßer Konvention beruhende Name nicht verändern kann. Die Wahl gerade dieses Begriffes erklärt sich freilich an beiden Stellen noch aus dem besondern Problem, das zur Diskussion steht, der von Euripides viel behandelten Frage, ob zwischen frei und unfrei Geborenen, zwischen Edeln und Nicht-Echtbürtigen ein wesenhafter Unterschied bestehe. Einem ähnlichen Gedanken gibt der Anfang von Soph. fr. 83 Ausdruck:

παῦσαι· καταρκεῖ τοῦδε κεκλῆσθαι πατρός,
εἴπερ πέφυκά γε· εἰ δὲ μή, μείων βλάβη.

Das erklärt die Wahl des Gegensatzpaares καλεῖσθαι-πεφυκέναι. Der Stamm φυ- bezeichnet also auch hier zunächst nicht den absoluten philosophischen Wahrheitsbegriff wie in derselben Antithese bei Xenophanes (B 32, oben S. 48 ff.), sondern hat noch seine verbale Bedeutung der 'Herkunft' bewahrt[59].

---

[58] Vgl. oben S. 52 und 56.

[59] Daß aber auch die neue, absolute Bedeutung dem Dichter schon bewußt ist, zeigt die das Fragment abschließende Gnome: τό τοι νομισθὲν τῆς ἀληθείας κρατεῖ. Vgl. dazu oben S. 58.

Ebenso wird die Gegenüberstellung von Schein und Sein mit Hilfe der Stämme δοκ- und φυ- formuliert. Wieder ist es die Frage der freien bzw. echten Geburt, die in Eurip. fr. 495, 41 ff. aus der 'Melanippe δεσμῶτις' besprochen wird:

... τοὺς γὰρ ἀνδρείους φύσιν
καὶ τοὺς δικαίους τῶν κενῶν δοξασμάτων,
κἂν ὦσι δούλων, εὐγενεστέρους λέγω.

Wenn hier, wie die Stellung am Versende anzunehmen erlaubt, die Antithese von φύσις und δόξασμα betont werden soll, ist wohl auch δόκημα in Eurip. fr. 359 aus dem 'Erechtheus' so aufzufassen und demzufolge die überlieferte Lesart zu halten:

θετῶν δὲ παίδων ποῦ κράτος; τὰ φύντα γὰρ
κρείσσω νομίζειν τῶν δοκημάτων χρεών [60].

Doch spricht Euripides auch die reine Gegenüberstellung von Schein und Sein, die wir in nicht-philosophischem Zusammenhang zuerst bei Aisch. Sept. 592 (oben S. 57) festgestellt haben, im 'Phoinix' (fr. 809), also schon zu Beginn des Peloponnesischen Krieges [61], in der Form μᾶλλον δοκοῦντες ἢ πεφυκότες σοφοί aus.

---

[60] *Herwerden* (zitiert von *Nauck* z. St.) wollte τῶν ἐπικτήτων für τῶν δοκημάτων lesen. Die Vermutung ließe sich nun auch stützen durch den *Herwerden* noch unbekannten Antiphon-Papyrus (VS 87 B 44 A 1, 23 ff.), wo als Gegensatz zu φύντα die ὁμολογηθέντα und gleichbedeutend damit ἐπίθετα als Gegensatz zu ἀναγκαῖα erscheinen. Doch sichern sich die beiden Euripidesstellen gegenseitig, um so mehr als die erste (fr. 495, 40—43) außer bei Stob. Flor. 86, 9 auch im Pap. Berol. 5514 (Berl. Klassikertexte 5, 2) überliefert ist. Zu κενῶν δοξασμάτων vgl. Eurip. El. 383, zu δοκήματα Eurip. Troad. 411 (δοκήμασιν σοφά).

[61] Aristoph. Ach. 421 bestimmt als terminus ante quem das Jahr 425.

III. Die sophistische Antithese Nomos-Physis

1. Protagoras und der philosophische Nomosbegriff

Wie sich aus den letzten beiden Kapiteln ergeben hat, drängten die beiden Begriffe Nomos und Physis geradezu zur Antithese, und es scheint fast nur eine Frage der Zeit gewesen zu sein, daß das ältere, ethnographisch-politische Begriffspaar mit einem neuen Sinn erfüllt wurde, der bisher in andern Formen ausgesprochen worden war. Dazu trug bei, daß man sich auch im Bereich des politischen Denkens, wo zunächst auf den Nomos mehr Gewicht gelegt worden war, immer bewußt blieb, daß die Physis das primär Gegebene sei. Es standen sich also von Anfang an das ohne Zutun des Menschen gewordene Sein und die diesem durch menschlichen Eingriff auferlegte Ordnung gegenüber. Und wenn für das kollektive Denken des griechischen Polisbürgers der Nomos an sich einen Wert darstellte, der durch die Verachtung der ohne Nomos lebenden Barbaren noch gesteigert wurde, so mußte anderseits der rationale Zug des griechischen Geistes, der die ionische Spekulation und ἱστορίη hervorgebracht hatte und sich seit dem 5. Jahrhundert in steigendem Maße der empirischen Einzelforschung zuwandte, deren Objekt nicht zuletzt auch der Mensch wurde, mit seiner organischen Auffassung aller Naturvorgänge der Physis den ersten Rang zuweisen. Wieder ist es der politische Bereich, in dem diese aus ionischer Philosophie und Naturauffassung hervorgegangene Umwertung des Begriffspaares zuerst faßbar wird. Allerdings läßt sich die Frage, wer als erster die Erkenntnis des Widerspruchs zwischen Wahrheit und Volksmeinung und damit zugleich den Gegensatz zwischen dem wahren Wesen der Menschen und Dinge und den geltenden Regelungen und Anschauungen in der Form φύσις-νόμος ausgesprochen habe, nicht mit Sicherheit beantworten.

Die doxographische Ueberlieferung nennt als ersten, der

die allgemein geltenden ethischen Wertungen für nur konventionell erklärte, Archelaos, den Schüler von Anaxagoras[1]: ἐδόξαζε τὸ δίκαιον καὶ τὸ αἰσχρὸν οὐ φύσει εἶναι, ἀλλὰ νόμῳ. Er wird zugleich als der letzte Physiker und der erste, der sich mit ethischen Fragen beschäftigte, bezeichnet. Als solcher soll er die ionische Physik nach Athen gebracht haben und dort Lehrer von Sokrates gewesen sein. Die letzten beiden Behauptungen verraten deutlich ihren Ursprung aus den Diadochai-Konstruktionen der peripatetischen Philosophiegeschichte. Archelaos wird zum Bindeglied zwischen ionisch-physikalischer und attisch-ethischer Spekulation und daher zum Schüler von Anaxagoras und Lehrer von Sokrates gemacht. Mißtrauen diesen Nachrichten gegenüber ist also am Platze. Als sicherer Ausgangspunkt zur Beurteilung von Archelaos' Stellung können nur die auf Theophrasts φυσικαὶ δόξαι oder vielleicht sogar auf seine Spezialschrift περὶ τῶν Ἀρχελάου[2] zurückgehenden Angaben gelten. Dazu aber gehören nur die Berichte über seine physikalischen Lehren mit Sicherheit (VS 60 A 4). Nach diesen scheint Archelaos im allgemeinen die Physik von Anaxagoras übernommen, das Hauptgewicht aber nicht wie sein Lehrer auf die Prinzipienlehre, sondern auf die Kosmogonie gelegt zu haben. Der kurze Satz, mit der jene im Bericht von Hippolytos abgetan wird, mag sich zwar dadurch erklären, daß der Doxograph damit auf die eben vorhergehende Darstellung von Anaxagoras verwies. Aber auffällig ist die Nachricht, daß Archelaos die Schilderung der Weltwerdung über die Entstehung der Lebewesen hinaus nicht nur bis zur Sonderung der Menschen von den Tieren, sondern bis zu den Anfängen der Kultur und des Staates weitergeführt habe. Das deckt sich mit dem Referat κατὰ μέρος, das Diogenes Laertios (A 1 § 17) gibt; auch da wird auf die Entstehung der Tiere und Menschen und besonders auf den Ursprung der Sprache hingewiesen[3]. Beide Berichte sind einheitlich und scheinen auf eine

[1] VS 60 A 1 und 2; vgl. *Zeller-Nestle* 1270 ff. und *U. v. Wilamowitz,* Der Glaube der Hellenen 2 (Berlin 1932) 212.

[2] Diog. Laert. 5, 42.

[3] Das πρῶτος wird freilich durch Anaxagoras VS 59 A 106 widerlegt. Doch weisen bei Anaxagoras alle Berichte auf physiologischen, nicht kulturhistorischen Zusammenhang.

einzige Quelle zurückzugehen, also wohl auf Theophrast. Hat aber Archelaos eine Kulturentstehungslehre vorgetragen, so wird darauf auch die Angabe im summarischen Abschnitt von Diogenes Laertios (§ 16) zurückzuführen sein, wonach er περὶ νόμων philosophiert habe. Das muß zu denken geben; denn von keinem Vorsokratiker außer Demokrit und den Sophisten erfahren wir ähnliches [4]. Aber Archelaos scheint ja auch zum Unterschied von allen andern φυσικοί Athener gewesen zu sein [5]. Sicher war er Zeitgenosse des Perikles und damit Demokrits und der ersten Sophisten, vor allem des Protagoras; denn er zog im Jahre 441 mit gegen Samos, wie Ion von Chios berichtet [6], und verkehrte mit Sophokles und Kimon [7]. Anderseits muß Protagoras vor 444 in Athen durch seine staatstheoretischen Anschauungen bekannt gewesen sein, da er im Auftrag von Perikles die Gesetze für Thurioi abgefaßt haben soll [8]. Seine Staatsphilosophie war, wie Platons 'Protagoras' be-

[4] Die Pythagoreer sind grundsätzlich anders zu beurteilen, da dort das Ethische von Anfang an im Zentrum steht.

[5] Die Variante, die ihn zum Milesier macht, hängt doch wohl mit der Konstruktion zusammen, die ihn die milesische Physik nach Athen bringen läßt. Die Nachrichten über sein Leben zeigen ihn in athenischen Verhältnissen heimisch.

[6] VS 60 A 3; über die mutmaßliche Verwechslung von Sokrates mit einem gleichnamigen Strategen, der damals gegen Samos zog, vgl. *Wilamowitz,* Kydathen 24 A. 42.

[7] VS 60 A 5 a (die Nachricht sollte in den VS unter den ersten Testimonia, nicht im Abschnitt 'Lehre' stehen); nach 60 B 1 hat Archelaos an Kimon beim Tode seiner Gattin Isodike eine Elegie gerichtet; das scheint Konjektur von Panaitios zu sein, paßt aber zu seiner Bekanntschaft mit Ion, dem Freunde des Kimon (Ion v. Chios fr. 2—4 aus Plut. Kim. bei *A. v. Blumenthal,* Die Fragmente des Ion von Chios, Berlin 1939), und zu den übrigen Angaben, die alle darauf hinweisen, daß Archelaos in den athenischen aristokratischen Kreisen verkehrte.

[8] VS 80 A 1. Die Angabe gewinnt dadurch an Glaubwürdigkeit, daß sie auf des Herakleides Pontikos Schrift περὶ νόμων zurückgeht. Wie *Jaeger,* SBBerl. 1928, 395 und 414 A. 4 gezeigt hat, stellte gerade Herakleides die frühern Philosophen als Vertreter des βίος θεωρητικός dar. Wenn er bei Protagoras von dieser Auffassung abwich, muß er dafür schwerwiegende Gründe in der Ueberlieferung gehabt haben. Dagegen kann ich Protagoras' gesetzgeberische Tätigkeit aus Plat. Rep. 10, 600 CD nicht herauslesen, wie das *F. Jacoby,* Apollodors Chronik (Philol. Untersuchungen hgg. v. *Wilamowitz* und *Kießling* Heft 16, Berlin 1902) 268 tut.

zeugt, eng mit einer Kulturentstehungslehre verbunden. Die Annahme derselben Verbindung ist also bei Archelaos, der Protagoras gekannt haben muß, nicht von der Hand zu weisen. Sie wird recht wahrscheinlich, wenn wir vergleichen, was an politisch-ethischen Lehren von beiden überliefert ist.

Von Archelaos kennen wir über die Tatsache seiner Kultur- und Staatsphilosophie hinaus nur jene oben erwähnte Behauptung τὸ δίκαιον καὶ τὸ αἰσχρὸν οὐ φύσει εἶναι, ἀλλὰ νόμῳ. Dieser Angriff auf die Grundlagen der Moral will schlecht zum Kreise von Sophokles und Kimon passen. Anderseits gibt uns die Ueberlieferung kaum Anlaß, den Satz als Ganzes zu verwerfen. Zwar ist seine Formulierung sicher nicht authentisch; denn noch Antiphon, der jünger ist, drückt ähnliche Gedanken viel umständlicher und schwerfälliger aus [9], ja diese Form der Antithese im Dativ ist im ganzen 5. Jahrhundert vor Thukydides nicht belegt [10]. Erst seit Platons begrifflicher Philosophie ist sie die übliche [11]. Doch auch inhaltlich bereitet der Satz Schwierigkeiten. Denn die Behauptung, das Gerechte und das Häßliche existierten nicht ihrem wahren Wesen nach, nicht in Wirklichkeit, sondern nur nach der geltenden Anschauung, setzt doch wohl eine Erörterung über das wahre Wesen von Recht und Unrecht voraus, also eine ethisch-erkenntnistheoretische Begriffsuntersuchung, die bei einem Physiker und Schüler von Anaxagoras, auch wenn wir mit protagoreischen Einflüssen rechnen, kaum denkbar ist. Verständlich wird der Satz dagegen, wenn wir vom Zusammenhang ausgehen, in den er eingeordnet erscheint. Da ist wohl die nächstliegende Annahme, Archelaos habe bei der Schilderung der Entstehung von Sitte, Recht und Staat erklärt, das Recht habe sich erst allmählich und bei den einzelnen Völkern verschieden ausgebildet, es sei also von den geltenden Anschauungen abhängig, vom Nomos, der sich nicht überall

---

[9] VS 87 B 44, unten S. 135 ff.

[10] Vgl. unten S. 142 A. 62. In πάύτ. 14 ist der Dativ nicht als casus respectus, sondern kausal zu fassen (oben S. 15 A. 4) und erklärt sich außerdem durch διαφέρειν, wie denn überhaupt die Antithese dort mit der philosophischen bei Diog. Laert. kaum verglichen werden kann.

[11] Vgl. z. B. Gorg. 482 E ff.; Leg. 10, 889 C ff. u. ö.

gleich entwickelt habe. τὸ δίκαιον νόμῳ εἶναι mochte man dafür später sagen, und es ist nicht ausgeschlossen, daß Archelaos schon den Dativ νόμῳ in diesem Zusammenhang verwendete. Was er damit aussprach, war eine Folgerung aus der Erkenntnis der Verschiedenheit der νόμοι, die die Ethnographie seit Hekataios vermittelte und die Pindar in die Worte ἄλλα δ' ἄλλοισιν νόμιμα, σφετέραν δ' αἰνεῖ δίκαν ἕκαστος gefaßt hatte [12]. Neu war die genetische Erklärung dieses Zustandes, das Aufzeigen seiner Ursache, und darin darf man wohl die Haltung der ionischen Physik erkennen, zu der sich Archelaos bekannte.

Daß er aber in diesem Zusammenhang dem historisch gewordenen und in dieser seiner Bedingtheit erkannten Rechtsbegriff eine absolute sittliche Norm gegenübergestellt hätte, scheint nicht nur unwahrscheinlich, sondern auf dieser Stufe kosmologisch-kulturhistorischer Spekulation ausgeschlossen, da weder die Herkunft einer solchen Idee noch der Anlaß zu ihrer Einführung sich erklären ließe. Und mit einer nur negativen Feststellung, auf die sich der Doxograph beschränkt, würde sich Archelaos kaum begnügt haben. φύσει als Gegensatz zu νόμῳ hat also erst jener hineingebracht, dem sich hier das spätere Schlagwort ebenso aufdrängte wie dem Interpolator von πίν. 17 (oben S. 86 f.).

Ob und welche praktisch-ethischen Konsequenzen Archelaos aus seiner Einsicht in die historische Bedingtheit aller sittlichen Normen gezogen hat, verschweigt die Ueberlieferung. Aufschlußreich für diese Frage ist die Haltung seines Zeitgenossen Protagoras, die zugleich geeignet erscheint, ein klareres Licht auf den in diesem Zusammenhang doch recht unvermittelt auftauchenden Rechtsbegriff von Archelaos zu werfen.

Es kann sich hier freilich nicht darum handeln, das umstrittene Problem des Homo-mensura-Satzes eingehend zu untersuchen [13]. Ich beschränke mich auf die Besprechung von Protagoras' rechtlichen Anschauungen. Vollständig wird sich

[12] fr. 215; vgl. oben S. 71 und 80 f.

[13] Darüber zuletzt *Langerbeck* und die Rezensionen seiner Schrift von *Kapp,* Gnomon 12 (1936) 65 ff. 158 ff. und von *Gigon,* GGA 1936, 123 ff. Vgl. auch *Morrison,* Class. Quart. 35 (1941) 1 ff.

dabei allerdings seine Staatstheorie nicht von seiner übrigen Lehre trennen lassen. Wie weit sich beide gegenseitig bedingen, soll die Untersuchung zeigen. Sie geht aus von Platons 'Protagoras' und 'Theätet'. Als Meinungen des historischen Protagoras dürfen dabei mit großer Wahrscheinlichkeit diejenigen Anschauungen gelten, die Platon seinen Protagoras in zusammenhängender, sophistisch gefärbter Rede vortragen läßt [14]. Daneben besteht immer die Möglichkeit, daß fremde Lehren miteinfließen oder daß Platon um der Absicht oder Form des Dialoges willen wirklich Gehörtes in anderer Beleuchtung erscheinen läßt. Dasselbe gilt für die andern Sophistendialoge.

Im 'Protagoras' soll der Sophist beweisen, daß die Arete lehrbar ist (320 B). Zu diesem Zwecke erzählt er zuerst den Prometheus-Mythos (320 D—322 D) und fügt dann als eigentlichen Beweis den von den wirklichen Verhältnissen ausgehenden Logos (323 A—328 D) hinzu. Ich greife zunächst aus dem Mythos die für unsere Frage wichtigen Punkte heraus:

Die den Menschen von Prometheus verliehene δημιουργικὴ τέχνη (der Ausdruck ist zweifellos platonisch), die ihnen das Leben überhaupt erst ermöglicht, genügt nicht zum Schutz vor wilden Tieren. Die Menschen sehen sich um ihrer σωτηρία willen gezwungen, sich gesellschaftlich zu organisieren. Dieser Versuch scheitert aber am gegenseitigen ἀδικεῖν, da ihnen die πολιτικὴ τέχνη fehlt [15]. Die σωτηρία der Menschen steht damit auf dem Spiel. In dieser Notlage sendet Zeus ihnen durch Hermes αἰδώς und δίκη mit der ausdrücklichen Bestimmung, daß sie an alle Menschen verteilt und diejenigen, die sich zum Gemeinschaftsleben unfähig erweisen, getötet werden sollen.

Protagoras erklärt so das durch δίκη geordnete Zusammenleben im Staate für notwendig zur Erhaltung der Menschheit und auch für möglich, da jeder Mensch die Voraussetzungen dafür besitze.

---

[14] So urteilen auch *Wilamowitz,* Platon 1, 80 f.; *Zeller-Nestle* 1386 A. 4; *Schmid,* Literatur 1, 3, 17 A. 10.

[15] Dieselbe Lehre vertritt der Anonymus Iamblichi 6, 1, aber polemisch gewendet gegen Naturrechtstheorien, wie sie Kallikles in Platons 'Gorgias' vorträgt.

Der weitern Ausführung dieser These dient der Logos. Bezeichnend ist darin einmal die selbstverständliche Gleichsetzung von νόμιμον und δίκαιον (327 A) und zweitens die Betonung des Nutzens der δικαιοσύνη (327 B), beides Auffassungen, die sich bei spätern Verteidigern der Gesetzesgerechtigkeit immer wieder finden [16], die wir aber Protagoras abzusprechen keinen Grund haben. Als echt protagoreisch darf ferner die Einschränkung gelten, daß nicht die δικαιοσύνη selbst, sondern nur die Anlage dazu den Menschen gegeben ist, die ausgebildet werden kann und muß. Denn erst daraus folgt die Rechtfertigung von Protagoras' Tätigkeit als Lehrer der πολιτικὴ ἀρετή. Auf diese aber ist die ganze Rede angelegt, wie ihr Abschluß zeigt (328 AB).

Es hat von jeher Schwierigkeiten bereitet, mit dieser positiven Einstellung zum Staate, die offenbar derjenigen des historischen Protagoras, des Gesetzgebers von Thurioi, entspricht, die Lehren in Uebereinstimmung zu bringen, die Platon im 'Theätet' Protagoras in den Mund legt. Denn was dort Sokrates im Namen des toten Protagoras zur Verteidigung des Homo-mensura-Satzes vorbringt, verrät eine viel kritischere Stellungnahme zu Staat und Gesetzen. Auch dort sind zwar die Sophisten (οἱ σοφοί τε καὶ ἀγαθοὶ ῥήτορες 167 C) unentbehrlich zur Erziehung der Bürger; aber ihre Tätigkeit besteht darin, daß sie diesen das Gute an Stelle des Schlechten als gerecht nur erscheinen lassen; denn οἷά γ' ἂν ἑκάστῃ πόλει δίκαια καὶ καλὰ δοκῇ, ταῦτα καὶ εἶναι αὐτῇ, ἕως ἂν αὐτὰ νομίζῃ. Dieser Grundsatz wird noch schärfer formuliert (172 AB): nur im Hinblick auf Nutzen oder Schaden können Gesetze qualitativ verschieden sein, für Gerecht aber und Ungerecht wie für Gut und Böse gilt der Satz: οὐκ ἔστι φύσει αὐτῶν οὐδὲν οὐσίαν ἑαυτοῦ ἔχον, ἀλλὰ τὸ κοινῇ δόξαν τοῦτο γίγνεται ἀληθὲς τότε, ὅταν δόξῃ καὶ ὅσον ἂν δοκῇ χρόνον.

Die Fassung dieses Gedankens ist rein platonisch, wie u. a. οὐσία zeigt; auch φύσει werden wir dann für platonische Zutat halten. Dagegen könnte der eleatische Gegensatz δόξαν-ἀληθές (auch 172 A δόξα) protagoreisch sein. Dafür daß die Lehre des Parmenides den Ausgangspunkt von Protagoras' Denken bildet,

[16] Am ausführlichsten wieder beim Anonymus Iamblichi Kap. 7; ferner Ps. Demosth. 25, 16 (unten S. 149).

spricht sowohl der durch Platon bezeugte Titel seiner Schrift Ἀλήθεια[17] wie auch die Nachricht des Porphyrios: Πρωταγόρου τὸν περὶ τοῦ ὄντος ἀναγινώσκων λόγον πρὸς τοὺς ἓν τὸ ὂν εἰσάγοντας[18]. Von dort und nicht von Heraklit hat daher auch die Deutung des Homo-mensura-Satzes auszugehen, den man dann als letzte Konsequenz aus der parmenideischen Einheit von Denken und Sein auffassen darf[19]. Wenn alles, was sich denken läßt, dadurch, daß es gedacht wird, auch ist, so werden damit freilich alle ethischen Maßstäbe relativiert. Der äußersten Konsequenz dieser Auffassung scheint Protagoras dadurch entgangen zu sein, daß er kollektive denkende Subjekte annahm, wie ja im 'Theätet' die Meinung der Polis, das κοινῇ δόξαν der Maßstab ist[20]. Der Umstand, daß kein anderer namhafter Vertreter eines derartigen 'ethischen Relativismus' bekannt ist, spricht mindestens nicht gegen die Richtigkeit dieser platonischen Darstellung des Homo-mensura-Satzes[21].

Für unser Problem ist das Hauptergebnis, daß in einer Lehre, nach der jedes Gedachte für den Denkenden, jedes Gefühlte für den Fühlenden wahr, δίκαιον und αἰσχρόν also jedesmal das ist, was wir dafür halten, die Antithese Nomos-Physis keinen Platz hat. Denn wenn alle ethischen Maßstäbe nur νόμῳ sind, kann von einem φύσει δίκαιον überhaupt nicht gesprochen

---

[17] Plat. Theaet. 162 A; Cratyl. 391 C. Was wir als Titel bezeichnen, wird als Hauptbegriff in einem Einleitungssatz vor dem als Anfang zitierten Homo-mensura-Satz gestanden haben (*Kranz* im Apparat zu VS 80 B 1).

[18] VS 80 B 2. Die beiden Schriften περὶ τοῦ ὄντος und Ἀλήθεια werden identisch sein, ihr Hauptinhalt die Auseinandersetzung mit Parmenides. Daß auch der Titel Καταβάλλοντες bei Sextus (VS 80 B 1) auf dasselbe Werk geht, hat *Bernays,* Rhein. Mus. 7 (1850) 464 ff. (= Gesammelte Abhandlungen 1, 117 ff.) vermutet. Mit Recht weist *Wilamowitz,* Platon 1, 80 A. 1 die Vermutung *Nestles* (Protagoras 14 A. 1) zurück, daß in der gleichzeitigen Literatur Anspielungen auf diesen Titel zu erkennen seien. Die angeführten Stellen beweisen nur, wie gebräuchlich Metaphern aus der Gymnastik in der rhetorischen Terminologie waren.

[19] *Reinhardt,* Parmenides 242 ff.; *Gigon,* GGA 1936, 127 und Hermes 71 (1936) 212 f.

[20] Das schließt die individualistische Deutung des Homo-mensura-Satzes nicht absolut aus.

[21] Platons Darstellung als unprotagoreisch zu erweisen, ist m. E. *Langerbeck* nicht gelungen; vgl. die oben S. 114 A. 13 genannten Rezensionen.

werden. Damit erweist sich auch die Gleichsetzung von δίκαιον und νόμιμον im Logos des 'Protagoras' (327 A) als tiefer begründet. Denn aus dieser Auffassung folgt die Notwendigkeit des Gesetzesstaates. Die positive Einstellung zu diesem hat so ihre theoretische Fundierung erhalten [22]. Denn es ist auch hier nicht zu vergessen, daß im Vordergrund von Protagoras' Interessen nicht diese Theorien standen, sondern seine praktische Tätigkeit als Lehrer der πολιτικὴ ἀρετή [23]. Darauf weist der

---

[22] Wie ich glaube, läßt es sich zeigen, daß Platon auch bei der Abfassung des 'Protagoras' darauf hinweisen wollte, daß hinter der staatserhaltenden Lehre des Sophisten die Ueberzeugung von der Relativität aller νόμοι stand. Der erste Teil des Logos, der rational nachweisen soll, daß jeder die Anlage zur δικαιοσύνη und zur gesamten πολιτικὴ ἀρετή in sich trägt, beweist in Wirklichkeit nicht das, sondern nur den consensus omnium über das Vorhandensein dieser Fähigkeit. In auffallender Häufigkeit wird immer wieder das ἡγοῦνται (bzw. οἴονται) πάντες ἄνθρωποι betont: 322 D; 323 A.C.D. usw., und entsprechend lautet auch der Schluß des Beweises (324 C): ὅτι διδακτὸν καὶ παρασκευαστὸν ἡγοῦνται ἀρετήν (sc. οἱ σοὶ πολῖται), ἀποδέδεικταί σοι, ὦ Σώκρατες. Zwar hatte auch Sokrates 319 ff. aus dem Verhalten der Athener geschlossen, daß sie die Arete nicht für lehrbar hielten; er führt das aber nur als einen Beweis für seine These an, zu der er sich ausdrücklich selbst bekennt, während Protagoras immer nur die allgemein verbreitete Ueberzeugung von der Lehrbarkeit der Arete betont. Ohne Zweifel soll also der Nachdruck, mit dem Protagoras beständig darauf hinweist, daß nur nach der δόξα (so 324 B) der πολλοί die Anlage zur πολιτικὴ ἀρετή in jedem Menschen liege, nach Platons Absicht seine relativistische Denkweise charakterisieren. Denn es ist doch recht zweifelhaft, daß Platon mit dieser Darstellung nur das schwache Fundament von Protagoras' Beweis bloßstellen wollte, wie *M. Pohlenz,* Aus Platos Werdezeit (Leipzig 1913) 87 meint. Vielmehr gibt Platon, der ja Protagoras im Gegensatz zu andern Sophisten immer mit Achtung behandelt, damit dem kritischen Leser einen Hinweis darauf, daß diese schwach fundierte Argumentation dem Relativismus von Protagoras entspricht, für den die Meinung der vielen die Wahrheit ist, weil es keine absolute Wahrheit gibt. — Einen weitern Hinweis auf diesen Relativismus enthält Prot. 334 A, wo vom nur relativen Nutzen vieler Dinge die Rede ist, wieder in einem zusammenhängenden Vortrag, der auch durch den Beifall, den er findet, als protagoreisch gekennzeichnet ist.

[23] Diese scheinbar große Diskrepanz zwischen Erkenntniskritik und Lehrtätigkeit hat eine Parallele im Leben von Gorgias, der ja nicht nur Lehrer der Rhetorik, sondern auch der Verfasser der Schrift περὶ τοῦ μὴ ὄντος war. Vgl. über deren Bedeutung zuletzt *Nestle,* Mythos 308 ff., wo aber der Aufsatz von *Gigon,* Hermes 71 (1936) 186 ff. nicht berücksichtigt ist.

übereinstimmende Schluß der beiden Reden im 'Protagoras' (328 B) und im 'Theätet' (167 C) [24].

Aus dem Vorstehenden ergibt sich, daß νόμος für Protagoras zwar gleichviel bedeutete wie νομιζόμενον, 'Menschenmeinung'; die Erkenntnis der Bedingtheit des Nomos führte ihn aber nicht zur Verwerfung, sondern aus dem logischen Experiment, das von eleatischen Prämissen aus zur Anerkennung des Satzes ὃ νομίζεται, τοῦτο καὶ ἔστιν zwang, erwuchs die Forderung, jeden Nomos dort, wo er gilt, als unbedingt verpflichtend zu betrachten [25]. So wird hier der Versuch unternommen, die Macht des Nomos, der durch die Gleichsetzung mit dem von der traditionskritischen philosophischen Haltung abgelehnten νομιζόμενον so viel von seinem Ansehen eingebüßt hatte, wiederum von philosophischer Seite aus neu aufzurichten. Er konnte nicht gelingen, weil die zersetzenden Kräfte, die in der Behauptung der Relativität jedes νομιζόμενον lagen, stärker waren, zumal da solche Lehren nicht mehr wie die Erkenntnisse der ionischen Physiker auf kleine Kreise beschränkt blieben, sondern durch die Sophisten weite Verbreitung fanden. So stehen z. B. in den sogenannten Dialexeis, die letzten Endes auf Protagoras zurückgehen, wenn sie auch in ihrer jetzigen Form erst um 400 entstanden sind, die relativistischen Konsequenzen aus dem Homo-mensura-Satz ganz im Vordergrund [26]. Gerade hier zeigt

[24] Wenn Platon Leg. 10, 889 E unter den Lehren gefährlicher Jugendverderber unter anderm den Satz anführt τὰ δὲ δὴ δίκαια οὐδ' εἶναι τὸ παράπαν φύσει, ἀλλ' ἀμφισβητοῦντας διατελεῖν ἀλλήλοις καὶ μετατιθεμένους ἀεὶ ταῦτα, ἃ δ' ἂν μετάθωνται καὶ ὅταν, τότε κύρια ἕκαστα εἶναι, γιγνόμενα τέχνῃ καὶ τοῖς νόμοις ἀλλ' οὐ δή τινι φύσει, so kann die Theorie, die hier vom δίκαιον gegeben wird, nur die protagoreische sein, die wir aus dem 'Theätet' kennen. Dafür spricht besonders die zeitliche Beschränkung der Gültigkeit der gesetzlichen Vorschriften, die mit den oben ausgeschriebenen Formulierungen des 'Theätet' (167 C. 172 B) weitgehend übereinstimmt. Doch hat die Unterscheidung zwischen νόμος und φύσις auch hier mit Protagoras nichts zu tun, ebensowenig wie der darauffolgende Satz (890 A), der deutlich auf die Theorien von Kallikles im 'Gorgias' anspielt. Platon gibt eben in diesem Abschnitt überhaupt aus der Sicht seines Alters eine bunte Sammlung von verwerflichen Lehrmeinungen, ohne die einzelnen scharf zu trennen.

[25] Von dieser Haltung ist Herod. 3, 38 beherrscht, ein Kapitel, das wir deshalb oben S. 81 auf Protagoras zurückgeführt haben.

[26] VS 90. Für die Datierung ist 1, 8 maßgebend, wo der Ausgang des

sich aber zugleich besonders deutlich die zweite Quelle dieser neuen Beurteilung der νόμοι, die mit der alten philosophischen Ablehnung der νομιζόμενα zusammenwirkte: die vergleichende Ethnographie.

Auch für Archelaos, von dem wir ausgegangen sind, war zweifellos dieser zweite Faktor von großer Bedeutung. Außerdem aber muß er unter dem Einfluß von Protagoras' Kulturentstehungslehre gestanden haben, die auf der Grundlage des Homo-mensura-Satzes ruht. Denn nur so erklärt sich die besondere Bedeutung, die Archelaos nach den doxographischen Berichten dem Nomos zuschrieb. Zugleich bestätigt diese sich aufdrängende Annahme einer Beziehung zu Protagoras unsere Vermutung, Archelaos habe nicht die neue Antithese Nomos-Physis geschaffen, sondern nur einen neuen Nomosbegriff verkündet, bei dem der Akzent nicht mehr auf dem Verpflichtenden der geltenden Ordnung lag, sondern auf der Wandelbarkeit der von Volk zu Volk verschiedenen Sitten und auf der Abhängigkeit der darin sich aussprechenden Wertungen vom Denken der Menschen.

Die beiden Betrachtungsweisen, deren Vereinigung zu dieser Umwertung des Nomosbegriffs geführt hatte, die ethnographisch-vergleichende und die philosophisch-erkenntnistheoretische, waren von ganz verschiedener Herkunft. Ihre Vermischung erzeugte in der Folgezeit jene Doppelbedeutung von νόμος, die in der Literatur seit der Zeit des Peloponnesischen Krieges auftaucht und die Erkenntnis des wahren Wortsinnes oft erschwert, da nun derselbe Ausdruck den Begriff des geltenden Brauches oder im politischen Sinne des herrschenden Gesetzes, daneben aber auch gleichzeitig den der falschen communis opinio umfassen kann. Die Tatsache, daß sich die Wortbedeutung schon früh nach zwei verschiedenen Seiten entwikkelt hatte [27], verbunden mit dieser bewußten Umwertung, gab nun im Zeitalter der politischen Diskussionen die Möglichkeit an die Hand, mit dem Homonym zu spielen, oder leitete, sogar

---

Peloponnesischen Krieges als νεώτατα erwähnt wird. Die Grundthese der Schrift ist 2, 18 ausgesprochen: οὐ γὰρ πάντες ταὐτὰ νομίζοντι. Vgl. oben S. 80.

[27] Vgl. oben das Kapitel 'Νόμος', bes. S. 65 u. 72.

für den Sprechenden unbewußt, den Gedanken von der einen Bedeutung zur andern über.

Ein Beispiel bewußter Doppeldeutigkeit, das als solches oft nicht erkannt und darum mißverstanden worden ist, bietet Euripides in der 'Hekabe' (799 ff.):

ἀλλ' οἱ θεοὶ σθένουσι χὠ κείνων κρατῶν
νόμος· νόμῳ γὰρ τοὺς θεοὺς ἡγούμεθα
καὶ ζῶμεν ἄδικα καὶ δίκαι' ὡρισμένοι.

Daß im ersten der angeführten Verse Pindars fr. 169 nachklingt, ist früh erkannt worden [28]. νόμος bedeutet also zunächst die altverehrte, selbst über den Göttern stehende und alles beherrschende Macht, und der Ausspruch ist in Hekabes Mund wirklich der Ausdruck «frommen Vertrauens in die Gerechtigkeit der göttlichen Weltordnung» [29]. Dann aber biegt Euripides' aufgeklärtes Wissen den Gedanken für den Zuhörer — nicht im Sinne Hekabes — um. Denn das Publikum weiß mit Euripides um die nur konventionelle Geltung der Begriffe Recht und Unrecht und darum, daß selbst die Götter nur νομίζονται, d. h. daß ihre Verehrung nur auf einer allgemein verbreiteten Meinung beruht. Zwar war der Ausdruck θεοὺς νομίζειν zunächst neutral verwendet worden als 'an Götter glauben und sie verehren' [30]; aber mit der philosophischen Entwertung der νομιζόμενα schlechthin war daraus ein bloßes unverbindliches Meinen über die Existenz der Götter geworden, so daß sich z. B. Aristophanes in den 'Wolken' das Wortspiel erlauben konnte (247 f.) θεοὶ ἡμῖν νόμισμ' οὐκ ἔστι [31]. So kann denn auch Euripides sagen: 'Nur νόμῳ glauben wir an die Götter und setzen uns Recht und Unrecht fest [32].' Mit der zweiten dieser Be-

[28] *Wyttenbach,* in *Porsons* Ausgabe (3. Aufl. Leipzig 1824) zu Vers 787 zitiert.

[29] So *Ehrenberg,* Naturrecht 141.

[30] z. B. Herod. 4, 59; vgl. γλῶτταν νομίζειν: Herod. 1, 142, 3; 4, 183, 4 (oben S. 83).

[31] Um dieselbe Zeit hat es bekanntlich Kritias unternommen (VS 88 B 25), den Götterglauben überhaupt genetisch zu erklären als Werk eines klugen νομοθέτης.

[32] Zu Vers 801 vgl. Lysias 2, 19: ἀνθρώποις προσήκει νόμῳ ὁρίσαι τὸ δίκαιον. Der Redner verwendet natürlich nur den positiven Nomosbegriff 'Gesetz'.

hauptungen steht er offensichtlich in der Linie Protagoras-Archelaos, und auch hier fiele es schwer, den Gegensatz φύσει zu ergänzen [33].

Auf einige weitere Beispiele dieser Doppeldeutigkeit von νόμος im nominalen wie im verbalen Ausdruck sei nur kurz hingewiesen: In einer Debatte zwischen Strepsiades und Pheidippides in Aristophanes' 'Wolken' (1399 ff.) sucht der Sohn dem Vater zu beweisen, daß es ebenso richtig sei, wenn die Kinder ihre Eltern schlügen, wie umgekehrt. Seine Argumentation läuft darauf hinaus, daß die bestehende Regelung ein νόμος und daher wie alle geltenden Anschauungen nur relativ sei und jederzeit geändert werden könne. Den Einwand des Vaters (1420) ἀλλ' οὐδαμοῦ νομίζεται τὸν πατέρα τοῦτο πάσχειν erledigt er durch den Nachweis der menschlichen Herkunft dieses νόμος, der mit der Auffassung von Kritias über die Entstehung der Religion übereinstimmt [34] (1421 f.):

οὔκουν ἀνὴρ ὁ τὸν νόμον θεὶς τοῦτον ἦν τὸ πρῶτον
ὥσπερ σὺ κἀγὼ καὶ λέγων ἔπειθε τοὺς παλαιούς;

Man möchte νόμον hier nach dem Vorhergehenden auffassen als die konventionell geltende Anschauung. Doch als Objekt zu τίθημι weist das Wort in die Richtung des 'staatlichen Gesetzes', um so mehr, als ja wirklich ein attisches Gesetz die κάκωσις γονέων unter Strafe stellte [35]. Um denselben νόμος dreht sich die Diskussion in Aristophanes' 'Vögeln' (755 ff.):

ὅσα γὰρ ἐνθάδ' ἐστὶν αἰσχρὰ τῷ νόμῳ κρατούμενα,
ταῦτα πάντ' ἐστὶν παρ' ἡμῖν τοῖσιν ὄρνισιν καλά.
εἰ γὰρ ἐνθάδ' ἐστὶν αἰσχρὸν τὸν πατέρα τύπτειν νόμῳ,
τοῦτ' ἐκεῖ καλὸν παρ' ἡμῖν ἐστιν.

---

[33] Auf den Zusammenhang mit Protagoras weist auch *Wilamowitz,* Kydathen 49. Doch sieht er im Vorhergehenden den νόμος zu sehr als juristischen Begriff. In Wirklichkeit kommt erst in den folgenden Versen ὅς εἰς σ' ἀνελθὼν εἰ διαφθαρήσεται... οὐκ ἔστιν οὐδὲν τῶν ἐν ἀνθρώποις ἴσον auch die Vorstellung des staatlichen νόμος hinein, auf dem die ἰσότης beruht.

[34] Vgl. besonders Kritias 88 B 25, 24 f.

τούσδε τοὺς λόγους λέγων
διδαγμάτων ἥδιστον εἰσηγήσατο

und 41 f. οὕτω δὲ πρῶτον οἴομαι πεῖσαί τινα
θνητοὺς νομίζειν δαιμόνων εἶναι γένος.

[35] *J. H. Lipsius,* Das attische Recht und Rechtsverfahren 2 (Leipzig 1908) 343 f.

Die Verbindung νόμῳ καλόν und αἰσχρόν weist noch deutlicher als die Verse der 'Wolken' auf den protagoreischen Gedanken [36], und doch hört der Athener daneben in dem Wort auch den Begriff des staatlichen Gesetzes. Ganz klar ist schließlich das Wortspiel in den 'Wolken' 1185 ff.: Pheidippides will beweisen, daß die ἕνη καὶ νέα unmöglich ein und derselbe Tag sein könne. Auf den Einwand καὶ μὴν νενόμισταί γε [37] folgt die Erwiderung οὐ γὰρ οἶμαι τὸν νόμον ἴσασιν ὀρθῶς ὅ τι νοεῖ, und dieser νόμος wird nun auf Solon, den attischen νομοθέτης κατ' ἐξοχήν, zurückgeführt.

Aus dem Zusammenhang, in dem in Tragödie und Komödie dieser Uebergang vom philosophischen Nomosbegriff zum politischen und umgekehrt erscheint, dürfen wir schließen, daß dieses Spielen mit Bedeutungen in der gleichzeitigen sophistischen Diskussion geübt wurde. Und wirklich läßt es sich auch in den Resten dieser Literatur feststellen. Gekennzeichnet ist der Uebergang außerdem gewöhnlich durch den Wechsel des Numerus, da die staatlichen Gesetze durch den Plural, die geltende Anschauung durch νόμος im Singular ausgedrückt werden. So läßt Platon im 'Gorgias' (482 E—483 B) Kallikles den Unterschied zwischen konventioneller und wahrer Moral darlegen und spricht dabei von νόμῳ καλά (482 E). Dann verschiebt er die Bedeutung allmählich, so daß 483 A φύσει μὲν γὰρ πᾶν αἴσχιόν ἐστιν, ὅπερ καὶ κάκιον, τὸ ἀδικεῖσθαι, νόμῳ δὲ τὸ ἀδικεῖν in νόμος nicht nur die communis opinio, sondern auch schon das Gesetz mitgehört wird. Vollends ist in 483 B von der Gesetzgebung (durch die Schwachen) die Rede, und da durch die staatlichen νόμοι nur δίκαιον und ἄδικον, nicht auch καλόν und αἰσχρόν festgelegt werden, genügt das Wort νόμος nun nicht mehr, um den ganzen Gedanken, der auch die Entstehung der ungeschriebenen Moral umfaßt, auszudrücken, so daß dafür eigene Wendungen eingeführt werden müssen: πρὸς αὑτοὺς οὖν καὶ τὸ αὑτοῖς συμφέρον τούς τε νόμους τί-

---

[36] Vgl. auch Nub. 1020 f. τὸ μὲν αἰσχρὸν ἅπαν καλὸν ἡγεῖσθαι, τὸ καλὸν δ' αἰσχρόν.

[37] Vgl. dazu Nub. 962, wo der Δίκαιος Λόγος die gute alte Zeit preist, ὅτε σωφροσύνη 'νενόμιστο. In den Worten 'als besonnene Zurückhaltung noch galt' hört Aristophanes zweifellos den sophistischen Sinn des Ausdrucks mit, der besagt, daß die σωφροσύνη eben nur ein νόμος war.

θενται (= δίκαιον-ἄδικον) καὶ τοὺς ἐπαίνους ἐπαινοῦσι (= καλόν) καὶ τοὺς ψόγους ψέγουσιν (= αἰσχρόν)[38]. Dieselbe Schwierigkeit, die in der Doppeldeutigkeit des Ausdrucks begründet liegt, verbietet dem Sophisten Antiphon, als Gegensatz von τοὺς νόμους einfach τὴν φύσιν zu setzen. Er muß zur Umschreibung τὰ τῆς φύσεως greifen, um den inhaltlich entsprechenden Begriff geben zu können[39]. Wenn er in der Fortsetzung diese Umschreibung beibehält und nun sogar τὰ τῶν νόμων sagt, so ist das auf sein Streben nach rhetorischem Parallelismus des Ausdrucks zurückzuführen.

In den angeführten sophistischen Sätzen spricht sich eine Geringschätzung der staatlichen Gesetze aus, die nicht nur von ihrer Namensgleichheit mit dem durch das philosophische Denken entwerteten νόμος herrühren kann. Man muß daneben auch den Einfluß der praktischen Erfahrung von Gesetzgebern und Politikern berücksichtigen. Die Erkenntnis, daß das formulierte Gesetz in seiner Starrheit der vielfältigen Wirklichkeit nicht gerecht werden könne, hatte schon früh zur Berufung auf ungeschriebene, allgemein gültige Satzungen der Götter geführt[40]. Später wies das Bedürfnis nach einem festen Halt inmitten der Relativität der geltenden νόμοι, welche die Ethnographie aufgewiesen hatte, den Menschen in dieselbe Richtung. Schließlich löste in den Parteikämpfen des 5. Jahrhunderts die besonders in konservativen Kreisen herrschende Unzufriedenheit mit den bestehenden Zuständen und der Gesetzemacherei der Demokratie den Ruf nach Rückkehr zur πάτριος πολιτεία oder zu ἄγραφοι νόμοι aus[41].

Wenn dann zu guter Letzt gewisse Sophisten in kulturgeschichtlichen Theorien selbst die 'ungeschriebenen Gesetze'

---

[38] Derselbe Uebergang von νόμῳ zu τοῖς νόμοις mit gleichzeitiger Bedeutungsverschiebung ist auch Leg. 10, 889 E zu beobachten.

[39] VS 87 B 44 A 1, 18 ff.

[40] Vgl. *Hirzel,* ΑΓΡΑΦΟΣ ΝΟΜΟΣ 1 ff.

[41] In der Aufzählung der übermächtig angewachsenen Staatsgeschäfte, die auf der ganzen Welt nirgends solchen Umfang hätten wie in Athen, erwähnt der konservative Verfasser der pseudo-xenophontischen Πολιτεία Ἀθηναίων 3, 2 u. a.: τὴν δὲ βουλὴν βουλεύεσθαι πολλὰ περὶ νόμων θέσεως. — Die Gleichsetzung der πάτριοι und ἄγραφοι νόμοι bei Plat. Leg. 3, 680 A u. 7, 793 A ist vielleicht nur platonisch.

als bloße menschliche Erfindung darstellten, genügte die Verkündung einer neuen, über den Gesetzen und zu ihnen im Widerspruch stehenden Instanz, um ihr Ansehen vollkommen zu erschüttern [42]. Die Entwicklung scheint wirklich so verlaufen zu sein, daß zuerst unter dem Einfluß der popularisierten Ergebnisse der Philosophie, der sophistisch ausgewerteten Erkenntnisse der Völkerkunde und der praktischen Politik die Relativität jeder Form von Nomos erkannt und verkündet und dann durch die von der ionischen Naturphilosophie und besonders von der Medizin gewonnene und von der Sophistik verbreitete Einsicht der Normhaftigkeit der Physis eine weitere negative Seite des Nomos aufgezeigt wurde, was schließlich zur Umwertung des im völkervergleichenden politischen Denken gewonnenen Begriffspaares Nomos-Physis und zu scharfer Antithese der beiden Maßstäbe führte.

2. Naturgesetzlichkeit und Nomos

Voraussetzung für die Wertung der Physis als des Normalen und Richtigen ist die Anerkennung einer unverbrüchlichen Naturgesetzlichkeit. Sie hängt zusammen mit der ältern Vorstellung, daß die angeborene Art (φυά) sich nicht verändere, sondern in ihr alle Keime zur Entwicklung schon angelegt seien. Der Versuch, diese Annahme rational zu erklären, ließ einen letzten undeutbaren Rest, der die neuerkannte Gesetzmäßigkeit aller Naturvorgänge bedingte. Aehnlich wie Parmenides als letzte, nicht weiter zu erklärende Macht, die sowohl das ewige Sein wie die Scheinwelt in festen Banden hält [1], auf Grund älterer, eventuell orphischer [2] Vorstellungen die Ἀνάγκη angesetzt hatte, nannte nun die empirisch-aitiologische, auf die Physis der Dinge dringende Naturerklärung

---

[42] Für die sophistischen Angriffe auf ungeschriebene Gesetze vgl. Aristoph. Nub. 1421 ff. (oben S. 122) und Kritias VS 88 B 25 mit Eurip. fr. 795, 4 f. aus dem 'Philoktet' vom Jahre 431. An den drei Stellen wird übereinstimmend ein ἄγραφος νόμος (Verehrung der Eltern, bzw. Götter) als bloß menschliche, durch die Kraft der πειθώ zu allgemeiner Anerkennung gelangte Erfindung dargestellt.

[1] VS 28 B 8, 30 und 10, 6.

[2] So *Nestle*, Mythos 111 A. 31.

als letzte Ursache aller Vorgänge die ἀνάγκη φύσεως[3]. So heißt denn ἀνάγκη zum Beispiel in der Schrift πάϑτ. die auf Grund eines Naturgesetzes unter bestimmten Umständen aus gegebenen Voraussetzungen notwendig eintretende Folge[4]. Mit diesem Glauben an die unausweichliche Naturgesetzlichkeit verband sich die Ueberzeugung, daß deren Verletzung sich notwendig schädlich auswirken müsse, da nur wesensgemäßes, der ἀνάγκη φύσεως sich unterziehendes Verhalten zuträglich sein könne.

Als angeboren und daher als normal beurteilt und so entweder auf die Götter oder auf unausweichliche Naturgesetzlichkeit zurückgeführt wurde nun vor allem das menschliche Triebleben, besonders der Geschlechtstrieb und das Streben nach Macht und Reichtum, die πλεονεξία. Da die Betätigung dieser Instinkte durch den Nomos, sei es in Form von Gesetzen oder der geltenden Moral, eingeschränkt war, mußte man auch von der Bejahung der naturgegebenen Triebe aus zur Ablehnung jedes hemmenden Nomos gelangen. Diese Konsequenz muß schon vor dem Peloponnesischen Krieg gezogen worden sein. Wer sie zuerst ausgesprochen hat, läßt sich kaum bestimmen.

Euripides wird von einem ähnlichen Gedanken angeregt sein, wenn er in der ersten Fassung des 'Hippolytos', dessen psychologisches Problem ja unter anderm der Widerstreit zwischen Moral und Trieb bildet, vermutlich die Amme zu Phaedra die Worte sprechen läßt[5]:

---

[3] Vgl. zum folgenden *Diller*, Naturbegriff 246 f., 250 f.

[4] Die Stellen in *Heibergs* Index zu CMG. — Wenn dagegen Leukipp und Demokrit die Weltentstehung auf die treibende Kraft der ἀνάγκη zurückführten, handelt es sich hier wieder um ein metaphysisches Prinzip, das wohl mit Parmenides in Zusammenhang steht und kaum zur Erklärung der Bedeutung von ἀνάγκη bei den ältern Aerzten und in der Sophistik herangezogen werden darf.

[5] fr. 433. *Schmid*, Literatur 1, 3, 378 gibt die Verse Phaedra selbst, die sie an Hippolytos richten soll, da er die Rolle der Amme überhaupt streicht. Dann wäre τὰ ἀναγκαῖα natürlich anders zu interpretieren; aber wie? Eine befriedigende Möglichkeit sehe ich nicht. Wenn man von Seneca aus schließen darf (so zuletzt *Friedrich*, Hermes 69 [1934] 310 ff.), so ließe sich dessen Vers 268 f. hieherziehen, den die Amme an Phaedra richtet: *Si tam protervus incubat menti furor, contemne famam.*

ἔγωγε φημὶ καὶ νόμον γε μὴ σέβειν
ἐν τοῖσι δεινοῖς τῶν ἀναγκαίων πλέον.

Doch setzt dieser Ausspruch noch nicht die formulierte Antithese Nomos-Physis voraus [6], da hier ebenso wie im zweiten 'Hippolytos' die 'Krankheit' von Phaedra auf göttliche Einwirkung zurückgeführt wurde [7]. Freilich ist es nicht religiöser Glaube, der Euripides den Göttern solche Macht zuschreiben läßt, sondern traditioneller, für den Dichter der Aufklärung wohl nur noch symbolischer Ausdruck eines als innermenschlich erkannten und auf nicht weiter erklärbaren psychologischen Gesetzen (ἀναγκαῖα) beruhenden Vorgangs. Dabei liegt der Hauptton auf dem Gedanken, daß der Mensch einer solchen von den Göttern verhängten, d. h. naturnotwendigen ἀνάγκη nicht entgehen könne [8]. Er muß sich ihr unterziehen und darf sich um äußere Hindernisse, zu denen der Nomos gehört, nicht kümmern. Denn es geht um sein Leben, und wo dieses in Gefahr steht, müssen alle andern Rücksichten hintangesetzt werden; das Leben ist damit zum höchsten Gut erklärt, dessen Erhaltung sich alles unterzuordnen hat [9].

Der Ursprung dieser Auffassung mag zum Teil im ärzt-

---

[6] Ebensowenig fr. trag. adesp. 502, das denselben Gedanken ausspricht und wohl auch von Euripides stammt: οὐδεὶς ἀνάγκης μεῖζον ἰσχύει νόμος. Vgl. auch Demokr. B 289: ἀλογιστίη μὴ ξυγχωρέειν ταῖσι κατὰ τὸν βίον ἀνάγκαις und schon Simonides fr. 4, 19 ff.: πάντας δ' ἐπαίνημι καὶ φιλέω, ἑκὼν ὅστις ἔρδῃ μηδὲν αἰσχρόν· ἀνάγκᾳ δ'οὐδὲ θεοὶ μάχονται.

[7] fr. 428. 430. 431.

[8] Das ist schon im 'Diktys' des Jahres 431 ausgesprochen (fr. 339):

καὶ γὰρ οὐκ αὐθαίρετοι
βροτοῖς ἔρωτες οὐδ' ἑκουσία νόσος·
σκαιόν τι δὴ τὸ χρῆμα γίγνεσθαι φιλεῖ,
θεῶν ἀνάγκας ὅστις ἰᾶσθαι θέλει·

Die Gleichsetzung von göttlicher Notwendigkeit und psychischer Gesetzlichkeit tritt in den Argumenten von Gorgias für die Unschuld Helenas klar hervor, indem ἀνάγκη bald als selbständige göttliche Macht gefaßt wird (§ 6), bald als den übrigen Göttern zugeordnet (§ 20) und schließlich auch als psychische Notwendigkeit (§ 19 ἔρωτος ἀνάγκαις erklärt als ἀνθρώπινον νόσημα καὶ ψυχῆς ἀγνόημα) erscheint.

[9] Eurip. Hippol. 496 f.: νῦν δ' ἀγὼν μέγας σῶσαι βίον σόν. κοὐκ ἐπίφθονον τόδε. Das Adjektiv ἐπίφθονος ist in solchem Zusammenhang topisch; vgl. Thuk. 2, 64, 5; 6, 83, 2.

lichen Denken zu suchen sein, wo das für den Patienten Lebenserhaltende, das Zuträgliche (συμφέρον) zum obersten Maßstab des Verhaltens gemacht wurde. Das hippokratische Corpus bietet dafür Beispiele: So spielt in π. ἀρχαίης ἰητρικῆς das συμφέρον diese maßgebende Rolle [10]. In πίν. wird daneben der Nomos als weiteres Kriterium genannt (14: 386): καὶ τούτῳ (sc. τῷ ἐγκεφάλῳ) φρονέομεν μάλιστα καὶ νοέομεν καὶ βλέπομεν καὶ ἀκούομεν καὶ διαγινώσκομεν τά τε αἰσχρὰ καὶ καλὰ καὶ τὰ κακὰ καὶ ἀγαθὰ καὶ ⟨τὰ⟩ ἡδέα καὶ ἀηδέα, τὰ μὲν νόμῳ διακρίνοντες, τὰ δὲ τῷ ξυμφέροντι αἰσθανόμενοι [11]. Deutlich ist die Beziehung von νόμῳ zu αἰσχρά und καλά, auch κακά und ἀγαθά mag teils noch zu νόμῳ διακρίνοντες gehören, doch wird schon hierher auch das ξυμφέρον als Maßstab der Empfindung zu ziehen sein; sicher gilt für ἡδέα und ἀηδέα nur noch dieses zweite Merkmal. Der Verfasser ist sich der Relativität des Nomos zweifellos bewußt, er anerkennt die geltenden Anschauungen aber als Maßstab für sittliche Wertungen. Das richtige Kriterium des Guten und Schlechten jedoch sieht er in

[10] π. ἀρχ. ἰητρ. 10, auch 6; Epid. 1, 11 (I 190, 2 K.). Vgl. ferner πάϑτ. 7 (61, 30 ff.). 10 (66, 20 ff.) und die jüngere Schrift π. ἰητροῦ 4 (21, 33 ff. CMG). Die Verbindung von συμφέρον und φύσις bei Eurip. fr. 634. Der Begriff des συμφέρον erscheint seit den dreißiger Jahren des 5. Jahrhunderts geradezu als sophistisches Schlagwort (außer den im VS-Index von *Kranz* aus Demokrit, Gorgias, Antiphon und Thrasymachos genannten Stellen vgl. Ps. Xenoph. Πολ. Ἀϑην. 1, 11), nachdem er noch bei Herodot und in den frühen Stücken von Sophokles ganz ungebräuchlich war (Herodot verwendet das Wort und seine Ableitungen im Sinne von 'zuträglich' bezeichnenderweise nur im 8. und 9. Buch; vgl. *Powells* Lexikon [oben S. 86 A. 71] s. v. συμφέρω und σύμφορος. Aristophanes hat in den 'Wespen' 737. 1126 ξύμφορον noch im Sinne von 'passend', erst im 'Plutos' 49 ξυμφέρον. Aehnlich Sophokles: O. R. 875 'passend'; auch O. C. 1186 spürt man die ältere Bedeutung noch, vgl. *Campbell* [oben S. 95 A. 14] z. St.; erst im 'Philoktet' und O. C. 1635 hat es den später gebräuchlichen Sinn, vgl. vor allem das sophistische Begriffspaar ἔνδικον καὶ συμφέρον Phil. 926. Euripides, der Schlagwörter rascher aufnahm, verwendet schon Med. 876 τὰ συμφορώτατα [vgl. dagegen Med. 779 und *Langerbeck* 65 f.]). Außer an den Einfluß der Medizin wird dabei auch an die politische Rede zu denken sein, die der Masse das συμφέρον ihrer Vorschläge zu beweisen hatte

[11] Text größtenteils nach *Wilamowitz* (Lesebuch 2, 275, 36 ff.), der auch hier gegen *Littré* meist der durch die Handschrift ϑ vertretenen Rezension folgt und dabei wohl mit Recht die Setzung des Artikels vor den Adjektiven ausgeglichen hat; vgl. den Apparat von *Littré*.

dessen Wirkung, die sich je nachdem als zuträglich oder schädlich bemerkbar macht. Dagegen ist die Unterscheidung von Angenehm und Unangenehm weder nach dem νόμος noch nach dem συμφέρον möglich, sondern nur nach dem unmittelbaren sinnlichen Eindruck. Das letzte Glied des Satzes ist also so, wie es dasteht, schwer verständlich[12]. Doch berechtigt nichts zur Athetese, und eine einleuchtende Aenderung sehe ich nicht. Der Verfasser scheint das ἡδύ ebenso wie das ἀγαθόν mit συμφέρον gleichzusetzen. Es schwebt ihm also wohl der Gedanke vor, den wir aus Demokrit und aus Antiphon kennen[13]: ὅρος συμφόρων καὶ ἀσυμφόρων τέρψις καὶ ἀτερπίη, bzw. οὔκουν ἂν οὐδὲ ξυμφέροντ' εἴη τὰ λυποῦντα μᾶλλον ἢ τὰ ἥδοντα. Da ist freilich nicht das συμφέρον Kriterium für Angenehm und Unangenehm, sondern das Verhältnis liegt umgekehrt. Aber das ist doch wohl das einzig Mögliche, wenn wir auch zugeben wollen, daß die Ausdrucksweise in πίν. recht ungeschickt ist[14]. Abhängigkeit der medizinischen Schrift von Antiphon ist trotzdem von vornherein nicht anzunehmen. Denn einmal ist das συμφέρον in diesem Zusammenhang aus ärztlichem Denken eher verständlich (daß es bei Antiphon auch aus andern Quellen fließt, wird sich unten erweisen); ferner kennt der Verfasser von πίν. 14–17 zwar die philosophische Relativierung des Nomos[15] — das trennt ihn neben anderm vom Verfasser von πάϋτ. —, die formulierte Antithese Nomos-Physis dagegen scheint ihm nicht bekannt zu sein. Seine Ausdrucksweise bezeichnet eine Vorstufe, aus der erst durch sophistische Popularisierung und Uebernahme einer ältern Form, die sich zum rhetorisch-antithetischen Ausdruck des Gedankens eignete, das jüngere Gegensatzpaar herauswuchs.

---

[12] *Wilamowitz* (Lesebuch, Erläuterungen 2, 171 z. St.) erklärt συμφέρον als «Wohl- und Mißbehagen bei dem unmittelbaren sinnlichen Eindruck», umschreibt aber damit in Wirklichkeit ἡδέα und ἀηδέα, nicht συμφέρον.

[13] Demokrit VS 68 B 188; Antiphon VS 87 B 44 A 4, 14 ff. — Vgl. Thuk. 5, 105, 4: Λακεδαιμόνιοι... τὰ μὲν ἡδέα καλὰ νομίζουσι, τὰ δὲ ξυμφέροντα δίκαια.

[14] Sie läßt sich nur verstehen als eine um der Form willen gewählte Aufreihung von Begriffen, die in Wirklichkeit hier nicht parallel gebraucht werden durften, weil κακόν-ἀγαθόν moralische, ἡδύ-ἀηδές dagegen sinnliche Kategorien sind. καλόν-αἰσχρόν, das beiden angehört, macht die Vermischung verständlich.

[15] Vgl. auch 17 (392), oben S. 86 f. und Anhang S. 191 m. A. 64.

Immerhin zeigen die skizzierten Zusammenhänge, daß im naturwissenschaftlichen, medizinischen und psychologischen Denken und in der philosophischen Entwertung des Nomos alle Voraussetzungen dazu gegeben waren, sobald man ἀνάγκη und συμφέρον als Wirkungen der Physis auffaßte. Daß dies die hippokratische Medizin und wohl Hippokrates selbst tat, zeigen die 'Epidemien' und die chirurgischen Schriften verschiedentlich [16]. Zum allgemeingültigen Gedanken geworden, taucht das Wort von der ἀνάγκη φύσεως seit dem letzten Viertel des 5. Jahrhunderts bald hier, bald dort mit wechselnder Bewertung auf. In dem bekannten Gebet der Hekabe in den 'Troades' (884 ff.) zitiert Euripides zweifellos ein von philosophischer oder sophistischer Seite verkündetes Schlagwort:

ὦ γῆς ὄχημα κἀπὶ γῆς ἔχων ἕδραν,
ὅστις ποτ' εἶ σύ, δυστόπαστος εἰδέναι,
Ζεύς, εἴτ' ἀνάγκη φύσεος εἴτε νοῦς βροτῶν.

Der erste Vers spielt mit Gedanken des Diogenes von Apollonia [17]. Ob man im dritten den Gegensatz von mechanistischer und teleologischer Naturerklärung sehen darf [18], möchte ich bezweifeln [19]. Anderseits wird man die ἀνάγκη φύσεως heute kaum mehr auf Heraklit zurückführen wollen [20]. Sie wie die andern beiden Benennungen der Gottheit von Diogenes herzuleiten, wäre insofern einleuchtend, als der Begriff ungefähr zur selben Zeit in der Diskussion auftaucht, wie sich Einflüsse von Diogenes nachweisen lassen, findet aber in den übrigen Zeugnissen der Lehre des Diogenes keine Stütze. So bleiben die Atomisten [21]. Doch ist die Frage ihrer Chronologie wie auch

[16] π. ἀγμ. 1 (II 46, 8 K.): ὑπὸ τῆς δικαίης φύσιος ἀναγκαζόμενος. Vgl. dazu oben S. 97 f., ferner π. σαρκ. 19 (8, 614 L.) und die freilich jüngern Aphorismen in Epid. 6, 5 und π. διαίτ. 1, 15 (oben S. 103 f.), wonach die Physis selbst heilt.

[17] Die Beziehung auf Diogenes hat *H. Diels,* Verh. d. 35. Philologen-Versammlung (1880) 96 ff. und Rhein. Mus. 42 (1887) 12 ff. nachgewiesen.

[18] *Theiler* 36.

[19] Mit *Diller,* Naturbegriff 251.

[20] So noch *Wilamowitz* in der Einleitung zur Uebersetzung der 'Troianerinnen' (Griech. Tragödien 3[5] [Berlin 1919] 283 A. 1); dagegen schon *Diels,* Rhein. Mus. 42 (1887) 12 A. 2.

[21] An sie dachte schon *Diels* a. a. O. (s. vorige Anm.).

ihrer Wirkung auf Athen noch zu ungeklärt, als daß man bestimmte Zuweisungen vornehmen könnte. Die weite Verbreitung des Begriffs der ἀνάγκη φύσεως oder φύσις ἀναγκαία weist doch eher auf populäre, wohl von sophistischer Seite aus den Ergebnissen der naturwissenschaftlich-medizinischen Erklärung der Welt und des Menschen gezogene Gedankengänge. Uebrigens wird dabei die Physis nicht immer als das Gute aufgefaßt, das von selbst den richtigen Weg zeigt. Sie kann auch gewalttätig den Menschen gegen seine bessere Einsicht zwingen, wie es Euripides in fr. 840 aus dem 'Chrysippos' ausspricht [22]: γνώμην δ' ἔχοντα μ' ἡ φύσις βιάζεται. Doch liegt als gemeinsame Anschauung die Ueberzeugung von der absoluten Macht der Physis zugrunde, die als höchste Instanz entscheidet und gegen die kein Sträuben nützt.

Es muß ein Sophist gewesen sein, der aus diesem Glauben und aus der von der Philosophie hervorgerufenen Geringschätzung des Nomos heraus das im politisch-nationalen Denken erwachsene Begriffspaar Nomos-Physis umwertete, indem er die beiden Mächte als schärfste Gegensätze darstellte. Die älteste Spur der neuen Antithese findet sich in der Rede des Ἄδικος Λόγος in Aristophanes' 'Wolken' 1068 ff. [23]:

> πάρειμ' ἐντεῦθεν εἰς τὰς τῆς φύσεως ἀνάγκας·
> ἥμαρτες, ἠράσθης, ἐμοίχευσάς τι, κᾆτ' ἐλήφθης·
> ἀπόλωλας· ἀδύνατος γὰρ εἶ λέγειν. ἐμοὶ δ' ὁμιλῶν
> χρῶ τῇ φύσει, σκίρτα, γέλα, νόμιζε μηδὲν αἰσχρόν [24].

Die ἀνάγκη φύσεως ist hier nicht absolut genommen, sondern auf einen ganz bestimmten Fall angewendet, die μοιχεία. Denn die folgenden drei Verba bezeichnen in zunehmender Steigerung und Verdeutlichung alle dasselbe Vergehen [25]. Nicht zufällig

---

[22] Vgl. auch Eurip. fr. 757, 5 ff., wo Vers 9, der auch bei Stobaios fehlt, zu streichen ist, wie die neuen Papyrusfunde gelehrt haben (*v. Arnim*, Supplementum Euripideum [Kleine Texte f. Vorlesungen u. Uebungen hgg. v. H. Lietzmann Nr. 112, Bonn 1913] 63).

[23] Zur Datierung vgl. unten S. 141.

[24] Vgl. dazu die ähnliche Rechtfertigung eines αἰσχρόν durch den Hinweis auf die ἀνάγκη bei Simonides fr. 4, 19 ff. (oben S. 127 A. 6).

[25] Für die terminologische Verwendung von ἁμαρτάνειν in diesem Sinne, die offenbar aus der niedern Sphäre der Volkssprache stammt, verweist *van Leeuwen* in seinem Kommentar (Leyden 1898) z. St. auf Herondas 1,

ist gerade dieser Verstoß gegen Sitte und Gesetz als Beispiel gewählt. Einmal sind Späße aus der Sphäre des Erotischen in der Komödie besonders beliebt, ferner bildet er hier den passenden Gegensatz zu der vom Δίκαιος Λόγος vorher gepriesenen σωφροσύνη, besonders aber ist er der eindrücklichste Beweis für die These, daß naturgemäßes Verhalten und geltende Anschauungen sich nicht vertragen, wie das Vers 1078 ausspricht: 'Laß deinem angeborenen Trieb freien Lauf und frage nicht danach, was nach dem Nomos αἰσχρόν oder καλόν sei!' Es ist der philosophische Nomosbegriff, wie der aktive Verbalausdruck νόμιζε zeigt, der hier der Physis entgegengestellt wird, also derselbe, den wir schon (oben S. 122 f.) in andern Teilen der 'Wolken' aufgezeigt haben, wo er mit dem staatsrechtlichen vermischt erscheint. Wie nahe sich auch hier beide stehen, geht aus dem inhaltlich eng mit der ausgeschriebenen Stelle zusammengehörenden Euripidesfragment 920 hervor:

ἡ φύσις ἐβούλετ', ᾗ νόμων οὐδὲν μέλει.

Dieser Vers stammt, wie Menanders 'Epitrepontes' gelehrt haben, aus der 'Auge', die wahrscheinlich im letzten Jahrzehnt von Euripides' Leben entstand [26]. Aus dem Zusammenhang bei Menander geht hervor, daß der Satz zur Rechtfertigung von Auges Vergewaltigung durch Herakles dienen sollte, sei es, daß Auge selbst ihn sprach [27], oder, was mir wahrscheinlicher vorkommt, daß Herakles sich damit verteidigte [28]. Auf alle Fälle bezeichnet der Sprecher genau gleich wie der Ἄδικος Λόγος eine die Moral verletzende Ausschreitung als naturgemäß, mit Berufung auf die φύσις als die höchste, über den

61 f. und 5, 26 f. Entsprechend wird *peccare* in der lateinischen Umgangssprache gebraucht; vgl. *Kießling-Heinze* (6. Aufl. Berlin 1917) zu Horaz carm. 3, 24, 24.

[26] Menand. Epitr. 689 ff. (Jensen). — Auf die 'Auge' wird in Aristophanes' 'Fröschen' 1080 angespielt. Zur Frage der Datierung vgl. *Schmid,* Literatur 1, 3, 593 A. 10.

[27] So *Wilamowitz* im Kommentar zu seiner Ausgabe von Menanders Schiedsgericht (Berlin 1925) 114 (zu V. 688). Dann wäre der Vers möglicherweise mit fr. 266 zusammenzunehmen.

[28] So *van Leeuwen* im Kommentar z. St. (Menandri fabularum reliquiae³ [Leyden 1919] 210). In diesem Falle gehört der Vers in die Nähe von fr. 265.

νόμοι stehende Gewalt. Der Plural νόμοι scheint darauf hinzuweisen, daß hier mehr an die vielfältigen, von Gesetz und Sitte aufgestellten Vorschriften gedacht war als an die Beurteilung der Tat durch die Menge. Doch zeigt gerade ein Vergleich dieser zwei Stellen, wie schwer hier schon die Trennung der beiden Begriffe ist [29].

Und so stehen denn auch in der einzigen erhaltenen ausführlichen Erörterung des Verhältnisses von Physis und Nomos, dem ersten Antiphon-Papyrus, dessen Inhalt den theoretischen Hintergrund der Aeußerungen von Aristophanes und Euripides bildet, der menschlichen φύσις als Hindernis die νόμοι gegenüber, und gleich daneben erscheint in deutlicher Parallele der eleatische Gegensatz δόξα-ἀλήθεια (VS 87 B 44 A). Im folgenden soll versucht werden, den Gedankengang Antiphons, soweit er sich rekonstruieren läßt, in die bisher skizzierte Entwicklung der Naturauffassung und der Antithese von Nomos und Physis einzuordnen. Es ist dabei zum Verständnis Antiphons nötig, sich vor Augen zu halten, daß sein Werk περὶ ἀληθείας, wie der Titel besagt und die Mehrzahl der Fragmente bestätigen, nicht in erster Linie ein politischer Traktat war. Soweit sich aus dem Titel erschließen läßt, der doch zweifellos zu Protagoras und damit auch zu Parmenides in Beziehung steht, war sein Anliegen zunächst erkenntnistheoretisch. In dieselbe Richtung weist das erste Fragment, so unsicher auch sein genauer Wortlaut und Sinn selbst nach vielen Herstellungsversuchen geblieben ist. Weitere Fragmente aber sind mathematischen, physikalischen und medizinischen Inhalts, zeigen also eine Buntheit der Probleme, die einerseits an Demokrit, anderseits an Hippias [30] erinnert, die beiden Zeitgenossen, mit denen sich Antiphon ja auch sonst in vielem eng berührt. Bei Antiphon ist der Fall insofern schwerer verständlich, als die genannten Fragmente alle aus dem einen Werke π. ἀληθείας in nur zwei Büchern — die ja wohl auf späterer Einteilung beruhen — zitiert werden, während für Demokrit wie auch für Hippias verschiedene Schriften bezeugt sind.

[29] Für Euripides mögen bei der Wahl des Plurals auch metrische Rücksichten mitgespielt haben.

[30] Vgl. VS 86 A 2. A 11. A 12.

Außerdem ist bei Hippias noch deutlich faßbar, daß er als Wanderredner, wohl ursprünglich wie die Rhapsoden von der Homererklärung ausgehend [31], seine Reden über verschiedene Themen je nach dem Wunsche der Zuhörer hielt [32]. Auch bei Demokrit scheint nach einzelnen Schriftentiteln Homererklärung als Ausgangspunkt mindestens denkbar [33]. Bei Antiphon dagegen weist nichts in diese Richtung, was sich wohl daraus erklärt, daß er Athener und kaum Wanderlehrer war.

Sollte dann die Mannigfaltigkeit der Themen in seinem Buche darauf zurückzuführen sein, daß mehrere λόγοι über verschiedene Gegenstände erst nach seinem Tode gesammelt, der bekannteste davon unter dem Stichwort ἀλήθεια an den Anfang gestellt und das Werk so veröffentlicht worden ist? Die Verwechslung der verschiedenen gleichzeitig wirkenden Athener mit dem Namen Antiphon wäre bei der Annahme einer solchen postumen Sammelausgabe wohl am ehesten verständlich. Denn daß der Sophist, der oligarchische Redner und der Tragiker drei verschiedene Personen sind, muß als sicher gelten [34]. Angesichts der schwerwiegenden inhaltlichen und stilistischen Diskrepanzen zwischen π. ἀληθείας und π. ὁμονοίας, die trotz vielen Konstruktionen nicht befriedigend erklärt sind, erheben sich sogar hier Zweifel an der Identität der Verfasser [35]. Unter diesen Umständen wird es dem Zufall zu verdanken sein, daß

---

[31] Darauf weist u. a. der Τρωικὸς Διάλογος VS 86 A 2 und A 9; vgl. A 10 und A 12.

[32] VS 86 A 8. A 11.

[33] Vgl. die in VS 68 A 33 unter Μουσικά genannten Schriftentitel.

[34] Die Literatur zu der Frage in VS. Dazu zuletzt *Nestle*, Mythos 395 ff. und *Schmid*, Literatur 1, 3, 98 ff. — Das Traumbuch (VS 87 B 78 ff.) läßt sich trotz *Luria*, Bull. Acad. Sciences URSS. 1927 nicht mit Sicherheit dem Sophisten zuweisen.

[35] So auch *Nestle*, Mythos 388. Dagegen haben *E. Bignone*, Studi sul pensiero antico (Napoli 1938) 87 ff. u. ö., *F. Altheim*, Klio 20 (1926) 262 ff., *J. Mewaldt*, Genethliakon W. Schmid (Tübingen 1929) 69 ff. versucht, die beiden Schriften aus einer zugrunde liegenden gleichen Haltung heraus zu erklären. — Wie mir Herr Prof. *Von der Mühll* mitteilt, vermutet er, die Verwirrung sei dadurch zustande gekommen, daß verschiedene anonyme alt-attische Schriften einem Antiphon als Verfasser gegeben wurden, weil man einen solchen als attischen Sophisten kannte, wie die Tetralogien aus einem ähnlichen Grunde an den Redner Antiphon kamen.

in den erhaltenen Papyrusresten das Politische so stark im Zentrum steht. Immerhin ist dieser Zufall für den Athener Antiphon bezeichnend. Wenn wir nun trotzdem versuchen, im Gegensatz zu den bisherigen Erklärern nicht von den politischen, sondern von den physiologischen Anschauungen her den Gedankengang des Papyrus zu verstehen [36], so mögen die angeführten Tatsachen das rechtfertigen.

Grundlage von Antiphons Denken ist die Ueberzeugung von der ἀνάγκη φύσεως, nach der alles, was zum Kosmos gehört, und somit auch der Mensch an bestimmte Gesetze gebunden ist, die auf seinem Wesen beruhen und ἀναγκαῖα sind, das heißt, die primäre und absolute Norm für das Verhalten bilden, die sich weder verändern noch ungestraft übertreten läßt [37]. Mit dieser Naturauffassung verbindet sich eine Ethik, der als Maßstab des Verhaltens das ξυμφέρον gilt [38], eine Norm, die, wie wir oben sahen, wohl ebenfalls naturwissenschaftlichem, besonders medizinischem Denken entstammt, für welches das Passende, Angemessene, was ja ξυμφέρον ursprünglich heißt, zugleich das Zuträgliche war. Der Glaube an die ἀνάγκη φύσεως und die Anerkennung des ξυμφέρον als des obersten Maßstabes bilden die Grundlage, auf der der Gedankengang Antiphons ruht. Aus dem ersten Axiom folgt, daß jeder, der gegen die Physis handelt, notwendig geschädigt wird [39]. Das aber widerspräche dem zweiten Grundsatz, wonach das ξυμφέρον Richtschnur ist. Also muß man der Physis folgen. Gegen die Gesetze und geltenden Sitten ist damit nichts gesagt; denn zuerst muß Antiphon zeigen, daß diese der Physis nicht entsprechen. Diesem Nachweis ist der zweite Abschnitt gewidmet (2, 23—4, 24), an dessen Eingang die zu beweisende These steht, ὅτι τὰ

[36] Nur *Stenzel* geht vom Physisbegriff aus.

[37] 1, 25 ff. τὰ τῆς φύσεως ἀναγκαῖα; vgl. B 44 B 2, 16 ff. τὰ τῶν φύσει ὄντων ἀναγκαίων.

[38] 1, 15; 3, 30 ff.; 4, 1 ff.; 4, 18 ff.

[39] 1, 12—2, 23. Zu 2, 10 ff. τῶν δὲ τῇ φύσει ξυμφύτων ἐάν τι παρὰ τὸ δυνατὸν βιάζηται vgl. Diogenes von Oinoanda fr. 56 (S. 54 Will.) μηδὲ παρὰ δύναμιν βιάζεσθαι τὴν ἑαυτοῦ, was Umschreibung von Demokrit B 3 ist μηδὲ... ὑπὲρ δύναμιν αἱρεῖσθαι τὴν ἑωυτοῦ καὶ φύσιν. Epikur gibt in ep. 2, 86 denselben Gedanken durch μήτε τὸ ἀδύνατον παραβιάζεσθαι wieder. Die komplizierte Erklärung der Antiphonstelle, die *Aly*, Formprobleme 134, gibt, ist also unnötig.

πολλὰ τῶν κατὰ νόμον δικαίων πολεμίως τῇ φύσει κεῖται. Danach ist jedes Organ des Körpers nach seiner φύσις ἀναγκαία zu einer bestimmten Verrichtung geschaffen [40]. Diese naturgemäße Betätigung schränken aber die νόμοι ein, indem sie Befehle und Verbote erlassen, die beide nicht naturgemäß sind [41]. Folglich sind die νόμοι naturwidrig. Antiphon zieht diesen Schluß allerdings nicht unmittelbar, da er das ξυμφέρον noch in den Beweis hineinnehmen will, um ihn auch nach dieser Seite zu sichern, und da er zudem nicht von vorneherein die Einschränkungen der νόμοι als naturwidrig darstellt, sondern zunächst ihre Wirkung genau verfolgt. Die Beweisführung ist also nichts weniger als oberflächlich, sie wird aber durch dieses Bemühen um sichere Grundlagen und einwandfreie Deduktion unübersichtlich.

So geht sie nun von den menschlichen Grundfunktionen des Lebens und Sterbens und deren Verhältnis zur Physis aus, um von dort in drei Stufen zur Schlußfolgerung zu gelangen:

1. Zwar gehört sowohl Leben wie Sterben zur φύσις; aber nur das Leben ‹kann wünschenswert sein, und dieses› kommt von den ξυμφέροντα.

2. ξυμφέροντα sind zwar sowohl von den νόμοι wie von der φύσις festgesetzt; aber die von den νόμοι festgesetzten sind Fesseln der φύσις, nur die von der φύσις festgesetzten sind freie ξυμφέροντα.

3. ‹Fesseln beeinträchtigen die φύσις, sind also nicht wahre ξυμφέροντα; denn› sicher fördert Schmerzendes die φύσις nicht mehr als Erfreuliches; also dürfte auch Beeinträchtigendes nicht mehr ξυμφέρον sein als Ergötzendes. Denn ein wirkliches ξυμ-

---

[40] Dieselbe Reihenfolge der Organe findet sich in πίν. 16 (390): οἱ δ' ὀφθαλμοὶ καὶ τὰ ὦτα καὶ ἡ γλῶσσα καὶ αἱ χεῖρες καὶ οἱ πόδες. Der νοῦς fehlt. Daß er sonst in dieser Zeit als körperliches Organ galt, zeigt Kritias VS 88 B 6, 9 ff., wo γλῶσσα, σῶμα, ὄμμα, νοῦς nebeneinander stehen, und Soph. O R. 371. Vgl. auch Kritias B 39. — Eine ähnliche Auffassung von den naturgemäßen Funktionen der Organe liegt Ps. Antiph. Tetr. 3 δ 2 zugrunde.

[41] So ist wohl der schwierige Satz 3, 18 ff. mit *Diels* aufzufassen. Eigentlich erwartet man «Nichts Gebotenes nun ist der φύσις φιλιώτερον οὐδ' οἰκειότερον als das Verbotene». So umschreibt *Stenzel* 35; aber das steht eben nicht da, sondern das Umgekehrte. Es geht ja wohl kaum an, die beiden Relativsätze zu vertauschen.

φέρον muß nützen, ⟨was das von den Gesetzen festgelegte ξυμφέρον nicht tut. Also erleidet derjenige Schaden, der den νόμοι folgt.⟩

Klar ist in diesem Abschnitt zunächst die mit Dichotomien arbeitende umständliche Argumentation von Punkt 1 und 2. Jedesmal wird ein Oberbegriff zweigeteilt. Zur Fortführung des Gedankens dient dann jeweilen nur der erste der beiden neuentstandenen Begriffe, der nun seinerseits unterteilt wird. Das Hauptkennzeichen dieses Stils ist das Antithetische, das nicht nur die äußere Form, sondern die Gedankenführung beherrscht. So ist auch die Erwähnung des ἀποθανεῖν mehr als bloße polare Ausdrucksweise [42], sie dient der sachlichen Vollständigkeit. Ist der Begriff einmal genannt und als μὴ ξυμφέρον bestimmt, dann braucht er als negativ weiter nicht mehr berücksichtigt zu werden. Es bleiben für den zweiten Satz also nur die ξυμφέροντα, von denen nach der Zweiteilung das positive Glied vorläufig wegfällt, weil ja der Nachweis erbracht werden soll, daß die νόμοι keine wahren ξυμφέροντα bringen. Wir müssen also — was ich oben mit der Klammer anzudeuten versuchte — τὰ λυποῦντα als Fortführung des ersten Gliedes (τὰ ξυμφέροντα τὰ ὑπὸ τῶν νόμων κείμενα = δεσμά) betrachten. Der Verfasser legt Wert darauf, zu beweisen, daß Fesseln der Natur nicht ξυμφέροντα sein können. Daß sie λυποῦντα sind, ist selbstverständlich, denn jede Fessel 'beeinträchtigt' [43]. Daß sie nicht ξυμφέροντα sind, kann aber erst als erwiesen gelten, wenn sich zeigen läßt, daß sie der φύσις schaden. Denn der Mensch steht nach Antiphon seiner φύσις in gewissem Sinne unabhängig gegenüber; er kann sich an ihre Gebote halten oder auch nicht, muß dann freilich die unvermeidbaren Konsequenzen (ἀναγκαῖα) auf sich nehmen. Es ergibt sich also ein Unterschied zwischen dem, was für den Menschen ξυμφέρον ist, und dem, was τὴν φύσιν ὀνίνησιν [44]. An dieser Stelle liegt die wesentliche Be-

[42] So wollte *Stenzel* 36 f. den Ausdruck auffassen.

[43] Das Verbum λυπεῖν bezeichnet die negative Beeinflussung eines normalen körperlichen oder seelischen Zustandes und scheint in der Medizin terminus technicus gewesen zu sein; vgl. π. ἀρχ. ἰητρ. 14 (46, 2 f. CMG). 16 (47, 15 f.). 19 (50, 6 f.) und besonders π. φυσῶν 1 (92, 4 CMG): ὃ γὰρ ἂν λυπέῃ τὸν ἄνθρωπον, τοῦτο καλέεται νοῦσος (dazu Antiphanes fr. 107 K.).

[44] Das beweist die Stellung von ξυμφέροντα in der zweiten Hälfte von

griffsverschiebung, nicht in den beiden Paaren ἀλγύνοντα-εὐφραίνοντα und λυποῦντα-ἥδοντα [45]. Immerhin ist ἀλγύνοντα betont und bezeichnet gegenüber λυποῦντα den unmittelbar empfundenen Schmerz, auf den die Physis reagiert, der ihr also sicher nicht angenehm und förderlich ist [46]. Durch einen Analogieschluß mit rhetorischer, von prodikeischer Synonymik angeregter variatio der Ausdrücke wird daraus die Folgerung gezogen, daß λυποῦντα, wie es die δεσμά der νόμοι sind, nicht ξυμφέροντα sein können [47]. Wie wir mit Sicherheit annehmen dürfen, fand dieser Gedankengang im folgenden Satz seinen Abschluß (4, 22 ff.). Denn in der kleinen, aber schwer zu ergänzenden Lücke ist vor dem Beginn des Satzes, der als neues Moment Beispiele für die νόμῳ δίκαιοι gibt, nur Raum für diesen Satzschluß [48].

Dieser nicht eben leicht verständliche, aber für die Beurteilung Antiphons wesentliche Teil der Argumentation hat er-

---

Satz 3: während in der ersten Hälfte durch die Verbindung mit οὔκουν der Begriff ἀλγύνοντα betont ist, wird hier ξυμφέροντ' εἴη durch unmittelbaren Anschluß an οὔκουν ἂν οὐδέ hervorgehoben.

[45] Die Ansicht von *Diels,* Intern. Monatsschrift 11 (1916) 93, das erste Begriffspaar sei körperlich, das zweite seelisch aufzufassen, kann angesichts des sonstigen Sprachgebrauchs nicht überzeugen. Zweifellos macht sich in dem betonten Wechsel der Ausdrücke der Einfluß der prodikeischen Synonymik bemerkbar; er bewirkt aber nur die Tatsache des Wechsels, nicht eine bestimmte Bedeutungsverschiebung. Zeigen doch schon die Spiegelungen von Prodikos bei Plat. Prot. 337 A—C (VS 84 A 13), Xenoph. Mem. 2, 1, 24 (VS 84 B 2) und Schol. Herm. zu Plat. Phaedr. 267 B (vgl. VS 84 A 19) in der Bestimmung der verschiedenen Arten von ἡδοναί starke Abweichungen. Vgl. ferner Soph. Ai. 1085 f. neben Soph. Ai. 555 und Antiphon B 53.

[46] *Stenzel* 37 betont wohl mit Recht, daß in ὀνίνησιν ähnlich wie im lateinischen Ausdruck *iuvat* das subjektiv Lustvolle mitklinge.

[47] Während die erste Hälfte des Satzes als unbestreitbare Tatsache im Indikativ steht, ist die Folgerung durch die potentiale Form als Wahrscheinlichkeitsschluß charakterisiert.

[48] Zeile 30 f. möchte ich lesen δί)καιοι ⟨νο-
μίζο⟩νται· κα⟨ὶ Der bei *Diels-Kranz* auf καὶ (Z. 30) stehende Akzent ist nicht überliefert. Daß nach οι (Z. 30) kein τ folgt, also nicht οἵτινες zu ergänzen ist, hat *Hunt* angemerkt. Dann wäre ein erstes Beispiel vor Z. 30 anzusetzen: ⟨οἵτινες ἂν τὰ καὶ τὰ ποιῶσιν⟩, δίκαιοι νομίζονται· καὶ οἵτινες ἂν ... καὶ οἵτινες ἂν ... Zum Ausdruck vgl. B 44 C 1, 5, wo δίκαιο⟩ν νομίζεται sicher ergänzt ist.

geben, daß seinem Denken die in der Medizin entstandene Naturauffassung zugrunde liegt. Daneben ist der für das ganze Werk vorauszusetzende eleatische Einfluß auch hier greifbar in der Antithese δόξα - ἀλήθεια (2, 21 ff.). Doch darf daraus und aus der Beobachtung, daß an einer Stelle τῷ ἀληθεῖ gleichbedeutend ist mit τῇ φύσει[49], nicht auf eleatische Herkunft der Antithese Nomos-Physis geschlossen werden. Einmal ist ja die Gleichsetzung von φύσις mit ἀλήθεια erst durch die Erkenntnisse der ionischen Naturphilosophie und Medizin ermöglicht worden[50]. Und zudem verrät der Physisbegriff Antiphons seine Herkunft aus derselben Sphäre gerade in dem Abschnitt, den wir oben zu analysieren versuchten, aufs deutlichste.

Eingereiht aber ist diese ganze Erörterung in einen politischen Zusammenhang, dessen Thema zunächst nicht Nomos-Physis, sondern δικαιοσύνη heißt. Antiphon sucht zu beweisen, daß die geltende Gerechtigkeit nicht ξυμφέρον ist. Er sieht in diesem Zustand eine Folge davon, daß sie nicht der Physis entspricht. Um das zu zeigen, zielt er sogleich auf die Einführung dieses Begriffes und damit der Antithese. Beide bringt er recht unvermittelt an; erwartet doch der unvoreingenommene Hörer als Fortsetzung des ersten am Anfang des Papyrus erhaltenen Satzes δικαιοσύνη οὖν τὰ τῆς πόλεως νόμιμα, ἐν ᾗ ἂν πολιτεύηταί τις, μὴ παραβαίνειν. χρῷτ' ἂν οὖν ἄνθρωπος μάλιστα ἑαυτῷ ξυμφερόντως δικαιοσύνῃ etwa den Gedanken εἰ μετὰ μὲν μαρτύρων τοὺς νόμους μεγάλους ἄγοι, μονούμενος δὲ μαρτύρων αὐτοὺς παραβαίνοι. Durch dessen Umbiegung gelingt es, das politische Thema ins Naturwissenschaftliche überzuführen. Aus der Vermischung beider ist der auch hier zweideutige Nomosbegriff verständlich: Von Anfang an sind νόμιμα und νόμοι nicht nur die geschriebenen, sondern auch die ungeschriebenen Gesetze der Sitte und des guten Tons; daher bringt ihre Uebertretung αἰσχύνη neben ζημία[51]. Ihre Bezeichnung als ὁμολογηθέντα setzt nicht nur eine Lehre vom contrat social, sondern auch von der Genealogie der Moral durch 'Verabredung' voraus. Man möchte daraus schließen, daß beide von Anfang an verbunden waren, was ja zu Protagoras und

---

[49] 4, 18 ff.; *Stenzel* 37.

[50] Vgl. oben S. 95 ff.

[51] Vgl. z. B. Thuk. 2, 37, 3.

Archelaos stimmen würde, wo νόμῳ δίκαιον und αἰσχρόν nebeneinanderstehen[52]. Wenn bei Antiphon in τῶν κατὰ νόμον δικαίων noch der staatsrechtlich-ethnographische Nomosbegriff überwiegt, so weist der Singular doch darauf, daß auch die philosophisch beeinflußte Bedeutung schon mitspricht[53]. Von dieser aus ist wohl νενομοθέτηται (2, 30f.) zu verstehen. Da an wirkliche Gesetzesbestimmungen nicht zu denken ist, legt die sonstige Verwendung des Wortes diese Auffassung nahe[54].

Auch in diesem Punkte ist die Uebereinstimmung mit Aristophanes' 'Wolken' deutlich, die wir (oben S. 131 ff.) für die Physis-Auffassung festgestellt haben. Natürlich ist in der Komödie alles vergröbert, wie auch die Auswertung des Gedankens von der ἀνάγκη φύσεως gezeigt hat. Immerhin werden auch die Sätze, welche den mit Antiphon übereinstimmenden Versen vorangehen, so sehr sie auch für den Geschmack des breiten Publikums zurechtgemacht scheinen, durch die Uebereinstimmung mit Platons Sophistendialogen als sophistisch erwiesen. Wenn der Ἄδικος Λόγος (1071 ff.) die σωφροσύνη deshalb verwirft, weil sie den Menschen der ἡδοναί beraube, ohne die das Leben nicht mehr lebenswert sei, so geht das nahe zusammen mit Kallikles' Ansicht, die σωφροσύνη werde nur von den Schwachen gelobt, welche wegen ihrer ἀνανδρία nicht imstande seien, ihren ἡδοναί Befriedigung zu verschaffen (Plat. Gorg. 492 A f.). Dazu nehme man den Gedanken, den Kallikles in seiner ersten Rede ausspricht (Gorg. 483 B): Wer sich nicht selbst zu wehren wisse, sei kein Mann, sondern ein Sklave, für den der Tod besser sei als das Leben[55]. Man wird

---

[52] Die von Kallikles in Plat. Gorg. 483 B ff. vorgetragene Ansicht über die Schaffung der Moral durch die Schwachen ist dagegen erst als radikalisierende Weiterbildung zu verstehen.

[53] 2, 27 f. Vgl. oben S. 123 f.

[54] Herod. 2, 41, 6, wo das Wort nach *Powells* Lexikon (oben S. 86 A. 71) zuerst erscheint, liegt Herodots schillernder Nomosbegriff zugrunde. Plat. Symp. 182 B weist auf die philosophische Bedeutung, ebenso das Substantiv νομοθέτημα bei Hippokrates π. τέχν. 2, wo in erkenntnistheoretischem Zusammenhang die Antithese Nomos-Physis sophistisch-poetisch umschrieben wird durch νομοθέτημα - βλάστημα (unten S. 157); vgl. auch Epikur ep. 2, 86, der νομοθεσία im selben Sinne verwendet.

[55] Vgl. auch Eurip. Troad. 637.

diese Folgerung auf die ἡδοναί anwenden dürfen, da sich ja Platon nie sklavisch an ein Vorbild hält, sondern die überlieferten Gedanken nach eigenen Absichten zusammenfügt. Kallikles stimmt also in diesem Teil seiner Lehre mit dem Ἄδικος Λόγος weitgehend überein. Daß anderseits dieser Verkünder des Rechtes des Stärkern mit Antiphon, der auf Grund seines Physisbegriffes für die Gleichheit aller Menschen eintritt (B 44 B 2, 10 ff.), nicht auf einen Nenner gebracht werden kann, bedarf keines Beweises.

Die beobachtete Uebereinstimmung, die sich an dem reichen Material, das Platon im 'Gorgias' und den ersten zwei Büchern des 'Staats' bietet, erhärten ließe, mag zeigen, daß es trotz allen Aehnlichkeiten zwischen der Lehre Antiphons und der der 'Wolken' voreilig ist, Antiphon als denjenigen Sophisten zu betrachten, gegen den sich Aristophanes hier im besondern wende[56]. Damit kann auch die Datierung von Antiphons Schrift mit Hilfe der 'Wolken' als terminus ante quem nicht für sicher gelten; zudem stammen ja die übereinstimmenden Stellen alle aus dem Agon der beiden Λόγοι, gehören also wahrscheinlich erst zur zweiten Bearbeitung der 'Wolken'[57], die spätestens ins Jahr 418 fällt. Wenn anderseits in vielen Einzelheiten Berührungen von Antiphons Buch π. ὁμονοίας mit Demokrit nachgewiesen sind, die man nur als Abhängigkeit des Atheners auffassen kann[58], so hilft auch das nicht weiter, solange die Identität der Verfasser von π. ἀληθείας und π. ὁμονοίας zweifelhaft bleibt und die verschiedenen Ansätze von Demokrits Lebenszeit um Jahrzehnte voneinander abweichen[59]. Unter Berücksichtigung aller vorgebrachten Argumente und auch des Stils der Papyri wird man immerhin nicht fehlgehen,

---

[56] So *Luria,* Aegyptus 7 (1926) 260 ff.

[57] So die 7. Hypothesis in den Ausgaben von *van Leeuwen* (Leyden 1898) und *Coulon* (Paris 1923).

[58] Darüber *Luria,* Arch. f. Gesch. d. Philos. 38 (1928) 205 ff.

[59] Ueber Demokrits Chronologie vgl. zuletzt *L. Stella,* Riv. filol. 20 (1942) 21 ff.; *Stella* wendet sich mit Recht gegen den von *Kranz,* Hermes 47 (1912) 18 ff. verteidigten Spätansatz, der den Hauptteil von Demokrits Wirksamkeit ins 4. Jhdt. verlegt, schießt aber übers Ziel hinaus, wenn sie ihrerseits — methodisch nicht einwandfrei — Demokrits Geburt in das erste Jahrzehnt des 5. Jhdts. setzt.

wenn man π. ἀληθείας in die zwanziger Jahre des 5. Jahrhunderts setzt.

Ungefähr um dieselbe Zeit wird Hippias von Elis in Athen aufgetreten sein. Da seine politischen Anschauungen, soweit sich feststellen läßt, mit Antiphon übereinstimmen, wäre es wichtig, das gegenseitige Verhältnis beider zu kennen. Im allgemeinen ist man geneigt, Antiphon für den Nachtreter von Hippias zu halten, da dieser, wie man aus Platon erschließt, der bedeutendere gewesen sein dürfte [60]. Die Beurteilung wird dadurch erschwert, daß wir den gedanklichen Untergrund seiner Lehre von der Naturwidrigkeit des Nomos nicht wie bei Antiphon kennen, weil Platon nicht mehr als das Stichwort νόμῳ-φύσει gibt [61]. Da er Polyhistor ohne eigentliche philosophische Interessen gewesen zu sein scheint, fällt es schwer, nach dem, was wir bei Antiphon erkannt haben, ihn für dessen Quelle zu halten. Wenn man annehmen dürfte, daß Platon die Aeußerung von Hippias im genauen Wortlaut wiedergibt, so wäre das ein weiterer Grund, seine Lehre für eine sekundäre Folgerung aus ältern Theorien, wie Antiphon sie vertritt, zu betrachten. Denn es hat sich bei den bisher behandelten Stellen gezeigt und wird sich im folgenden bestätigen, daß die beiden Glieder der Antithese in ihrer ursprünglichen Form nie im bloßen Dativ der Beziehung stehen, der später (seit Thukydides, Platon und Isokrates) geläufig und für die Folgezeit zur Regel geworden ist, sondern daß sie in lebendiger Funktion im Gedanken auch grammatikalisch einen notwendigen Satzteil vertreten [62]. Diese Erscheinung ist auch für die Frage nach der Herkunft der Antithese nicht ohne Bedeutung. Sie

---

[60] So faßt zuletzt *Nestle*, Mythos 375 ff. das Verhältnis auf.

[61] Plat. Prot. 337 C. Aus der von Xenophon Mem. 4, 4, 5 ff. berichteten Erörterung zwischen Sokrates und Hippias περὶ τοῦ δικαίου wird man bei Xenophons unhistorischer Art der Berichterstattung über das Thema hinaus für Hippias keine weitern Schlüsse ziehen dürfen.

[62] Im ganzen Antiphonpapyrus steht nie die Form νόμῳ - φύσει, nur einmal τῇ φύσει (mit Artikel!) und einmal κατὰ νόμον. Dasselbe gilt für Aristophanes' 'Wolken', Eurip. fr. 920 und die noch zu besprechenden Stellen Eurip. Ion 643, Demokr. B 278, Ps. Demosth. 25, 15 ff. Dagegen überwiegt der Dativ oder die Umschreibung mit κατά schon bei Platon (Gorg. 482 E ff.), vollends bei Aristoteles, aber auch Hipp. π. φύσ. ἀνθρ. und Antisthenes haben nur diese Formen.

spricht für unsere Ansicht, daß der in der eleatischen Erkenntnistheorie geprägte Gegensatz δόξα-ἀλήθεια erst sekundär auf das Begriffspar Nomos-Physis eingewirkt habe. Denn erst an den Stellen, wo νόμῳ-φύσει im Dativ erscheint, kann die Formel der Ausdruck jener Erkenntnis sein, daß die metaphysische Wahrheit und der Trug der geltenden Meinungen niemals miteinander übereinstimmen[63]. Gegen Hippias darf man dieses Argument deshalb nicht brauchen, weil Platon von der ihm geläufigen Bedeutung und Form der Antithese aus die Worte von Hippias geändert haben kann. Das Pindarzitat, auf das dabei angespielt wird, zeigt übrigens deutlich, daß νόμος zunächst politisch-ethnographisch aufzufassen ist. So wird man Hippias als popularisierenden Verkünder derselben Lehre zu betrachten haben, die auch bei Antiphon und in Aristophanes' 'Wolken' zugrunde liegt. Wir können sie vor der Mitte der zwanziger Jahre nicht nachweisen. Die Möglichkeit, daß Antiphon selbst sie geschaffen habe, bleibt offen.

Dieselbe Anschauung von dem notwendigen Charakter alles Angeborenen und dem nur sekundär konventionellen der menschlichen Meinungen und Ordnungen, die Antiphon und der Ἄδικος Λόγος vertreten, spricht Demokrit in B 278 aus: ἀνθρώποισι τῶν ἀναγκαίων δοκεῖ εἶναι παῖδας κτᾶσθαι ἀπὸ φύσιος καὶ καταστάσιός τινος ἀρχαίης. δῆλον δὲ καὶ τοῖς ἄλλοις ζῴοισι... ἡ μὲν φύσις τοιαύτη πάντων ἐστὶν ὅσσα ψυχὴν ἔχει· τῷ δὲ δὴ ἀνθρώπῳ νομιζόμενον[64] ἤδη πεποίηται, ὥστε καὶ ἐπαύρεσίν τινα γίγνεσθαι ἀπὸ τοῦ ἐκγόνου.

Ihre Physis zwingt alle Lebewesen, Tier und Mensch, sich fortzupflanzen. Dieser Zustand herrschte von jeher, da er sich auf die Physis gründet. Der Mensch aber hat sich darüber noch den Nomos gebildet, daß Nachkommenschaft auch Nutzen bringe. Dieser Sinn des Ganzen spricht sich in der Antithese des letzten Satzes aus. Daraus erhellt, daß man das δοκεῖ des Anfangs nicht allzu wörtlich nehmen darf. Denn es *ist* für alle

---

63 Zu π. διαίτ. 1, 4 und 1, 11 s. unten S. 153 ff.

64 Das überlieferte νομίζον ist in intransitiver Bedeutung singulär und läßt sich kaum halten. Paläographisch ist es wohl als falsche Auflösung einer Ligatur zu erklären. Ich gebe daher *Reinhardts* Konjektur (Parmenides 85 A. 1) νομιζόμενον den Vorzug, die bedeutungsmäßig besser ist als *Natorps* νόμιμον.

Lebewesen ἀναγκαῖον, sich fortzupflanzen. Ebenso ist bei κατάστασις nicht an einen καταστήσας zu denken; denn nicht daß diese Einrichtung einmal begründet wurde, sondern daß sie von alters her als Zustand vorhanden ist, wird damit betont[65]. Der Grundgedanke, daß die Naturgesetzlichkeit für alle gelte, der Mensch sich aber Anschauungen bilde, die nicht auf der Physis beruhen, stimmt mit Antiphon und dem Ἄδικος Λόγος überein. Ganz ohne Bedeutung ist δοκεῖ nun aber doch nicht; darin liegt vielmehr gerade das Demokritische des Gedankens, das über Antiphon hinausweist. Ein Satz wie B 276 οὐ δοκεῖ μοι χρῆναι παῖδας κτᾶσθαι setzt voraus, daß die ἀνάγκη φύσεως für den Weisen nicht absolut gilt. Man mag damit etwa B 236 zusammennehmen: θυμῷ μάχεσθαι μὲν χαλεπόν· ἀνδρὸς δὲ τὸ κρατέειν εὐλογίστου[66]. So wird die Aufforderung, den wirklichen ἀνάγκαι sich zu unterziehen (B 289), präzisiert durch die Ermahnung, scharf zu prüfen, was der Körper wirklich verlange (B 223. 234 f.). Demokrit scheidet also zwischen wahren und nur scheinbaren ἀνάγκαι und zeigt sich so gerade in dem besprochenen Fragment 278 eine Stufe höher als Antiphon und der Ἄδικος Λόγος[67], indem er nicht nur den Nomos der Menschen als falsch ablehnt, sondern selbst die sogenannten Forderungen

[65] Vgl. Herod. 8, 83 ὅσα δὴ ἐν ἀνθρώπου φύσι καὶ καταστάσι ἐγγίνεται. Hier wie bei Demokrit darf man die Verbindung als ἓν διὰ δυοῖν auffassen: 'Auf Grund eines angeborenen, von alters her herrschenden Zustandes'. Vgl. Aristoxenos bei Athen. 12, 545 C ἡ τῆς ἀνθρωπίνης φύσεως σύστασις mit Diod. 1, 7, 1 in demokritverdächtigem Stück κατὰ τὴν ἐξ ἀρχῆς σύστασιν und Protag. VS 80 B 8b περὶ τῆς ἐν ἀρχῇ καταστάσεως. Dazu *Norden*, Agnostos Theos 372 A. 1.

[66] Vgl. auch B 214 und etwa B 31. Demokrit gab ja zweifellos keine systematische Ethik. Wenn sich auch in einzelnen Fragmenten ein Gedankenfortschritt feststellen läßt, so wird das Ganze doch aphoristischen Charakter gehabt haben, wie die nach diesem Vorbild zusammengestellten Κύριαι δόξαι Epikurs (vgl. *P. Friedländer,* Hermes 48 [1913] 558 ff. und *P. Von der Mühll,* Festgabe für Kaegi [Frauenfeld 1919] 175 ff.). Immerhin lassen sich gewisse Gedanken aus übereinstimmenden Fragmenten als Grundanschauungen rekonstruieren. Dazu gehört die Stellung zu den ἀνάγκαι φύσεως.

[67] Ob man die Ansichten von den ἡδοναί, die der Ἄδικος Λόγος vertritt, ohne weiteres für Antiphon in Anspruch nehmen darf, ist fraglich. Aber die unbedingte Gleichsetzung von φύσις und ἀναγκαῖον gilt für beide, im Gegensatz zu Demokrit.

der Physis als zum Teil nur scheinbare ἀναγκαῖα erkennt. Mit dieser Einsicht weist er voraus auf die von Platon grundsätzlich vollzogene und seither in der Ethik allgemein gültige Scheidung der ἐπιθυμίαι in ἀναγκαῖαι und andere. Die Uebereinstimmung macht es wahrscheinlich, daß Demokrit wie Platon den Gedanken in der Sophistik vorgebildet fanden, an deren Diskussion der ἡδοναί ja wohl auch die spätere akademische und peripatetische Erörterung dieses Themas sich anschließt [68]. Auch Epikurs Dreiteilung der ἡδοναί in die Gruppen der φυσικαὶ καὶ ἀναγκαῖαι, φυσικαὶ μὲν οὐκ ἀναγκαῖαι δὲ und οὔτε φυσικαὶ οὔτε ἀναγκαῖαι liegen dieselben Kategorien zugrunde (fr. 456 Us.).

Besondere Aufmerksamkeit verdient schließlich der Hinweis Demokrits auf die andern Lebewesen, mit dem er die Naturbedingtheit der Fortpflanzung gegenüber dem von den Menschen darüber erdichteten Nomos betont. Die Verteidigung der Physis durch Heranziehen der Zustände in der Tierwelt, die unbeeinflußt von menschlichem Zutun und daher der wahre Ausdruck der Physis sind, bildet einen wesentlichen Bestandteil dieser ältesten sophistischen Lehre von Nomos und Physis. Ihre früheste Spur hat Herodot (2, 64) bewahrt, wenn er berichtet, daß alle Völker außer Aegyptern und Hellenen die μεῖξις an geweihten Stätten für erlaubt hielten, da auch die Tiere sie dort ausübten; denn wenn das den Göttern nicht lieb wäre, würden es die Tiere nicht tun. Das Verhalten der Tiere wird damit zwar nicht als Beweis für das Naturgemäße der Handlung verwendet, sondern soll zeigen, daß diese mit dem göttlichen Willen im Einklang stehe. Wurde aber die menschliche Nachahmung des Vorbildes der Tiere überhaupt einmal auf diese Weise gerechtfertigt, so bedeutete es von da nurmehr einen kleinen Schritt, auch die μεῖξις auf offener Straße nach dem Beispiel der Hunde als erlaubt hinzustellen. Er wurde bekanntlich vom Kyniker Diogenes getan. Auch diese Sitte nun

---

[68] Plat. Rep. 8, 558 D ff. — Für die Spätern vgl. Herakleides Pontikos π. ἡδονῆς (Athen. 12, 512 ff. 525 ff. u. ö.) und Aristoxenos von Tarent im Βίος Ἀρχύτα (Athen. 12, 545 ff.), die beide mit Kallikles (Plat. Gorg. 482 ff.) und z. T. mit dem Ἄδικος Λόγος übereinstimmen. Man möchte doch annehmen, daß die gemeinsame Quelle über Platon hinaus ältere sophistische Schriften sind. Vgl. dazu *E. Bignone,* L'Aristotele perduto 1 (Firenze 1936) 276 ff.

kennt schon Herodot und erwähnt sie zweimal als Brauch barbarischer Stämme, weist aber dabei auf die Tiere nur zum Vergleich, nicht zur Rechtfertigung [69]. Es ist immerhin denkbar, daß er 2, 64 eine weitergehende Lehre, die sich nicht nur auf die göttliche Erlaubnis, sondern auf die Physis berief, seiner religiösen Haltung entsprechend umgeformt hat. Denn es kann kein Zweifel sein, daß er einer sophistischen Quelle folgt [70]. Daß darin schon die Physis als Norm genannt war, bleibt nur eine Möglichkeit.

Mit größerer Sicherheit läßt sich eine Aeußerung aus Aristophanes' 'Wolken' in diesen Zusammenhang einordnen. Pheidippides rechtfertigt (1427 ff.) die Schläge, die er seinem Vater gibt, mit einem Hinweis auf das analoge Verhalten der Hähne und anderer Tiere und stellt dem gegenüber die geltende Anschauung als unverbindlichen menschlichen Nomos dar. Wenn dabei auch nicht ausdrücklich von der Physis die Rede ist, so wird man diese Argumentation doch als Berufung auf deren Norm aufzufassen haben, um so mehr als ja im selben Stück die ἀνάγκη φύσεως als Maßstab des Verhaltens genannt wird [71]. In klaren Worten beruft sich schließlich Kallikles im 'Gorgias' (483 D) auf die Tiere, in denen die Physis die wahre Gerechtigkeit offenbare, die darin bestehe, daß der Starke mehr habe als der Schwache, und sieht darin einen Beweis für die Naturwidrigkeit des Nomos.

Man wird aus den angeführten Stellen als weitern Zug der ersten sophistischen Gegenüberstellung von Nomos und Physis das Exemplifizieren mit dem Verhalten der Tiere, das als Beweis für die Naturnotwendigkeit bestimmter Triebe hingestellt wird, erschließen dürfen [72]. Ob man diese Argumentation

---

[69] Herod. 1, 203; 3, 101; vgl. Dialexeis 2, 4 und Xenoph. Anab. 5, 4, 33; dazu *Schmid,* Literatur 1, 3, 206 A. 6.

[70] Die meisten von griechischer Sitte abweichenden νόμιμα βαρβαρικά, die Herodot erwähnt, scheinen aus derselben Quelle zu stammen wie die Dialexeis, also wohl von Protagoras (*Kranz,* Hermes 72 [1937] 228 m. A. 2). Da bei diesem der Gegensatz Nomos-Physis fehlt, wäre für das fragliche Kapitel mit einer andern Quelle zu rechnen.

[71] Vgl. oben S. 131 f.

[72] In anderer Absicht werden die Tiere von Euripides (fr. 346 aus dem 'Diktys' des Jahres 431) herangezogen, um die Allgemeingültigkeit

schon für Antiphon in Anspruch nehmen darf, bleibt unsicher; doch spricht seine sorgfältige Ableitung politischer Begriffe aus physiologischen Gegebenheiten mindestens nicht dagegen [73]. Auch von diesem sophistischen Topos laufen Fäden zu den nachsokratischen Schulen, besonders zum Kynismus, dem die Tiere als Vorbild eines naturgemäßen Lebens gelten [74].

3. Die Anwendungen der Antithese Nomos-Physis

a) Kulturentstehungslehren

An der Beurteilung des Lebens der Tiere erweist sich besonders eindrücklich die Abweichung der besprochenen sophistischen Naturauffassung von gewissen Formen der gleichzeitigen Kulturentstehungslehren [1]. Im Gegensatz zu Hesiods pessimistischer Darstellung, wonach aus einem goldenen Urzustand die Menschheit in fortschreitender Entartung zu den rechtlosen Verhältnissen der Gegenwart herabgesunken sei,

---

eines Nomos zu erweisen, der bei Göttern, Menschen und Tieren gleichermaßen herrsche. Da wird nicht die in den Tieren sich offenbarende Physis gegen den menschlichen Nomos ausgespielt. Doch liegt dieselbe Auffassung von der Gemeinsamkeit tierischer und natürlich-menschlicher Regungen zugrunde.

[73] Zu weitgehende Schlüsse zieht *Luria,* Bull. Acad. Sciences URSS. 1927, 441 ff. aus Artemidor auf Antiphon; vgl. *Latte,* Gnomon 5 (1929) 155 ff.

[74] Darauf weisen noch die späten Nachklänge bei Dio Chrysost. 6, 13 und Julian or. 6, 193 D. — Auf dieselben Wurzeln geht letzten Endes die Idealisierung des Tierlebens in der Komödie zurück, deren Hauptbeispiel die 'Vögel' des Aristophanes sind. Freilich spielen hier auch andere Motive mit, besonders aus dem Märchen. Mehr politisch gewendet und aus der sophistischen Lehre von Nomos und Physis herausgewachsen ist Philemon fr. 93:

ὦ τρισμακάρια πάντα καὶ τρισόλβια
τὰ θηρί', οἷς οὐκ ἔστι περὶ τούτων λόγος˙ ...
οὔτ' ἄλλο τοιοῦτ' οὐδέν ἐστ' αὐτοῖς κακὸν
ἐπακτόν, ἣν δ'ἂν εἰσενέγκηται φύσιν
ἕκαστον, εὐθὺς καὶ νόμον ταύτην ἔχει.
ἡμεῖς δ' ἀβίωτον ζῶμεν ἄνθρωποι βίον˙
δουλεύομεν δόξαισιν, εὑρόντες νόμους, ...

[1] Vgl. im allgemeinen *W. v. Uxkull-Gyllenband,* Griechische Kulturentstehungslehren (Bibliothek f. Philosophie Bd. 26, Berlin 1924).

lehrt die Sophistik im allgemeinen den Aufstieg aus tierähnlichem Vegetieren zu staatlich geordneter und technisch verfeinerter Hochkultur. Das tierische Leben der Urmenschen wird hier also durchaus nicht als naturgemäßer Idealzustand gesehen, sondern umgekehrt seine Ueberwindung als Kulturfortschritt gepriesen.

Welche Stellung kommt der Antithese Nomos-Physis in diesem Zusammenhang zu? Um sie richtig einzuordnen, gilt es, vorerst die Quellen aufzuzeigen, aus denen Anregungen zu den verschiedenartigen, auch in der Tendenz voneinander abweichenden Ausgestaltungen dieser sophistischen Lehren geflossen sind. Zunächst ist an Archelaos und Demokrit zu erinnern, die, in der Tradition der ionischen Naturphilosophie stehend, an ihre Kosmogonien eine Theorie von der Entstehung des Menschen anschlossen. Beide erweisen sich darin von der Sophistik beeinflußt, deren Führer Protagoras aus politisch-kulturphilosophischem Interesse eine Kulturentstehungslehre vorgetragen zu haben scheint [2]. Wie weit Protagoras' Einfluß auf Demokrit sich erstreckt, ist schwer zu bestimmen, da für keinen von beiden reine Quellenberichte vorliegen. Gerade in dem Punkte, der uns hier besonders angeht, der Beurteilung des Verhältnisses von Mensch und Tieren, scheint die Ansicht des Protagoras, soweit wir das aus Platon erschließen können, von Demokrit und allen andern Verkündern von Kulturentstehungslehren abgewichen zu sein. Außer Protagoras bezeichnen nämlich alle Berichte das ursprüngliche Leben der Menschen als tierähnlich, sei es daß die Behausung [3] oder die Nahrung [4] dazu Veranlassung gibt oder daß eine entwickeltere Auffassung das Fehlen der Vernunft und der aus ihr folgenden Fähigkeiten [5] oder des staatlichen Lebens [6] als wesentliches Merkmal des tierähnlichen Urzustan-

[2] Zum Verhältnis Protagoras-Archelaos s. oben S. 112 ff.; zu Protagoras-Demokrit vgl. *Norden,* Agnostos Theos 397 ff. und *Nestle,* Protagoras 23 ff.; Mythos 284 A. 75.

[3] Aisch. Prom. 452 f.; Hymn. Hom. in Heph. 3 f.; Moschion fr. 6, 3 ff.

[4] Hipp. π. ἀρχ.ἰητρ. 3 (37, 26 ff. CMG, bes. 38, 4 θηριώδης δίαιτα); Diod. 1, 8, 1 (= Demokrit VS 68 B 5).

[5] Eurip. Suppl. 201 ff.; trag. fr. adesp. 470; vgl. Aisch. Prom. 443 f. u. 456 ff.

[6] Kritias VS 88 B 25, 1 ff.; Diod. a. a. O (s. A. 4); Ps. Demosth. 25, 20.

des nennt. Protagoras dagegen stellt den Menschen von Anfang an in Gegensatz zu den Tieren, indem er erklärt, daß ihm vor dem Eingreifen des Prometheus gerade all das gefehlt habe, was die Tiere lebenstüchtig mache [7].

Allen andern Berichten ist gemeinsam, daß sie dem kulturlosen Anfangszustand des Menschen außer der Tierähnlichkeit noch eine zweite Eigenschaft zuschreiben: Eurip. Suppl. 201 und fr. trag. adesp. 470 sprechen vom βίος πεφυρμένος der Urzeit; denselben Ausdruck verwendet Aisch. Prom. 450 in aktiver Form, und bei Kritias B 25, 1 und Diod. 1, 8, 1 steht das bedeutungsgleiche Wort ἄτακτος. Die Bewertung des Urzustandes ist also durchaus negativ. Das ist nicht nur auf die kulturbejahende Einstellung der Sophistik zurückzuführen. Gegen eine solche Auffassung spricht die Uebereinstimmung des 'Prometheus' und des fr. trag. adesp. 470, das mit großer Wahrscheinlichkeit dem aischyleischen 'Palamedes' zuzuweisen ist [8]. Die Herkunft des Gedankens wird klarer, wenn wir die Anschauung heranziehen, die der sogenannte Anonymus περὶ νόμων vertritt, der als Quelle einiger Teile der 25. pseudodemosthenischen Rede erkannt worden ist [9]: (§ 15) Das ganze Leben der Menschen beruht auf der φύσις und den νόμοι. Die φύσις ist ungeordnet (ἄτακτος) und für jeden Menschen anders, die νόμοι sind das für alle Gemeinsame und Geordnete. Die φύσις will oft Schlechtes, (§ 16) die νόμοι wollen das Gerechte, Gute

---

[7] Plat. Prot. 320 D — 321 C (= VS 80 C 1).

[8] Wie ein genauer Vergleich lehrt, steht das Fragment in der Mitte zwischen Aisch. Prom. 448—460 und Eurip. Suppl. 201—203, indem der 3. und 4. Vers nicht nur gedanklich, sondern auch formal weitgehend mit Aisch. Prom. 459 f. übereinstimmt, während Vers 2 und 3 fast ebenso nahe mit Eurip. Suppl. 201 f. zusammengehen. Da es sich um die Rede eines kulturbringenden εὑρετής handelt, kommt nur Palamedes in Frage. Aus dem Euripideischen 'Palamedes' ist u. a. eine Heuremataaufzählung erhalten (fr. 578), in der sich Palamedes der Erfindung der Schrift rühmt. In unmittelbarer Nähe müßte auch der ἀριθμός genannt sein. Da sich das fr. adesp. aber vor 578 nicht anbringen läßt, wird man es eher dem 'Palamedes' des Aischylos zuweisen. Dasselbe hat *Wachsmuth* in der Stobäus-Ausgabe (Berlin 1884) mit Hinweis auf Aisch. fr. 182 getan, ebenso *Wilamowitz,* De tragicorum graecorum fragmentis commentatio (Göttingen 1893) 26 (= Kleine Schriften 1,200) ohne Begründung.

[9] *Pohlenz*, NGG 1924, 19 ff.

und Zuträgliche (δίκαιον καὶ καλὸν καὶ συμφέρον). Jeder νόμος ist eine Erfindung und ein Geschenk der Götter. (§ 20) Die νόμοι sind die Grundlage jedes staatlichen Lebens, würde man sie beseitigen und jedem die Macht geben, zu tun, was er wollte, dann ginge nicht nur der Staat zugrunde, sondern unser Leben würde sich überhaupt nicht mehr von dem der Tiere unterscheiden.

Der genannte Abschnitt beginnt mit ähnlichen Antithesen, wie wir sie aus dem Antiphonpapyrus kennen — nur mit umgekehrtem Vorzeichen. So läuft denn auch die Absicht des Ganzen derjenigen Antiphons gerade entgegen. Es ist von Bedeutung, daß auch dieser umgekehrten Anwendung der Antithese Nomos-Physis ein bestimmter Physisbegriff zugrunde liegt. Danach ist die Physis das individuell Verschiedene, Ungeordnete, und sie will oft das Böse. Sie erinnert in diesen Zügen an die von Platon geschilderte λεγομένη παλαιὰ Τιτανικὴ φύσις, eine Vorstellung, die doch wohl aus orphischem Denken stammt[10]. Und da sich auch im Anonymus in der Nennung der Gottheiten Eunomia und Dike wie auch des Orpheus selbst orphisch-pythagoreische Einflüsse kundtun (§ 11)[11], ist es wohl nicht zu gewagt, diese gesamte Auffassung der φύσις ἄτακτος auf orphisches Denken zurückzuführen. Eine weitere Beobachtung verstärkt die Wahrscheinlichkeit dieser Annahme. Der Begriff ἄτακτος ist uns oben als Prädikat des Urzustandes in verschiedenen Fassungen einer Kulturentstehungslehre des 5. Jahrhunderts entgegengetreten. Nun weist auch beim Anonymus die Behauptung, das Leben der Menschen wäre ohne Gesetze dem der Tiere ähnlich, und die Bezeichnung der νόμοι als εὕρημα καὶ δῶρον θεῶν auf eine Kulturentstehungslehre. Wir hätten also eine orphische Lehre von einem ungeordneten, tierähnlichen Naturzustand, in dem nur die schlechte menschliche φύσις herrschte, und der darauffolgenden Entstehung der Zivilisation durch Einführung der νόμοι anzusetzen. Eine Bestätigung dafür mag der Umstand sein, daß im Protagorasmythos, bei Kritias und bei Moschion (fr. 6) die Kulturentstehungsgeschichte mit dem Märchenanfang

---

[10] Plat. Leg. 3, 701 BC. Vgl. *Ziegler,* RE 18, 1354 f. (s. v. Orphische Dichtung).

[11] Darauf hat schon *Pohlenz* (oben A. 9) hingewiesen.

ἦν ποτε χρόνος beginnt[12]. Dieselben Worte leiten nämlich auch einige Verse ein, die Sextus dem Orpheus zuschreibt[13]:

ἦν χρόνος, ἡνίκα φῶτες ἀπ' ἀλλήλων βίον εἶχον
σαρκοδακῆ, κρείσσων δὲ τὸν ἥττονα φῶτα δάιζεν.

Was wir an orphischem Gut im Anonymus περὶ νόμων festgestellt haben, läßt es gerechtfertigt erscheinen, die Verse schon ins 5. Jahrhundert zu weisen[14]. Sie mögen aus einer der orphischen Rhapsodien stammen. Dann haben sich Kritias und der bedeutend jüngere Moschion bestimmt an dieses Vorbild angeschlossen. Kritias konnte nach diesem traditionellen orphisch-epischen Beginn um so schärfer seine eigene Auffassung der 'Theogonie' herausstellen. Für Moschion weisen außer dem Anfang auch die Verse 14—18 orphischen Einfluß auf; denn wenn in Vers 14 zur Kennzeichnung des rechtlosen Urzustandes ἡ Βία δὲ σύνθρονος Διί genannt wird, so steht das in bewußtem Gegensatz zur göttlichen Gerechtigkeit, die der Anonymus (§ 11) preist: Δίκη, ἣν... Ὀρφεὺς παρὰ τὸν τοῦ Διὸς θρόνον φησὶν καθημένην[15].

Auf die orphische Schilderung der blutigen Faustrechtszeit folgte, wie wir aus dem Anonymus erschließen können, diejenige der Einführung gesitteter Zustände. Nachklänge davon haben Aristophanes in den 'Fröschen' (1032)

Ὀρφεὺς μὲν γὰρ τελετάς θ' ἡμῖν κατέδειξε φόνων τ' ἀπέχεσθαι

und Horaz (Ars poet. 391 f.) bewahrt:

silvestris homines sacer interpresque deorum
caedibus et victu foedo deterruit Orpheus[16].

Mit einer derartigen orphischen Kulturentstehungslehre, die auf der Annahme eines ursprünglich sündigen mensch-

---

[12] Beobachtet von *Norden*, Agnostos Theos 371 A. 2.

[13] Sextus, Adv. math. 2, 31 und 9, 15 = Orph. fr. 292 K.

[14] Daß das Sprachliche zu so früher Entstehung paßt, hat *Norden* (oben A. 12) a. a. O. gezeigt. Er gibt die Verse der alten orphischen Theogonie und nimmt ebenfalls an, die sophistischen Kulturentstehungslehren seien in bewußtem Anschluß daran geschrieben worden.

[15] Moschion stellt ja im übrigen, wie er 20 ff. selbst sagt, verschiedene Lehren nebeneinander.

[16] Vgl. Orph. test. 112 K.: τὸν Ὀρφέα... πᾶσαν ἡμερῶσαι φύσιν καὶ θηρίων δίαιταν καὶ τὸ ἐν ταῖς ψυχαῖς θηριῶδες ἐκκόψαι.

lichen Wesens beruht, scheint nun der Anonymus die Antithese Nomos-Physis verbunden zu haben, deren Sinn von Verteidigern der gesetzlichen Ordnung als Reaktion auf sophistische Theorien von der Art derjenigen Antiphons in sein Gegenteil verkehrt worden war.

Eine ähnliche, wenn auch ganz undogmatische Auffassung des menschlichen Wesens und seines Verhältnisses zum Nomos äußert Thukydides aus seinem illusionslosen Wissen um die Gesetze des Lebens heraus in der berühmten 'Pathologie der Revolutionszeiten', die er im Anschluß an die Schilderung der Wirren auf Korkyra entwickelt (3, 84, 2): τῶν νόμων κρατήσασα ἡ ἀνθρωπεία φύσις, εἰωθυῖα καὶ παρὰ τοὺς νόμους ἀδικεῖν, ἀσμένη ἐδήλωσεν ἀκρατὴς μὲν ὀργῆς οὖσα, κρείσσων δὲ τοῦ δικαίου. Auch hier geht der Gedanke des Gegensatzes von νόμοι und φύσις letzten Endes auf sophistische Lehren zurück, er ist aber wie alles fremde Gut von Thukydides in seine eigene Form umgeschmolzen.

b) Erkenntnistheorie

Die Entstehung der sophistischen Antithese Nomos-Physis läßt sich, wie wir sahen, einerseits aus der Naturauffassung und anderseits aus dem Selbstgefühl der ionischen φυσικοί im weitesten Sinne erklären; Einflüsse eleatischer Doktrin haben dabei zunächst keine Rolle gespielt. Anders steht es mit der erkenntnistheoretischen Gegenüberstellung von Nomos und Physis, die sich seit dem Beginn des 4. Jahrhunderts nachweisen läßt. Wenn hier φύσις die absolute Wahrheit, νόμος den falschen Schein bezeichnet, so kann man das zwar als weitere Stufe in der Bedeutungsentwicklung der beiden Ausdrücke verstehen. Aber noch Antiphon hatte das eleatische Paar δόξα-ἀλήθεια nur in Parallele zu jenem andern, für ihn zentralen, gesetzt, nicht aber damit identifiziert. Denn für ihn waren Nomos und Physis noch ganz konkrete, wirkende Mächte, nicht philosophische Begriffe. Wenn nun aber in jüngern Schriften die Antithese in rein philosophischem Zusammenhang erscheint, ist ihre veränderte Bedeutung nur aus der sekundären Beeinflussung durch die eleatische Formel zu begreifen. Besonders in jüngern Teilen des hippokratischen Corpus wird sie auf eine Art verwendet, die über die Lehre der sophistischen Aufklärung hinausweist. Am deutlichsten geschieht das im 1. Buch von π. διαίτης, jener Schrift, die schon durch ihre Kompilation verschiedener älterer Lehren ins 4. Jahrhundert gewiesen wird und die man neuerdings wohl mit Recht erst ums Jahr 350 ansetzt [17].

Der Verfasser nennt im 4. Kapitel, im Anschluß an die Periphrase von Empedokles B 9, eine Reihe von paarweise zusammengestellten Gegensätzen, die nach seiner Behauptung in Wirklichkeit identisch seien (6, 476 L.): ἔχει δὲ καὶ ὧδε· γενέσθαι καὶ ἀπολέσθαι τωὐτό, ξυμμιγῆναι καὶ διακριθῆναι τωὐτό..., ἕκαστον πρὸς πάντα καὶ πάντα πρὸς ἕκαστον τωὐτό, καὶ οὐδὲν πάντων τωὐτό· ὁ νόμος γὰρ τῇ φύσει περὶ τούτων ἐναντίος. Den Ausgangspunkt dieser Erörterung bildet das eleatische Problem der Konstanz des Seins, der die sinnliche Welt widerspricht [18]. Es wird zunächst in engem Anschluß an Empedokles behandelt. Woher aber kommt die Antithese Nomos-Physis, die weder dieser noch Anaxagoras kennt? Zwar mag sie angeregt sein vom Ausdruck νόμῳ bei Empedokles B 9, der dort noch durchaus die Bedeutung hat 'dem geltenden Sprachgebrauch nach' [19]. Aber demgegenüber ist ein Neues bei dem Hippokratiker unverkennbar: Das Problem des Widerspruchs soll durch die These von der Identität der Gegensätze gelöst werden [20]. Wir dürfen diesen Lösungsversuch als 'Heraklitismus' bezeichnen. In ihm erhält νόμος eine erweiterte Bedeutung. Nicht nur, daß wir von Entstehen und Vergehen sprechen, wo in Wirklichkeit nur Mischung und Trennung ist, ist νόμος, sondern daß wir überhaupt meinen, Entstehen und Vergehen oder Mischen und Trennen seien verschiedene Vorgänge, während sie in Wirklichkeit (φύσει) ein und dasselbe sind. 'Nomos und Physis sind sich darin entgegengesetzt', das heißt, das menschliche Meinen entspricht nicht der Wahrheit. Hier ist die Antithese demnach rein

---

[17] *Jaeger,* Diokles 167 ff.; nun ausführlicher im 2. Band der Paideia, dessen Korrekturbogen ich dank der Freundlichkeit von Herrn Prof. H. Fuchs einsehen konnte.

[18] Empedokles B 8. 9; Anaxagoras B 17.

[19] Vgl. oben S. 84 f.

[20] Vgl. *Diller,* Weltbild 310 ff.

erkenntnistheoretisch verwendet. Aber eleatisch ist sie nicht, wird sie doch überhaupt erst infolge der heraklitisierenden Wendung des Problems sinnvoll.

Man möchte daher versucht sein, sie aus dem Heraklitismus herzuleiten. Wird aber der heraklitische Gedanke von der Identität der Gegensätze konsequent zu Ende gedacht, so müssen auch Nomos und Physis schließlich zusammenfallen. Der Verfasser hat diese Konsequenz selbst gezogen. Im 11. Kapitel gibt er wieder zunächst eine Reihe von Beispielen für die Identität der Gegensätze und schließt diese wie in 1, 4 durch eine mit γάρ eingeleitete Begründung ab (6, 486 L.): νόμος γὰρ καὶ φύσις, οἷσι πάντα διαπρησσόμεθα, οὐχ ὁμολογεῖται ὁμολογεόμενα. νόμον μὲν ἄνθρωποι ἔθεσαν αὐτοὶ ἑωυτοῖσιν, οὐ γινώσκοντες περὶ ὧν ἔθεσαν, φύσιν δὲ πάντων θεοὶ διεκόσμησαν. τὰ μὲν οὖν ἄνθρωποι διέθεσαν, οὐδέποτε κατὰ τωὐτὸ ἔχει οὔτε ὀρθῶς οὔτε μὴ ὀρθῶς· ὅσα δὲ θεοὶ διέθεσαν, ἀεὶ ὀρθῶς ἔχει καὶ τὰ ὀρθὰ καὶ τὰ μὴ ὀρθά [21]. Der erste Satz erinnert an den Beginn der Erörterung über Physis und Nomos im Anonymus π. νόμων (§ 15): ἅπας ὁ τῶν ἀνθρώπων βίος φύσει καὶ νόμοις διοικεῖται. Hier wie dort werden sowohl die Physis wie auch der Nomos als notwendige Grundlagen aller menschlichen Existenz dargestellt. Die beiden Autoren stimmen auch darin überein, daß sie nachher die beiden Glieder einzeln vornehmen und bewerten, und zwar zuerst je das negative, der Hippokratiker den Nomos, der sophistische Rhetor die Physis. Die Aehnlichkeit erstreckt sich bis auf die positiven und negativen Attribute: Beide bezeichnen das negativ bewertete Glied als nur menschlich und individuell verschieden (Anon.: ἀνώμαλον καὶ κατ' ἄνδρ' ἴδιον τοῦ ἔχοντος), das positive als göttlich und überall gleich (Anon.: εὕρημα καὶ δῶρον θεῶν, κοινὸν καὶ ταὐτὸ πᾶσιν). Gerade diese weitgehende Uebereinstimmung läßt den diametralen Gegensatz in der Bewertung von Physis und Nomos um so schärfer hervortreten. Er zwingt uns, die sonstige Aehnlichkeit der Anschauungen von einer gemeinsamen Quelle herzuleiten. Daß diese nicht im Bereich erkenntnistheoretischer Spekulation zu suchen ist, lehrt außer dem ganz anderen Zusammenhang beim Anonymus die Beobachtung, daß auch der Autor π. διαίτης die Anti-

---

[21] Text nach VS 22 C 1. — Vgl. zum letzten Satz Plat. Crat. 425 D.

these in 1, 11 gar nicht mehr in diesem Sinne verwendet[22]. Wäre ja doch sonst die Annahme der Identität von Physis und Nomos nicht möglich, da falsche Menschenmeinung und göttliche Wahrheit niemals zusammenfallen; zusammenfallen können nur die Tatsachen, die den Menschen widersprüchlich erscheinen, weil sie aus ihrer Perspektive die göttliche Harmonie nicht zu erkennen vermögen.

Doch weist der Hippokratiker im selben Kapitel und in dessen Fortsetzung deutlich auf den Zusammenhang hin, aus dem die Antithese hier stammt, wenn er den Gegensatz der τέχνη, des von den Menschen 'Erfundenen', das unbewußt die göttliche Einrichtung der Welt, das eigentliche Wesen der Dinge nachahmt, und ihres unerkannten göttlichen Vorbildes, der φύσις, für seine Zwecke auswertet. So ist die Antithese Nomos-Physis hier ebenso sekundär in den 'Heraklitismus' hineingetragen wie im 4. Kapitel in die eleatische Erörterung. Und wie sie dort angeregt wurde durch das empedokleische νόμῳ, so hier durch den Gegensatz τέχνη-φύσις. Offenbar reizte die Behauptung der Identität dieser scheinbaren Gegensätze den Verfasser dazu, auch das gebräuchlichste Schlagwort für zwei unvereinbare Gegensätze an dieser heraklitisierenden Lehre zu messen und so selbst diese beiden diametral entgegengesetzten Begriffe zusammenfallen zu lassen. Hinter den beiden so verschiedenartigen Auswertungen steht also dieselbe sophistische Antithese. Und sie verrät auch im 4. Kapitel, wo sie unter philosophischem, besonders eleatisch-heraklitisierendem

---

[22] So übersetzt denn auch *Diller*, Weltbild 311 richtig νόμος mit 'Brauch'; er spricht aber dann doch 312 A. 1 im Anschluß an *Reinhardt*, Parmenides 84 A. 1 von der erkenntnistheoretischen Bedeutung der Antithese. Doch soll *Reinhardts* Nachweis, daß das ganze Kapitel von π. διαίτ. in die Erkenntnistheorie gehört, nicht bestritten werden. Er wird gesichert durch die terminologische Verwendung von ὀρθῶς, das seit Anaxagoras (B 17) und Demokrit (B 58) in der Erkenntnistheorie gebräuchlich und in solcher Bedeutung seit der Sophistik geläufig ist (vgl. *Kranz'* VS-Index s. v.) und von ihr aus besonders bei Herodot und in den sophistisch beeinflußten Schriften des hippokratischen Corpus (π. φύσ. ἀνθρ., π. τέχν., π. διαίτ.) Eingang gefunden hat. Vgl. auch Eurip. fr. 206, wo neben dem Gegensatz πράγματα-λόγοι die Gleichsetzung von φύσις und ὀρθόν als Umschreibung des Begriffs 'Wahrheit' steht, und Heraklit B 102, worauf *Diller* verweist.

Einfluß ins Erkenntnistheoretische gewendet ist, ihre Herkunft; hat doch die Formulierung des Hippokratikers ihre nächsten Parallelen bei Antiphon und in Platons 'Gorgias'[23].

In ähnlicher philosophischer Auswertung haben im 4. Jahrhundert besonders die Kyniker die Antithese übernommen. Philodem überliefert von Antisthenes den Satz: κατὰ νόμον εἶναι πολλοὺς θεούς, κατὰ δὲ φύσιν ἕνα[24]. Weitere kynische Anschauungen, die wohl auf alte Tradition zurückgehen, lassen sich aus Julians 6. und 7. Rede erschließen[25]. Im Anschluß an die Maxime παραχάραξον τὸ νόμισμα stellt Julian (or. 7, 211 BC) νόμισμα mit δόξα gleich — er hört also darin den philosophisch-sophistischen Nomosbegriff — und beide in Gegensatz zu ἀλήθεια, oder er umschreibt (or. 7, 226 A) νόμος mit τὰ ἐπαινούμενα καὶ ψεγόμενα und setzt dieser Volksmoral die φύσις gegenüber[26]. Die Identifizierung von φύσις mit ἀλήθεια und von νόμος mit δόξα, zu der wir in der Sophistik verschiedene Ansätze fanden, ist hier vollständig durchgeführt, wie sie schon für Aristoteles (Soph. el. 173 a 7 ff.) selbstverständlich ist[27].

c) *Sprachphilosophie*

Wie die alte Gegenüberstellung von Volksmeinung und philosophischem Wissen oder, in schärfster Formulierung, von sinnlichem falschem Schein und transzendenter Wahrheit sich seit dem 4. Jahrhundert der in anderem Zusammenhang geprägten Antithese von Nomos und Physis bemächtigt, so fand schon in sophistischer Zeit gegen Ende des 5. Jahrhunderts

---

[23] Mit π. διαίτ. 1, 4 ὁ νόμος γὰρ τῇ φύσει περὶ τούτων ἐναντίος vgl. Plat. Gorg. 482 E ὡς τὰ πολλὰ δὲ ταῦτα ἐναντί' ἀλλήλοις ἐστίν, ἥ τε φύσις καὶ ὁ νόμος (daraus Aristot. Soph. el. 173 a 7 ff.) und Antiphon B 44 A 2, 26 ff. τὰ πολλὰ τῶν κατὰ νόμον δικαίων πολεμίως τῇ φύσει κεῖται.

[24] π. εὐσεβ. p. 72 Gomp.; vgl. Cic. De nat. deor. 1, 13, 32 und oben S. 42.

[25] Vgl. *E. Weber*, De Dione Chrysostomo Cynicorum sectatore (Leipziger Studien 10 [1887]) 99 ff.

[26] Vgl. Plat. Gorg. 483 B (oben S. 123 f.); ferner Julian or. 6, 193 D.

[27] Wie das Schlagwort von der ἀνάγκη φύσεως zeigt, das bei Julian or. 6, 202 B wieder auftaucht, hat sich der medizinisch-sophistische Physisbegriff bei den Kynikern mit dem erkenntnistheoretischen verbunden. So ist wohl auch die Nachricht bei Diog. Laert. 6, 38 aufzufassen, Diogenes der Hund habe dem Nomos die Physis entgegengesetzt.

auch die Erkenntnis des Widerspruchs zwischen der Bezeichnung eines Dinges und seinem wahren Wesen in dieser Form Ausdruck. Wir haben oben die griechischen Theorien vom Wesen der Sprache von ihren Anfängen bis auf Herodot verfolgt und darauf hingewiesen, wie seit der Sophistik an die Stelle der ältern Gegenüberstellung ὄνομα-ἔργον die naturwissenschaftlich beeinflußte von ὄνομα und φύσις tritt. Die schließliche Uebernahme der Form νόμος-φύσις läßt sich wieder in einzelnen Schriften des hippokratischen Corpus beobachten.

Der sophistische Verfasser von π. τέχνης bemüht sich am Anfang seiner Schrift, die τέχνη ἰητρική als wirklich seiend zu erweisen. Er beruft sich dabei unter anderm darauf, daß die Existenz einer Benennung der Kunst auch die Existenz der Kunst selbst voraussetze, und begründet das mit den Worten (2: 10, 11 ff. CMG): ἄλογον γὰρ ἀπὸ τῶν ὀνομάτων ἡγεῖσθαι τὰ εἴδεα (sc. τῶν τεχνῶν) βλαστάνειν καὶ ἀδύνατον· τὰ μὲν γὰρ ὀνόματα [φύσιος] νομοθετήματά ἐστιν, τὰ δὲ εἴδεα οὐ νομοθετήματα, ἀλλὰ βλαστήματα. Da ist der zweite γάρ-Satz zur Beweisführung überflüssig[28]. Nur das Bestreben des Verfassers, seine Sprachtheorie anzubringen, rechtfertigt ihn. Er bildet einen Beleg für jene Auffassung der Sprache, welche die Bezeichnungen als bloß konventionell ablehnt[29]. Von besonderer Bedeutung für unsere Fragestellung ist dabei die Tatsache, daß die Antithese Nomos-Physis auch in die Sprachbetrachtung eingedrungen ist. Denn es ist gewiß, daß der Sophist die ionisch-poetischen Ausdrücke νομοθέτημα und βλάστημα nur um des Homoioteleutons willen, und um seine Diktion in eine höhere Sphäre zu heben, an Stelle der geläufigen Form νόμος-φύσις gesetzt hat[30].

---

[28] Vgl. *Th. Gomperz*, Die Apologie der Heilkunst (2. Aufl. Leipzig 1910) 102.

[29] Sie findet in der Schrift noch verschiedentlich Ausdruck, unter anderem dadurch, daß ὄνομα als 'bloßer Name und Schall' der οὐσίη oder τέχνη gegenübergestellt wird: 6 (13, 3 f.). 8 (14, 23 f.).

[30] Zu νομοθέτημα vgl. Antiphon (oben S. 140 A. 54); βλάστημα ist nach *Liddell-Scott* im 5. Jhdt. nur für die Tragödie bezeugt. — φύσιος, das an der Stelle, wo es überliefert ist, unmöglich und neben βλαστήματα, wohin *Gomperz* es setzte, zwar verständlich, aber überflüssig ist, erklärt sich als eingedrungene Randerläuterung zu βλαστήματα bzw. εἴδεα. Schon *Diels*, Anfänge 7, hat es mit Recht getilgt.

Es ist kein Zufall, daß gerade durch die Verbindung der Sprachphilosophie mit der Heilkunde die Antithese sich ein neues Gebiet erobert. Liegen doch ihre tiefsten Wurzeln einerseits in der Sprachbetrachtung, anderseits in der ärztlichen Naturauffassung. In jener war zuerst der Nomos als konventionell und nicht absolut gültig erkannt, in dieser die Physis zum Maßstab alles Handelns und Seins erklärt worden. Wenn jetzt die beiden Begriffe auch auf die extreme, in ihrer Schroffheit über Herodot und Empedokles hinausgehende Verwerfung jedes ὄνομα als bloßen Zeichens übertragen wurden und dies zuerst in medizinischem Zusammenhang geschah, so ist dieser Vorgang symptomatisch für die Sophistik als das große Sammelgefäß alles bisher erarbeiteten Wissens, zugleich aber dafür, daß auch die Sophistik den vorgezeichneten Kreisen des Denkens verhaftet blieb.

So findet sich denn auch die einzige weitere Spur der Uebertragung der Antithese Nomos-Physis auf die Sprachbetrachtung in der Abhandlung π. φύσιος ἀνθρώπου, die Hippokrates' Schwiegersohn Polybos zugeschrieben wird und wohl am Beginn des 4. Jahrhunderts entstanden ist, also wieder in einer sophistisch beeinflußten medizinischen Schrift [31]. Der Verfasser lehnt als Arzt ähnlich wie derjenige von π. ἀρχαίης ἰητρικῆς die Zurückführung des menschlichen Wesens auf ein einziges Prinzip ab und postuliert demgegenüber als Grundlage die Lehre von den vier Säften oder Qualitäten, die dann einen so weitreichenden Einfluß auf die Medizin und Psychologie der Folgezeit ausüben sollte. Nachdem er zu Beginn seiner Schrift die Einheitstheorie mit philosophischen und medizinischen Argumenten widerlegt hat, leitet er seine eigene These mit den Worten ein (2: 6, 36 L.): ἐγὼ μὲν γὰρ ἀποδείξω, ἃ

[31] Die Zuweisung an Polybos stützt sich auf Aristoteles (Hist. an. 3, 512 b 12 ff.), der die Aderlehre von π. φύσ. ἀνθρ. 11 unter Polybos' Namen zitiert. Galen hielt Hippokrates selbst für den Verfasser. *Littré* 6, 29 zweifelt, ob Polybos der Autor der ganzen Schrift sei, ebenso *Fredrich* 51 ff. und *Wilamowitz,* SBBerl. 1901, 15, dessen Skepsis heute noch gelten muß, obschon *Deichgräber,* Epidemien 105 ff. die Verfasserschaft von Polybos verteidigt. Doch wird *Deichgräbers* Datierung «um 400» ungefähr das Richtige treffen.

ἂν φήσω τὸν ἄνθρωπον εἶναι, καὶ κατὰ [τὸν] νόμον καὶ κατὰ [τὴν] φύσιν[32] ἀεὶ τὰ αὐτὰ ἐόντα ὁμοίως καὶ νέου ἐόντος καὶ γέροντος καὶ τῆς ὥρης ψυχρῆς ἐούσης καὶ θερμῆς. Und vor der nähern Ausführung seiner neuen Lehre erinnert er noch einmal an dieses Versprechen und erfüllt es sogleich mit den folgenden Sätzen (5: 6, 40 L.): φημὶ δὴ εἶναι αἷμα καὶ φλέγμα καὶ χολὴν ξανθὴν καὶ μέλαιναν. καὶ τούτων πρῶτον μὲν κατὰ νόμον τὰ ὀνόματα διωρίσθαι φημὶ καὶ οὐδενὶ αὐτῶν τὸ αὐτὸ ὄνομα εἶναι, ἔπειτα κατὰ φύσιν τὰς ἰδέας κεχωρίσθαι, καὶ οὔτε τὸ φλέγμα οὐδὲν ἐοικέναι τῷ αἵματι οὔτε τὸ αἷμα τῇ χολῇ οὔτε τὴν χολὴν τῷ φλέγματι.

Offenbar kennt dieser Arzt dieselbe Theorie von der Sprache wie der Verfasser von π. τέχνης. Er spricht sie in der schlichtern und gebräuchlichern Form κατὰ νόμον — κατὰ φύσιν aus, ordnet aber genau gleich dem νόμος die ὀνόματα zu, der φύσις die ἰδέαι[33]. Anderseits weist die Art, wie er diese Sprachtheorie verwendet, ihn doch deutlich einer jüngern Stufe zu. Denn während in π. τέχνης der Gedanke um seiner selbst willen, ohne die Argumentation zu stützen, vorgebracht wird, erscheint er in π. φύσιος ἀνθρώπου dem Thema der Schrift untergeordnet ohne eigene Bedeutung. Er wird einzig deshalb eingeführt, um einem

[32] Den Artikel vor νόμον und φύσιν hat schon *van der Linden* in seiner Ausgabe von 1665 gestrichen. Ihm folgt *O. Villaret,* Hippocratis de nat. hom. liber ad codd. fidem rec. (Diss. Berlin 1911) 63 mit der Begründung, der Ausdruck κατὰ φύσιν bzw. νόμον werde nie mit dem Artikel verbunden. Von der Ueberlieferung aus läßt sich nichts entscheiden, denn bei der Wiederholung desselben Satzes in Kap. 5 fehlt der Artikel beide Male, während einige Zeilen später bei der Einzelbesprechung die meisten Hss. zwar κατὰ τὸν νόμον, aber κατὰ φύσιν haben. Die konsequente Streichung des Artikels wird also hier richtig sein, obwohl die Form mit Artikel älter scheint als die sonst allgemein übliche Ausdrucksweise, die sich bei Antiphon (B 44 A 2, 27, oben S. 135 f.), Platon (Gorg. 483 A u. ö.), Antisthenes (oben S. 42 und 156) u. a. findet.

[33] Zu ἰδέα-εἶδος vgl. *Wilamowitz,* Platon 2, 248 ff Die beiden Ausdrücke sind gleichbedeutend. Thukydides verwendet sie nebeneinander, und ein Vergleich von π. φύσ. ἀνθρ. 2 ἰδέη καὶ δύναμις mit der entsprechenden Verbindung εἴδη καὶ ἰσχύν bei Melissos B 8 lehrt dasselbe. Aus der 'Erscheinungsform' ist schon hier die 'Art' geworden (vgl. auch Herod. 1, 94), deutlich z. B. Thuk 1, 109 πολλαὶ ἰδέαι πολέμων neben π. φύσ. ἀνθρ. 2 πολλαὶ ἰδέαι τῶν νουσημάτων. In π. φύσ. ἀνθρ. nähert sich der Sinn schon dem Begriff Physis, wenn neben ἰδέη καὶ δύναμις gleichbedeutend in Kap. 5 δύναμις καὶ φύσις steht. Wie εἶδος in π. τέχν., so bezeichnet also ἰδέα in π. φύσ. ἀνθρ. das 'Wesen', hier mehr in seiner konkreten Erscheinung, dort eher als den abstrahierten 'Begriff'.

möglichen Einwand gegen die These des Verfassers vorzubeugen. Denn wenn dieser einen einheitlichen Grundstoff des Menschen leugnet und an seine Stelle die Lehre von vier verschiedenen Stoffen setzt, so hat er zu beweisen, daß diese vier unter allen Umständen wirklich verschiedene Substanzen seien, nicht nur Abwandlungen ein und desselben Grundstoffes. Er begnügt sich aber nicht damit, ihre tatsächliche Verschiedenheit, die zu jeder Tages- und Jahreszeit und in jedem Lebensalter erkennbar sein muß, experimentell nachzuweisen (5: 6, 42 L.). Um sich gegen den Einwand zu sichern, den Kallikles im 'Gorgias' (483 A) gegen Sokrates erhebt, er treibe Spiegelfechterei, indem er bald κατὰ νόμον, bald κατὰ φύσιν spreche und so seine Gegner verwirre, erklärt der Hippokratiker von vorneherein, er werde zeigen, daß seine These καὶ κατὰ νόμον καὶ κατὰ φύσιν zutreffe. Er versteht unter diesen Begriffen zwar nicht den naturrechtlich-erkenntnistheoretischen Gegensatz des Kallikles, sondern den sprachphilosophischen von Bezeichnung und Sache, an dieser Sprachtheorie selbst aber ist ihm nichts gelegen. Sie bildet fast nur noch ein formales Glied in seinem Beweisgang. Wir werden danach in der Schrift eine spätere Stufe erkennen als in π. τέχνης, und der allgemeine Stilcharakter bestätigt, daß sie auch ihrer Abfassung nach jünger ist. Anderseits wird Melissos darin erwähnt, und seine eleatische Argumentationsmethode ist übernommen [34]. So wird man sie nicht weit über 400 herabrücken. Die ältere Schrift π. τέχνης dagegen und damit die Uebernahme der Antithese Nomos-Physis in die Sprachtheorie gehört noch ins 5. Jahrhundert.

Sie bedeutet nur eine äußerliche Aenderung, keine neue Haltung der Sprache gegenüber. Schon Xenophanes hatte ja die gebräuchliche Ausdrucksweise am Maßstab der Physis auf ihre Richtigkeit geprüft, und etwas anderes tut auch die sophistische Sprachphilosophie nicht. Mit dem Wort νόμος wird, ebenso wie bei den Vorsokratikern mit καλοῦσι, die Gebundenheit der Sprache an den Brauch einer Gemeinschaft betont. Wiewohl so die Ausdrucksweise nicht über die ältern An-

[34] Erwähnung von Melissos 1: 6, 34 L. Zur Nachahmung seiner Methode vgl. 2 mit VS 30 B 7, 4; dazu *Deichgräber,* Epidemien 107 f.

schauungen hinausweist, darf man aus Platons 'Kratylos' vielleicht schließen, daß mit der neuen Form von Anfang an eine Lehre von der Entstehung der Sprache durch eine Vereinbarung der Menschen verbunden war. Für Platon wenigstens ist diese Auffassung selbstverständliche Voraussetzung, und sie ist bei ihm gerade dort, wo er die Antithese Nomos-Physis auf die Sprachbetrachtung anwendet, mit der ursprünglichen Frage nach der Sprachrichtigkeit eng verknüpft [35]. Nun soll aber schon Archelaos über die Entstehung der Sprache spekuliert haben. Allerdings scheint sein Hauptinteresse den physikalischen Entstehungsbedingungen der Laute gegolten zu haben [36]. Doch weist die Einordnung der Nachricht auf Zusammenhänge mit seiner Welt- und Kulturentstehungstheorie, und so möchte man vermuten, daß er seine Lehre von der Abhängigkeit des Rechts und der Moral vom Denken der Menschen auf die Herkunft der Sprache übertragen hat. Man wird dann auch darin protagoreischen Einfluß sehen, um so mehr als weitere Zeichen darauf deuten, daß sich Protagoras mit diesem Problem befaßte: Demokrit, dessen Kulturentstehungslehre ja zweifellos von Protagoras abhängig ist, führt die Sprache auf eine Verabredung der Sprechenden zurück [37], und Platon bringt im 'Kratylos' die Lehre, die Hermogenes von der Entstehung der Wörter vorträgt, mit Protagoras zusammen und gibt ihr dabei eine Formulierung, die auffällig an Wendungen anklingt, welche er im Anschluß an den Homo-mensura-Satz gebraucht [38].

Als sicher ergibt sich, daß in sophistischer Zeit, unabhängig von Demokrit, die Sprache als Produkt einer συνθήκη und ὁμολογία erklärt wurde. Wie weit auf diese Lehre die ähnliche,

---

[35] Plat. Crat. 383 A und besonders 384 CD.

[36] VS 60 A 1 § 17.

[37] VS 68 B 5 (= Diod. 1, 8, 3); vgl. VS 68 B 26.

[38] Vgl. besonders Plat. Crat. 385 D ὃ ἂν ἄρα ἕκαστος φῇ τῳ ὄνομα εἶναι, τοῦτό ἐστιν ἑκάστῳ ὄνομα und ἢ καὶ ὁπόσα ἂν φῇ τις ἑκάστῳ ὀνόματα εἶναι, τοσαῦτα ἔσται καὶ τότε ὁπόταν φῇ mit Theaet. 167 C. 172 AB (oben S. 116) und Leg. 10, 889 E (oben S. 119 A. 24). Allerdings besteht auch die Möglichkeit, daß die Formulierungen des 'Kratylos' bloß zur Charakterisierung dieser relativistischen Geisteshaltung gewählt sind, ohne bei Protagoras mit der Sprache in Verbindung gestanden zu haben.

aber nicht aus kulturhistorischem, sondern aus erkenntniskritischem Bemühen hervorgegangene Auffassung des Parmenides von der Sprache noch einwirkte, läßt sich nicht bestimmen [39]. Eher möchte ich eine Verbindung suchen zu der gleichzeitigen sophistischen Theorie vom contrat social, die das Recht zum Ergebnis einer Vereinbarung machte. Ihre ersten Spuren finden sich bei Antiphon, der dem gewachsenen Naturrecht das Gesetzesrecht als ὁμολογηθέντα gegenüberstellt, und bei Hippias, der in Xenophons 'Memorabilien' die Gesetze als συνθήκη der Bürger definiert [40]. Ausführlich ist sie dargestellt in Platons 'Staat', aber in einer Abwandlung, die sie mit der Lehre vom Recht des Stärkern in Verbindung bringt, also zweifellos nicht dem ursprünglichen Sinn des Gesellschaftsvertrages entspricht [41].

---

[39] Vgl. oben S. 49 ff. Den Zusammenhang mit dieser aus erkenntniskritischer Haltung erwachsenen Sprachauffassung hat die Formulierung Epikurs (ep. 1, 75) bewahrt. Hier ist zum erstenmal von der Entstehung der ὀνόματα durch θέσις als Gegensatz zu derjenigen φύσει die Rede. Denn wo Platon im 'Kratylos' von θέσις τῶν ὀνομάτων spricht (390 D. 397 B. 401 B), ist der Ausdruck in Analogie zu νόμους τιθέναι gewählt.

[40] Antiphon B 44 A 1, 29 ff.; Xenoph. Mem. 4, 4, 13.

[41] Plat. Rep. 2, 358 E ff. Hier wie Gorg. 483 B handelt es sich um einen Vertrag der Schwachen gegen die Starken, während die ursprüngliche Lehre vom contrat social einen von allen beschworenen Vertrag zur Schaffung des Rechts annahm. Ein Rest davon ist erhalten in Rep. 2, 358 E ξυνθέσθαι ἀλλήλοις μήτε ἀδικεῖν μήτε ἀδικεῖσθαι. Vgl. dazu Antiphon B 44 C 2, 19 ff. und Epikur, Κύριαι δόξαι 32 f. 35.

IV. Ansätze zur Ueberwindung der sophistischen Antithese

Es würde über den Rahmen dieser Arbeit hinausgehen, wenn ich alle Anwendungen der Antithese Nomos-Physis im 4. Jahrhundert und weiter hinab verfolgen wollte [1]. Sie bieten zudem inhaltlich wenig Neues. Wenn die Ausdrucksweise nicht aus bloß formal-rhetorischen Gründen gewählt ist, sondern auch sachliche Bedeutung hat, so läßt sie sich meist leicht auf ihren Ursprung zurückführen, sei es, daß sie — in der Mehrzahl der Fälle — aus der sophistisch-politischen Wurzel stammt, oder daß sie unter dem Einfluß der nachsokratischen Schulphilosophie an die eleatische Komponente erinnert, die auf die Bedeutungsentwicklung Einfluß hatte. In eine Untersuchung, die sich auf diese Zeit erstrecken würde, müßte auch die jüngere Antithese θέσει-φύσει einbezogen werden, deren erstes Glied zunächst mit νόμῳ fast gleichbedeutend ist, sich aber später zum Begriff 'durch Adoption (als Kind oder als Bürger)' verengert [2].

Anstatt auf diese weitere Entwicklung einzugehen, möchte ich nur noch an drei Beispielen des ausgehenden 5. Jahrhunderts zeigen, wie die prägnante Bedeutung der Antithese sich schon damals abschwächte, wenn eigenwillige Autoren sich ihrer bemächtigten und sie zu ihren eigenen stilistischen oder sachlichen Zwecken umdeuteten.

---

[1] Als wichtigste Zeugnisse aus dem 4. Jhdt. sind zu nennen: Plat. Menex. 245 D; Isokr. 4, 105; Aristot. Pol. 1, 1253 b 20; Soph. el. 12, 173 a 7 ff.; Eth. Nic. 5, 1133 a 25 ff.; Philemon fr. 93 K. (oben S. 147 A. 74). Im Epigramm IG II² 11169 steht als Gegensatz zu φύσει der seltene Plural νόμοισι, da der Ausdruck rein politischen Sinn hat; daneben mag auch das Metrum mitspielen.

[2] Epikur, ep. 1, 75; vgl. oben S. 162 A. 39. Apollodor, Chronik (FGrHist 244) F 30. Aus nachchristlicher Zeit vgl. z. B. Suidas s. v. Ἀριστοφάνης Ῥόδιος und IG XII 3, 50 und 274.

Die erste der ausgewählten Stellen bietet ein Muster des in seiner Eigenart so schwer faßbaren Stils von Thukydides, der mit oft kaum erkennbaren Mitteln Beziehungen herstellt und Wirkungen erzeugt, deren ganzen Reichtum nur sorgfältige Einzelinterpretation aufdecken kann, deren tragenden Grund auch entwickelte philologische Methode bis heute außerstande ist zu deuten:

Beim Streit um die sizilische Expedition, der am Anfang des 6. Buches geschildert ist, treten in der athenischen Volksversammlung als Hauptredner Nikias und Alkibiades einander gegenüber. Nikias wirft Alkibiades unter anderm vor, er strebe nach der ἀρχή, um aus dem Staate materiellen Gewinn zu ziehen, mit dem er die Kosten seines prunkvollen Auftretens im olympischen Wagenrennen bestreiten könne. Ganz besonders aber macht er ihm seinen Ehrgeiz zum Vorwurf, der ihn zu so kostspieligen Schaustellungen treibe (6, 12, 2). Alkibiades sucht in seiner Antwortrede zuerst diesen persönlichen Angriff zu widerlegen, indem er darauf hinweist, daß sein Prunk in Olympia zwar ihm selbst und seinen Vorfahren Ruhm, der Stadt Athen aber auch Nutzen bringe, da die übrigen Griechen aus seinem großartigen Auftreten und seinen Wagensiegen schließen müßten, Athen sei noch viel stärker, als es in Wirklichkeit damals war (6, 16, 1f.). Zur Begründung fügt er bei (6, 16, 2): νόμῳ μὲν γὰρ τιμὴ τὰ τοιαῦτα, ἐκ δὲ τοῦ δρωμένου καὶ δύναμις ἅμα ὑπονοεῖται. καὶ ὅσα αὖ ἐν τῇ πόλει χορηγίαις ἢ ἄλλῳ τῳ λαμπρύνομαι, τοῖς μὲν ἀστοῖς φθονεῖται φύσει, πρὸς δὲ τοὺς ξένους καὶ αὕτη ἰσχὺς φαίνεται. Zum vollen Verständnis dieser Sätze ist auszugeben vom Worte φύσει, das keiner der gebräuchlichen Kommentare erklärt. Es kann erst Sinn bekommen, wenn νόμῳ als Gegensatz dazu erkannt ist. Damit wird aber auch der ganze Beziehungsreichtum der zwei Sätze aufgedeckt. In beiden liegt der Hauptton auf der zweiten Hälfte. Sowohl die prunkvollen Siege in Olympia wie auch die Choregien und andern Leistungen in der Stadt erwecken im Ausland den Eindruck, Athen stehe in voller Blüte und Stärke da. Damit hat Alkibiades die Behauptung, sein Auftreten sei für die Stadt nützlich (16, 1), begründet und den Vorwurf von Nikias, er wolle für sich selbst Nutzen ziehen, dem Staate aber schade er

(12,2), entkräftet. Aber diese Zurückweisung des Vorwurfs der Eigennützigkeit begnügt sich nicht mit dem Hinweis auf den Nutzen seines Vorgehens für die Stadt, sie verfolgt auch dessen Wirkung auf seine eigene Stellung, um zu zeigen, daß er sich durch sein Auftreten nicht so sehr Vorteil verschaffe als vielmehr Neid zuziehe. Diesem zweiten Nachweis ist jeweilen die erste, durch μὲν gekennzeichnete Hälfte der beiden Hauptsätze gewidmet: Da die panhellenischen Spiele von alters her in großem Ansehen stehen und man olympische Siege deshalb für besonders ehrenvoll hält — all das besagt der betont am Anfang stehende Begriff νόμῳ [3] —, bringen die Erfolge in Olympia Alkibiades zwar Ehre; die Leistungen in der Stadt dagegen erregen Neid und Mißstimmung — das liegt in der Natur der Sache (φύσει), weil die demokratischen Mitbürger ihrem eigentlichen Wesen nach es nicht lieben, wenn einer über das Durchschnittsmaß hinausragt [4]. So zeigt in klarer Zweiteilung der erste Satz die Wirkungen des Auftretens in Olympia, der zweite diejenigen der athenischen Leiturgien. Die Parallelität des Gedankengangs wird nur dadurch etwas verwischt, daß im ersten Satz die Folgen für Alkibiades und die Stadt im Vordergrund stehen, während im zweiten der Eindruck auf Bürger und Fremde betont wird.

Zusammengehalten werden die beiden Sätze durch die Antithese νόμῳ-φύσει, die nicht nur durch die psychologische Erklärung der verschiedenen Wirkung der olympischen und der athenischen Schaustellungen eine weitere Nuancierung hineinbringt, sondern zugleich die Widerlegung von Nikias' Vorwurf vollendet, indem die Ehre, die nach Nikias das alleinige Ziel von Alkibiades' Streben ist, als bloßer auf dem Nomos beruhender Scheinerfolg, der Neid der Mitbürger dagegen als das wirkliche Ergebnis von Alkibiades' Auftreten dargestellt wird. Thukydides erweist sich auch in dieser Verwendung der

[3] Thukydides denkt wohl an Xenophanes, der in B 2 die großen Ehrungen aufzählt, die den olympischen Siegern zuteil werden, und sie dann ablehnt mit den Worten (2, 13): ἀλλ' εἰκῇ μάλα τοῦτο νομίζεται. Für die Nachwirkung von Xenophanes im Athen des Peloponnesischen Krieges vgl. Eurip. fr. 282 (dazu oben S. 76 A. 50).

[4] Zu diesem Gedanken vgl. Herod. 3, 80, 3; 7, 237, 2 und Plat. Menex. 242 A.

Antithese als der überlegene Stilist, der einer in seiner Zeit schon abgebrauchten Form durch sparsame Verwendung Bedeutung zu verleihen und sie zugleich mit neuem Gehalt zu füllen versteht [5].

Viel weiter entfernt sich Euripides in seinem Altersstück, den 'Bakchen', vom ursprünglichen Sinn der Antithese. Der Chor der Bakchantinnen warnt (882 ff.) vor jeder Verstandesspekulation, die über die geltenden Anschauungen hinausgreifen will, und mahnt demgegenüber zum Glauben an die wirkende Kraft der Gottheit mit den Versen (890 ff.):

οὐ γὰρ κρεῖσσόν ποτε τῶν νόμων
γιγνώσκειν χρὴ καὶ μελετᾶν.
κούφα γὰρ δαπάνα νομί-
ζειν ἰσχὺν τόδ' ἔχειν,
ὅ τι ποτ' ἄρα τὸ δαιμόνιον
τό τ' ἐν χρόνῳ μακρῷ νόμιμον
ἀεὶ φύσει τε πεφυκός.

Auch hier ist das Gegensatzpaar in bewußter Absicht gesetzt, wenn es auch nicht in der klassischen substantivischen Form erscheint, in einer Absicht jedoch, die mit seiner sonstigen Bedeutung schlecht zusammenstimmt. Offensichtlich haben die Verse den Preis des Nomos zum Zweck. Und doch haben sie mit dem Anonymus π. νόμων nichts zu tun, der die schlechte φύσις mit Hilfe der νόμοι überwindet, und ebenso wenig mit dem anonymen Verteidiger des Gesetzesrechts bei Iamblich. Denn der νόμος der 'Bakchen' ist, wie die Nähe von νομίζειν zeigt, der geltende Glaube, nicht das Staatsgesetz. Am nächsten steht er den ἄγραφοι νόμοι, die Sophokles in der 'Antigone' (453—457) und im 'König Oedipus' (865—871) verkündet; mit ihnen hat er das Prädikat hohen Alters als Argument für seine Macht und die nahe Beziehung zur Gottheit gemein. Das Neue bei Euripides aber ist das zweite Prädikat φύσει πεφυκός. Die Gottheit soll nicht nur verehrt werden, weil ihr Kult seit unbedenklicher Zeit anerkannt ist, sondern zugleich

[5] Außer an dieser Stelle macht Thukydides, soweit ich sehe, nur noch 3, 84, 2 (oben S. 152) und 5, 105, 2 (unten S. 167 A. 7) von der Antithese Gebrauch.

deshalb, weil sie ein wirklich gewordenes und seiendes Wesen ist. Diese Behauptung ist nicht, wie es zunächst scheinen könnte, eine Folgerung aus dem hohen Alter des Kultes, sondern die bewußte paradoxe Vereinigung der zwei sonst in schärfstem Gegensatz stehenden Prädikate νόμιμον und πεφυκός auf ein und denselben Gegenstand, die Gottheit. Euripides gibt mit diesem Paradoxon dem Göttlichen die Macht und Wirklichkeit wieder, die ihm die Sophistik abgesprochen hatte. Nicht daß er damit die sophistische Aufklärung in sich überwunden hätte und zur Einheit von Nomos und Physis schlechthin zurückgekehrt wäre; noch im selben Stück ist die Relativität der νόμοι mit aller Deutlichkeit ausgesprochen[6]. Aber die Verse deuten doch an, daß in der religiösen Sphäre die Vereinigung der Gegensätze schon damals möglich war[7].

Erst von hier aus ist eine weitere Euripidesstelle verständlich, die eine der ältesten Erwähnungen des Begriffspaares Nomos-Physis bietet, sich aber nicht ohne weiteres in die bisher dargelegten Zusammenhänge einordnen läßt. Im 'Ion' erklärt der junge Titelheld seinem vermeintlichen neugefundenen Vater, er ziehe den Aufenthalt im delphischen Tempel dem Leben am athenischen Königshof vor (585 ff.). Zur Begründung nennt er die Vorzüge seines bisherigen Daseins als Tempelsklave und schließt diese Schilderung mit den Worten (642 ff.):

ὃ δ' εὐκτὸν ἀνθρώποισι, κἂν ἄκουσιν ᾖ,
δίκαιον εἶναί μ' ὁ νόμος ἡ φύσις θ' ἅμα
παρεῖχε τῷ θεῷ.

[6] 482—484. Ueberhaupt dürfen ja die Anschauungen, welche die Personen und Chöre von Euripides vertreten, nicht mit denen des Dichters gleichgesetzt werden.

[7] Die Proklamation eines ewigen νόμος des Rechts des Stärkern, der auf der φύσις ἀναγκαία beruhe, durch Thukydides (5, 105, 2) mag von ähnlichen Gedankengängen angeregt sein. Auch bei Thukydides sind Erörterungen über die Religion damit verbunden. Man vergleiche Herod. 7, 8 α, wo sich Xerxes für den Nomos, dem er bei der Ausbreitung seiner Macht folgt, auf die Gottheit beruft. Die Physis fehlt hier noch (vgl. auch oben S. 145 f.); aber der Ausspruch geht im einzelnen so nahe mit Thukydides' Aeußerung zusammen, daß eine Beziehung bestehen muß. Von Thukydides aus gesehen, wird auch Kallikles' νόμος τῆς φύσεως (Plat. Gorg. 483 E) nicht für platonische Erfindung gelten können.

Für den in Apollons Heiligtum aufgewachsenen Knaben ist die Gerechtigkeit eines der höchsten Güter. Sie zu üben, ist er seinem angebornen Charakter nach geschaffen, und in dieselbe Richtung hat ihn die Tempelordnung gewiesen, unter der er bisher lebte. Anlage und äußere Einflüsse wirken so zusammen, um ihn zum Guten zu führen.

Mit Recht hat man in dieser Auffassung von Nomos und Physis eine Aehnlichkeit mit derjenigen von πάύτ. gesehen [8]. Für beide sind Physis und Nomos Faktoren, die auf die Formung des Menschen Einfluß ausüben, und beide sehen darin nicht zwei zueinander im Widerspruch stehende Kräfte, von denen die eine positiv, die andere dagegen negativ zu werten wäre. Diese Verwendung des Begriffspaares aber besagt, daß die 'Ion'-Stelle ebensowenig mit der sophistischen Antithese gemein hat wie πάύτ. Sie läßt sich nur daraus verstehen, daß Euripides das zur Erklärung völkischer Eigenschaften geprägte und von Erziehungstheorien beeinflußte Begriffspaar Nomos-Physis auf die Formung eines Einzelcharakters übertragen hat [9]. Er hat damit nicht die «abgeschliffenere Antithese» zur Darstellung eines pädagogischen Sachverhaltes verwendet, für den die Ausdrucksweise φύσις-μελέτη oder φύσις-ἄσκησις angemessener gewesen wäre, sondern er ist deshalb zu dieser ältern Form zurückgekehrt, weil nur in νόμος der Begriff einer von außen auferlegten verpflichtenden Regelung enthalten ist, den weder μελέτη und ἄσκησις noch διδαχή geben konnten. Aber eines unterscheidet Euripides vom Autor von πάύτ. — und das ist der Grund, warum wir diese Stelle erst hier besprechen —: er und seine Zuhörer kannten die sophistische Antithese, und erst dadurch bekommen diese Verse ihren eigentlich euripideischen Gehalt. In Ions bisherigem Leben wirkten selbst die für Euripides' Zeit sonst unvereinbaren Gegensätze Nomos und Physis in ein und derselben Richtung. Nicht ohne Absicht steht dieses

[8] *Diller*, Gnomon 18 (1942) 82. Leider konnte ich diese ergebnisreiche Besprechung in den Kapiteln über πάύτ. und πίν. nicht mehr berücksichtigen. Außer πάύτ. 24 (77, 6), worauf *Diller* verweist, ist ferner Xenoph. Oec. 7, 16 zu vergleichen: ἅ τε οἱ θεοὶ ἔφυσάν σε δύνασθαι καὶ ὁ νόμος συνεπαινεῖ, ταῦτα πειρῶ ὡς βέλτιστα ποιεῖν.

[9] Vgl. oben S. 27 ff. über πάύτ. und Herodot.

Ideal der Ueberwindung einer von Euripides tief gefühlten Zerrissenheit am Ende von Ions Schilderung.

Vollzogen wurde die Vereinigung der Gegensätze schließlich in ganz anderem Sinne in der Stoa, für die der Logos und der von ihm geschaffene Nomos nur Teile der einen göttlichen Physis bedeuteten.

Anhang

Zur Datierung von περὶ ἀέρων ὑδάτων τόπων und περὶ ἱερῆς νούσου

Es steht nach den Forschungen der letzten Jahrzehnte fest, daß die beiden Schriften πάύτ. und πίν. zusammen mit den Epidemienbüchern I und III, dem Prognostikon, den chirurgischen Werken π. ἀγμ. und π. ἀρθρ. ἐμβ. und den Abhandlungen π. ἀρχ. ἰητρ. und π. τέχν. die ältesten Bestandteile des Corpus Hippocraticum bilden und noch im 5. Jahrhundert entstanden sind [1]. Dagegen bestehen über die genaue zeitliche Ansetzung und das gegenseitige Verhältnis der einzelnen Schriften ebenso große Meinungsverschiedenheiten wie über ihre Verfasser.

Hier kann es sich nicht darum handeln, den ganzen umstrittenen Fragenkomplex aufzurollen, der mit dem hippokratischen Problem zusammenhängt. Da aber die beiden Schriften πάύτ. und πίν. in der Geschichte des Begriffspaares Nomos-Physis eine entscheidende Rolle spielen, muß die Frage nach ihrer Entstehungszeit soweit als möglich geklärt werden, damit die Ergebnisse der vorstehenden Untersuchung als gesichert gelten können. Dabei ist einerseits ihr gegenseitiges Verhältnis, anderseits sind ihre Beziehungen zu zeitgenössischen Schriften auch nichtmedizinischen Inhalts zu untersuchen. An erster Stelle ist hier Herodot zu nennen, der besonders mit πάύτ. nicht nur in einzelnen sachlichen Angaben übereinstimmt, sondern zum Teil auch im Stil parallele Erscheinungen aufweist.

1. Περὶ ἀέρων ὑδάτων τόπων

Der erste Teil von πάύτ. (Kap. 1—11) ist eine Anleitung zur Erkenntnis des Einflusses von geographischer Lage, Winden, Wasserverhältnissen und Jahreszeiten auf den menschlichen

[1] Vgl. zuletzt *Nestle,* Mythos 212 ff., bes. 217 A. 93; dort die ältere Literatur.

Gesundheitszustand. Der zweite (Kap. 12—24) ist äußerlich eine ethnographische Schrift, welche die auffälligsten Unterschiede im körperlichen und geistigen Habitus der Bevölkerung Asiens und Europas aufzeigen und nach ihren Ursachen erklären will [2]. Man hat aus dieser abweichenden Zielsetzung geschlossen, daß zwei verschiedene Schriften desselben Verfassers im Corpus vereinigt und unter einem Titel überliefert worden seien [3], ja man hat sogar die beiden Teile verschiedenen Verfassern zuweisen wollen [4]. Die Argumentation konnte sich dabei nicht so sehr auf ausdrückliche sachliche Widersprüche als auf die verschiedene Interessenrichtung stützen, die man in den zwei Teilen glaubte feststellen zu müssen [5]. Wir haben (oben S. 24 ff.) gesehen, daß in Wirklichkeit auch der zweite Teil nur als Werk eines Arztes ganz zu verstehen ist, eines Arztes, der denselben Leitgedanken, welcher im ersten Teil die Grundlage bildet, den Zusammenhang zwischen Klima, Landesnatur und körperlich-geistiger Beschaffenheit der Bevölkerung, an einem ethnographischen Stoff durchzuführen sucht [6]. An der Identität der Verfasser, für die ja auch die

---

[2] Vgl. zum folgenden oben S. 13 ff.

[3] *Wilamowitz*, SBBerl. 1901, 16 ff. Zugleich hat er in beiden Teilen eine größere Zahl von Interpolationen angenommen (vgl. aber auch seinen Text im Lesebuch 2). Weitere Einschübe glaubte *Jacoby*, Hippokrates 518 ff. aussondern zu müssen. Gegen ihn *Trüdinger* 170 ff. und *K. Merz*, Forschungen über die Anfänge der Ethnographie bei den Griechen (Diss. Zürich 1923) 17 ff.

[4] *Edelstein* 57 und ihm folgend *Diller*, Wanderarzt 89 ff. Die vorliegende Arbeit war im wesentlichen abgeschlossen, als *Diller* im Gnomon 18 (1942) 65 ff. eine neue Analyse vorlegte, in der er nur die Kapitel 1—4, 10 und 11, die er dem Verfasser von πίν. zuweist, als ursprünglichen Bestand von πάύτ. gelten läßt, während der Rest (Kap. 5—9 und 12—24) eine spätere Erweiterung darstelle. Da ich zu seinen Ausführungen nicht mehr im einzelnen Stellung nehmen konnte, bleibt es einer spätern Erörterung vorbehalten, zu prüfen, wie weit seine Argumente die Ergebnisse unserer Untersuchung erschüttern.

[5] *Diller*, Wanderarzt 104 weist nur auf einen einzigen sachlichen Widerspruch zwischen den Anschauungen des ersten und zweiten Teiles, indem er 3: 57, 18 mit 24: 77, 4 vergleicht. Da es sich aber gar nicht um denselben Fall handelt, darf Uebereinstimmung nicht gefordert werden.

[6] Vgl. auch die im ersten und zweiten Teil ganz übereinstimmende inkonsequente Bewertung einzelner Faktoren bald als selbständiger Ur-

Ueberlieferung spricht, ist deshalb nicht zu zweifeln [7]. Dazu tritt bestätigend die stilistische Einheit der Schrift. Ich verweise dafür auf die unten (S. 201 ff.) gegebene Zusammenstellung archaischer stilistischer Eigentümlichkeiten, welche nur πάυτ. in solcher Häufung, diese Schrift aber unterschiedslos in beiden Teilen aufweist [8]. Wenn es so gesichert erscheint, daß der Verfasser beider Teile derselbe ist, so stellt sich die weitere Frage, ob πάυτ. in seiner heutigen Form aus zwei selbständigen Schriften besteht oder eine einheitliche Abhandlung bildet [9]. Sie läßt sich mit unsern heutigen Mitteln und unsern vagen Kenntnissen der Möglichkeiten archaischer Komposition kaum lösen. Für unser Problem ist indes ihre Lösung auch nicht von entscheidender Bedeutung, besonders deshalb nicht, weil auch bei der Annahme von zwei selbständigen Schriften ein zeitlicher Unterschied der Abfassung sich nicht feststellen läßt. Wir dürfen also πάυτ. als Einheit behandeln [10].

2. *Περὶ ἀέρων ὑδάτων τόπων und Herodot*

Die Berührungen zwischen Herodot und πάυτ. sind längst erkannt und auf Hekataios als gemeinsame Quelle zurückgeführt worden [11]. Dagegen ist in den letzten Jahren von zwei Forschern der Versuch unternommen worden, eine einseitige Abhängigkeit nachzuweisen und mit ihrer Hilfe die umstrit-

---

sachen, bald als Wirkung anderer übergeordneter Ursachen; dazu oben S. 14 A. 3.

[7] Das haben gegen *Edelstein* die Rezension von *Mewaldt,* Deutsche Literaturzeitung 53 (1932) 254 ff., gegen *Diller* diejenige von *Palm,* Gnomon 13 (1937) 304 und *Pohlenz,* Hippokrates 27 ff. mit Recht betont.

[8] Ich nenne hier nur die wichtigsten der unten besprochenen Eigenheiten: Subjektswechsel: 4: 58, 6 ff.; 6: 59, 26 ∾ 18; 71, 30. Prolepse des Nebensatzsubjektes: Kap. 1 (5mal); 2: 56, 24 und 57, 4 ∾ 16: 70, 11; 19: 72, 11. Parenthese mit γάρ: 1: 56, 2 ff. ∾ 13: 68, 12; 19: 72, 10 ff.

[9] Für die erste Lösung hat sich nach *Wilamowitz* auch *Pohlenz* entschieden, während zuletzt *Gelzer* mit beachtlichen Gründen für die Einheit eingetreten ist (vgl. oben S. 26 A. 23).

[10] Ebenso brauchen hier die spätern Interpolationen nicht berücksichtigt zu werden, mit Ausnahme des unten S. 197 ff. zu besprechenden wichtigen Kapitels 22.

[11] *Jacoby,* Hekataios 2680. 2708. 2717.

tene Datierung von πάύτ. festzulegen. Wenn dabei der eine aus einer Uebereinstimmung schließen zu müssen glaubt, Herodot sei die Quelle der hippokratischen Schrift [12], während für den andern Herodots Klimatheorie aus πάύτ. entlehnt ist [13], so ist diese Diskrepanz in den Ergebnissen symptomatisch für eine Methode, die aus dem Wunsche nach sichern chronologischen Anhaltspunkten heraus bei einzelnen Anklängen eine Priorität des Gedankens feststellen will, ohne dabei die Gesamtheit der Uebereinstimmungen zu berücksichtigen und ohne zu bedenken, daß schon vor den beiden Schriften eine reiche ethnographische und medizinische Literatur existiert haben muß, deren Einfluß sicher viel weiterreichend ist, als man mit Hilfe zufällig erhaltener Bruchstücke bisher hat nachweisen können [14].

Unter diesen Umständen halte ich es für nötig, die übereinstimmenden Angaben in Herodot und πάύτ. noch einmal vorzulegen und auf ihre Herkunft zu untersuchen. Es sind dabei zwei Gruppen zu unterscheiden. Die erste bilden die rein ethnographischen Nachrichten, z. B. über die Hornlosigkeit der skythischen Rinder oder über die Lebensweise der sauromatischen Amazonen und der skythischen Nomaden [15]. Man wird sie auf eine gemeinsame ethnographische Quelle, wohl Hekataios, zurückführen [16]. Etwas anders steht es mit den klimatologisch-medizinischen Anschauungen, die in den beiden Werken vorgetragen werden.

Wir haben (oben S. 23 f.) festgestellt, daß beide das ausgeglichene Klima (κρῆσις τῶν ὡρέων) von Ionien und Griechenland preisen [17], daß aber nur der Hippokratiker vom Einfluß

---

[12] *Pohlenz,* Hippokrates 45 zu Herod. 4, 29 = πάύτ. 18: 72, 2.

[13] *Nestle,* Hippocratica 25 f.

[14] Das betont, wie ich nachträglich sehe, auch *Diller,* Gnomon 18 (1942) 77.

[15] πάύτ. 17 = Herod. 4, 114. 116. 117 und πάύτ. 18 = Herod. 4. 46 f.: vgl. dazu schon Pindar fr. 105 und Aisch. Prom. 709 ff.

[16] Es ist eine Verkennung von Herodots Stil, wenn man 4, 29 die Begründung der Hornlosigkeit, nur weil sie mit δοκέει δέ μοι eingeleitet ist, für Herodots geistiges Eigentum erklären will (anders liegen die Verhältnisse 2, 77 [unten S. 176 f.], wo zwei Meinungen einander gegenübergestellt werden). Allenfalls könnte die negative Bekräftigung durch den Homervers eigene Zutat sein.

[17] πάύτ. 12 = Herod. 1, 142 und 3, 106.

des Klimas auf Land und Bewohner spricht, während Herodot einfach den Mittelzustand für den idealen erklärt, ohne daraus weitere Schlüsse zu ziehen. So besteht denn überhaupt bei Herodot nirgends ein Kausalzusammenhang zwischen Klima, Landesart und Bewohnern. Deutlich tritt das bei der Beschreibung Skythiens (4, 46 f.) hervor: Ganz ähnlich wie in πάϋτ. 18 wird die skythische gras- und wasserreiche Ebene geschildert, ganz ähnlich auch die nomadische Lebensweise der Bevölkerung. Aber während diese in πάϋτ. zum Klima in Beziehung steht, ist sie nach Herodot eine weise menschliche Einrichtung, um den Verkehr und den Krieg mit andern Völkern zu vermeiden. Die Landesnatur begünstigt zwar dieses Nomadentum, wird aber durchaus nicht als dessen Ursache aufgefaßt [18].

Gemeinsam ist also den beiden Werken nur der Preis des 'gemischten', zwischen den Extremen liegenden Klimas. Wir erkennen darin jene Bevorzugung der maßvollen Mitte, die sich als allgemein griechischer Gedanke schon in den beiden Sieben-Weisen-Sprüchen μηδὲν ἄγαν und μέτρον ἄριστον ausspricht, die Aufforderung zum Einhalten des Mittelweges unter Vermeidung der Extreme. Am deutlichsten ist dieser Grundsatz der archaischen Ethik bei Solon zu erkennen, dessen ganze Versöhnungspolitik ja darauf beruht [19]. Wann der Gedanke vom ethisch-politischen auf das physiologisch-medizinische Gebiet übertragen wurde, läßt sich kaum feststellen — wenn er nicht überhaupt von Anfang an in beiden Sphären verbunden erschien. Für uns ist Alkmeon von Kroton der erste, der den Gedanken medizinisch verwertete. Er erklärt in B 4 als Grundlage der Gesundheit den Ausgleich (ἰσονομία) der Kräfte (des Warmen und Kalten, Feuchten und Trockenen usw.), als Ursache aller Krankheiten die Alleinherrschaft (μοναρχία) der

---

[18] Ebenso soll die Bemerkung Herodots (2, 35), daß die Sitten der Aegypter gleichwie das besondere Klima des Landes und die Einzigartigkeit des Nils von allem Gewohnten abwichen, keinen Kausalzusammenhang zwischen Landesnatur und Bewohnern statuieren, sondern nur auf die Parallelität der Erscheinungen hinweisen. So *Howald,* Hermes 58 (1923) 121.

[19] In fr. 5, 7 f. ist die Ablehnung der beiden Extreme mit μήτε-μήτε auch sprachlich ähnlich gefaßt wie in Herod. 1, 142 und πάϋτ. 12: 67, 29 ff. Vgl. zum folgenden jetzt auch *W. Jaeger,* Paideia 2 (Berlin 1944) 36 ff.

einen von ihnen [20]. Die beiden Begriffe lassen die enge Verwandtschaft der Formulierung mit πάὐτ. 12 (67, 24) erkennen, wo die κρῆσις τῶν ὡρέων definiert wird als der Zustand, ὁκόταν μηδὲν ᾖ ἐπικρατοῦν βιαίως (= μοναρχία), ἀλλὰ παντὸς ἰσομοιρίη δυναστεύῃ (= ἰσονομία). Bei Alkmeon mag pythagoreische Kosmologie und ἰσότης-Ethik mitspielen [21], doch wird auch die ärztliche Erfahrung ihren Anteil an dem Postulat haben. Denn es erscheint in der Folgezeit als autarker Bestandteil medizinischer Vorschriften. Dabei gilt es in der diätetischen Schule, deren älteste erhaltene Schrift π. ἀρχ. ἰητρ. ist, ebenso wie in der meteorologischen (πάὐτ. und πίν.), wie das die folgenden Sätze zeigen:

πάὐτ. 10 (65, 1): Das Jahr ist dann am gesundesten, ἣν... ὁ χειμὼν μέτριος καὶ μήτε λίην εὔδιος μήτε ὑπερβάλλων τὸν καιρὸν τῷ ψύχει.

πίν. 5 (368): Der Kopf ist dann am gesundesten, wenn er im Embryonalzustand καλῶς καὶ μετρίως καθαρθῇ καὶ μήτε πλέον μήτε ἔλασσον τοῦ δέοντος ἀπορρυῇ.

π. ἀρχ. ἰητρ. 5 (39, 25 CMG): Diejenigen Kranken, welche selbst Suppen nicht zu ertragen vermochten, gingen zu Getränken über, διαφυλάσσοντες ὡς μετρίως ἔχοι, μήτε πλείω τῶν δεόντων μήτε ἀκρητέστερα προσφερόμενοι μηδὲ ἐνδεέστερα [22].

Da die diätetische Schrift einer ganz andern Richtung angehört als πάὐτ. und πίν. und deshalb von diesen ganz unabhängig ist, geht aus diesem Zeugnis deutlich hervor, daß im ausgehenden 5. Jahrhundert — oder wohl schon seit dem in der Geschichte der Medizin epochemachenden Alkmeon — die Lehre vom Ausgleich der Gegensätze, von der rechten Mischung der Qualitäten als Grundlage der Gesundheit ein Grundstein allen ärztlichen Denkens war. Ihre Uebertragung auf das Klima bedeutete von da nur einen kleinen Schritt. Er wird in der meteorologischen Schule, vor πάὐτ., vollzogen wor-

[20] Im Bericht des Aetius dürfen die beiden Ausdrücke ἰσονομία und μοναρχία mit ziemlicher Sicherheit für Alkmeon selbst in Anspruch genommen werden.

[21] Vgl. ἰσότης bei Archytas VS 47 B 3 und *Nestle*, Mythos 110.

[22] Vgl. auch π. φύσ. ἀνθρ. 4 (6, 40 L.): ὑγιαίνει μὲν οὖν μάλιστα, ὁκόταν μετρίως ἔχῃ τῆς πρὸς ἄλληλα κρήσιος... ἀλγέει δέ, ὁκόταν τι τουτέων ἔλασσον ἢ πλέον ᾖ ἢ... μὴ κεκρημένον ᾖ τοῖσι ξύμπασιν.

den sein. Denn dessen Verfasser trägt sie schon als anerkannte Tatsache vor, mit der gleichen Selbstverständlichkeit, mit welcher Euripides [23] und Herodot (3, 106) die κρῆσις für das griechische Klima in Anspruch nehmen. All das weist auf ihre weite Verbreitung und Volkstümlichkeit zu Beginn des Peloponnesischen Krieges hin [24]. Damit ist es zweifellos geworden, daß Herodot und der Autor von πάὐτ. den Gedanken unabhängig voneinander aus älterem Traditionsgut übernommen haben. Deshalb haben sie ihn denn auch, wie wir oben sahen, ganz verschiedenartig verwertet, ein Umstand, der dazu beiträgt, eine einseitige Abhängigkeit unwahrscheinlich zu machen.

Eine zweite Uebereinstimmung in medizinischen Anschauungen besteht zwischen πάὐτ. und Herodot in der Frage nach den äußern Krankheitsursachen. Der Verfasser von πάὐτ. unterscheidet grundsätzlich drei Gruppen von Krankheiten: Landeskrankheiten (ἐπιχώρια), deren Entstehung und Entwicklung von der Lage des Ortes zu Sonne, Wind und Wasser bedingt sind [25], allgemein menschliche (πάγκοινα), die infolge des Wechsels der Jahreszeiten entstehen und daher überall auftreten können [26] — wobei freilich günstige geographische Faktoren den schädlichen Einfluß der μεταβολαί herabzusetzen vermögen (10: 66, 4) — und, nur anhangsweise erwähnt, persönliche (ἴδια), die aus der μεταβολή der δίαιτα des Einzelnen entstehen (2: 57, 1). Für die zwei letztgenannten Arten wird den μεταβολαί als Krankheitsursachen eine beherrschende Rolle zugewiesen. So warnt denn der Arzt am Schluß des ersten Teiles seiner Schrift (11: 67, 2) ganz besonders vor den größten Umschlägen der Jahreszeiten, zu denen die Sonnenwenden und die Tag- und Nachtgleichen gehören: φυλάσσεσθαι δὲ χρὴ μάλιστα τὰς μεταβολὰς τῶν ὡρέων τὰς μεγίστας. Diese selbe Lehre spricht Herodot 2, 77, 3 aus: ἐν γὰρ τῇσι μετα-

[23] fr. 981; wenn Euripides dabei von den Früchten Asiens und Griechenlands spricht, die im Lande (doch wohl Attika) zur Verfügung stehen, so ist an den Handel, nicht etwa an die Fruchtbarkeit unter dem Einfluß des Klimas zu denken. Vgl. Ps. Xenoph. Πολ. Ἀθην. 2, 7.

[24] Vgl. auch *Jacoby*, Hekataios 2706 und FGrHist 1, 329, der die Lehre auf Hekataios (F 37) zurückführen möchte. Sein Beweis scheint mir nicht schlüssig.

[25] 2: 56, 23; 3: 57, 23; 58, 3; 4: 58, 28.

[26] 2: 56, 24. 27; 3: 57, 33; 58, 4; 4: 58, 29.

βολῆσι τοῖσι ἀνθρώποισι αἱ νοῦσοι μάλιστα γίνονται, τῶν τε ἄλλων πάντων καὶ ... τῶν ὡρέων μάλιστα. Er schließt diesen Satz an an seine Erklärung, daß die besonders gute Gesundheit der Aegypter (μετὰ Λίβυας ὑγιηρέστατοι πάντων ἀνθρώπων) auf die immer gleichbleibenden ὧραι des Landes zurückzuführen sei[27]. Wenn er dieser Behauptung durch ἐμοὶ δοκέειν einen leicht polemischen Ton gibt, so erklärt sich das aus dem vorhergehenden Satz, nach dem die Aegypter selbst eine ganz andere Lehre über die Krankheitsursachen vertreten haben sollen: νομίζοντες ἀπὸ τῶν τρεφόντων σιτίων πάσας τὰς νούσους τοῖσι ἀνθρώποισι γίνεσθαι. Das widerspricht offensichtlich seiner eigenen Erklärung, welche die Krankheiten infolge von Witterungswechseln entstehen läßt.

Nun wird Herodot ja jene diätetische Lehre, welche die Nahrung für alle Krankheiten verantwortlich macht, nicht (oder zumindest nicht nur) aus Aegypten kennen. Ist sie doch besonders seit ihrem Hauptverfechter Herodikos von Selymbria[28] nach dem Ausweis des Corpus Hippocraticum (π. ἀρχ. ἰητρ. und π. διαίτ.) eine Hauptrichtung der griechischen Medizin des ausgehenden 5. Jahrhunderts. Wenn Herodot sie als ägyptische Lehre anspricht, so gehört das zu seiner bekannten Methode, griechische Weisheit von einem 'ältern' Fremdvolk, besonders von den Aegyptern, herzuleiten. Darin hatte er schon in Hekataios' Kritik griechischen Glaubens durch ausländische Tradition einen Vorgänger[29]. Auf Hekataios als Quelle weisen nun auch hier verschiedene Umstände: einmal deckt sich Herod. 2, 77, 4 mit Hekataios F 322 f.; ferner ist auch für Herod. 2, 70, 71 und 73 Entlehnung aus Hekataios (F 324) nachgewiesen[30]. Schließlich stimmt Diodor 1, 82 in seinen Nachrichten über die diätetischen Anschauungen der ägyptischen Medizin mit Herodot genau überein. Diodors Quelle für den ganzen Abschnitt über Aegypten sind die Aigyptiaka des

[27] Vgl. auch Aphorismen 3, 1: αἱ μεταβολαὶ τῶν ὡρέων μάλιστα τίκτουσι νουσήματα und π. διαίτ. 1, 2: τὰς μεταβολὰς καὶ ὑπερβολὰς φυλάσσειν καὶ σίτων καὶ ποτῶν (vgl. πάθτ. 2: 57, 2 ἐκ μεταβολῆς τῆς διαίτης) καὶ πνευμάτων καὶ τοῦ ὅλου κόσμου, ἐξ ὧν περ αἱ νοῦσοι τοῖσιν ἀνθρώποισι φύονται. Zum folgenden vgl. ferner Herod. 4, 187, 2 unten S. 179 f.

[28] Ueber Herodikos von Selymbria s. oben S. 98 A. 24 und S. 105 A. 46.

[29] *Diels,* Hermes 22 (1887) 436 ff.

[30] *Jacoby,* Hekataios 2678. 2706.

Hekataios von Abdera [31]. Es ist nicht wahrscheinlich, daß er die medizinische Angabe aus Herodot, wo sie ganz vereinzelt steht, geholt haben sollte. Daß der Abderite das getan hätte, wäre eher denkbar. Es bleibt aber die Möglichkeit einer gemeinsamen Quelle von Herodot und Hekataios von Abdera, und da möchte man am ehesten wieder an den Milesier Hekataios denken.

Damit wird allerdings die Lehre der Diätetiker hoch hinauf datiert. Doch sprechen dafür, daß sie die ältere der beiden von Herodot genannten Theorien ist, auch die erhaltenen hippokratischen Schriften. Eine der ältesten des Corpus, π. ἀρχ. ἰητρ., ist rein diätetisch und erwähnt die Klimaeinflüsse überhaupt nicht. Anderseits ist keine rein meteorologisch, denn πάϋτ. und πίν., die ebenfalls zu den ältesten gehören, berücksichtigen neben den im Zentrum stehenden Wirkungen der Umwelt auch die δίαιτα (πίν. 18: 396), freilich πάϋτ. nur ganz allgemein als Lebensart (1: 56, 18 ff.) oder dann unter dem Gesichtspunkt der μεταβολή (2: 57, 2), nicht aber im Sinne der 'Aegypter' Herodots, des Herodikos und der Verfasser von π. ἀρχ. ἰητρ. und π. διαίτ., denen es um die δύναμις der Nahrung gegenüber dem Körper und ihr Verhältnis zum πόνος geht. Wie dann später von den Diätetikern die μεταβολή- und Klimalehre auch aufgenommen und verbunden wurde, zeigen mehrere Schriften des Corpus [32].

Aus diesen Tatsachen darf man wohl schließen, daß die jüngere, meteorologische Richtung von naturphilosophisch beeinflußten Aerzten eingeführt wurde. Gerne möchte man damit Platons berühmte Aeußerung über Hippokrates (Phaidr. 270 B) in Zusammenhang bringen [33]. Vorsichtiger urteilend kann man sagen, daß Hippokrates in der Entwicklung der griechischen

---

[31] *Schwartz*, RE 5, 670; vgl. *Jacoby*, RE 7, 2758 ff. FGrHist 3, 75 zu Hekataios von Abdera F 25.

[32] In empirischer Vielseitigkeit kennt schon der Verfasser von Epid. 1 die beiden Gesichtspunkte neben vielen andern (vgl. z. B. Kap. 23). Vom diätetischen Gesichtspunkt aus berücksichtigt π. διαίτ. auch die μεταβολή-Lehre (vgl. 1, 2, oben S. 177 A. 27). π. φύσ. ἀνθρ. 9 (6, 52 L.) führt alle Krankheiten entweder auf die Diät oder auf das Pneuma zurück. Die vollkommene Vereinigung beider Anschauungen zeigt schließlich Plat. Leg. 7, 797 D.

[33] So *Pohlenz*, Hippokrates 74 ff. und *Nestle*, Hippocratica 17 f.

Medizin wohl an der Stelle steht, wo das philosophische Denken, das den Menschen unter den Einflüssen seiner Umwelt als einen Teil des Kosmos sieht, vereinigt wird mit empirischen anatomischen und diätetischen Kenntnissen. Und dahin passen die Epidemienbücher 1 und 3, nicht aber πάύτ. oder πίν., die viel einseitiger Umwelt- und μεταβολή-Lehre in den Vordergrund stellen [34].

Ein Anhaltspunkt für die Abhängigkeit Herodots von πάύτ. in der Bezeichnung der μεταβολαί als Krankheitsursachen hat sich bisher nicht ergeben. Ein weiterer Umstand macht diese Möglichkeit sogar denkbar unwahrscheinlich. Aus der ganzen Art der Darstellung von πάύτ. geht nämlich auch hier deutlich hervor, daß ihr Verfasser seine Lehre nicht als neue Erkenntnis verkündet, sondern ihre Grundlagen als bekannt voraussetzt. Sowohl der Einfluß der klimatischen Lage auf den menschlichen Gesundheitszustand wie auch die gefährliche Wirkung der μεταβολαί gelten ihm als anerkannte Tatsachen, auf Grund deren er seine Anweisungen für den Wanderarzt zusammenstellt [35]. Eine Begründung seiner Anschauungen hält er nirgends für nötig. Er ist also sicher nicht der erste, der die Lehre vorträgt, und damit wird es Willkür, gerade seine Schrift, weil sie zufällig als einzige aus ihrer Zeit erhalten ist, zur Vorlage Herodots zu machen.

Aehnlich liegen die Verhältnisse beim dritten Punkt, in dem die medizinischen Anschauungen von Herodot und πάύτ. zusammentreffen. Nach Herodot ist das immer gleichbleibende Klima Aegyptens die Ursache davon, daß die Aegypter eines der gesündesten Völker der Erde sind. Uebertroffen werden sie nur von den Libyern, die schlechthin ὑγιηρότατοι ἀνθρώπων

[34] Diese Trennung nimmt auch *Diller* in der Besprechung von *Pohlenz'* Hippokratesbuch (Gnomon 18 [1942] 79 ff. 86 ff.) vor. Die Folgerungen, die er in Auseinandersetzung mit *Pohlenz,* Hippokrates 65 ff. aus dem Vergleich von Hipp. π. φυσῶν mit den Iatrika des Menon zieht, weisen einen gangbaren Weg zu einem neuen Hippokratesbild. Sie lassen sich mit unsern obigen Ausführungen verbinden. Doch verbietet unser Thema, dem hier weiter nachzugehen.

[35] Gerade seine Verteidigung gegen den Vorwurf der 'Meteorologie' (2: 57, 7 ff.) beweist, daß dieser gegen die Schule schon erhoben worden war, der Verfasser also nicht der erste Vertreter der Richtung ist.

πάντων heißen (4, 187, 2). Auch diese führen wie die Aegypter ihre hervorragende Gesundheit nicht auf das Klima, sondern auf ihre eigenen Maßnahmen zurück, die hier freilich nicht diätetischer, sondern chirurgischer Art sind. Sie brennen nämlich ihren Kindern, wenn sie vierjährig sind, die Adern auf dem Scheitel oder an den Schläfen, um zu verhindern, daß ihnen später während ihres ganzen Lebens der Abfluß von Schleim aus dem Kopfe (καταρρέον φλέγμα ἐκ τῆς κεφαλῆς) gesundheitliche Schädigungen verursache. Was hier als medizinische Weisheit der Libyer berichtet wird, ist in Wirklichkeit (wie bei den Aegyptern 2, 77) griechische Lehre, die uns aus dem Corpus, besonders aus πάύτ. und πίν. geläufig ist[36]. Die Tatsache, daß Herodot selbst an der Richtigkeit der von den 'Libyern' genannten Ursachen für ihren guten Gesundheitszustand zweifelt, weist wieder darauf hin, daß ihm die Theorie schon in diesem Zusammenhang überliefert wurde, allerdings nicht von Libyern, sondern von seinem griechischen Gewährsmann, und der ist auch hier Hekataios[37]. Damit ist der Beweis erbracht, daß auch die Lehre vom κατάρρους φλέγματος als Krankheitsursache schon in den Anfang des 5. Jahrhunderts gehört und die Uebereinstimmung von Herodot und πάύτ. nicht auf einseitiger Abhängigkeit beruht.

Wir halten somit fest, daß zwischen Herodot und πάύτ. keine direkten Beziehungen bestehen, die zur Bestimmung der Abfassungszeit der hippokratischen Schrift dienen könnten.

3. Περὶ ἱερῆς νούσου

Der Verfasser von πίν. hat sich die Aufgabe gestellt, Priestertrug, Magie und Zauberei zu bekämpfen, indem er die Epilepsie, die sogenannte heilige Krankheit, ihres übernatürlichen Scheins entkleidet und auf allgemeine Naturgesetzlichkeiten zurückführt.

---

[36] πάύτ. 3: 57, 19; 58, 1; 10: 65, 26. 28. Vgl. dazu πίν. Kap. 9 f. und unten S. 187 ff.

[37] *Jacoby*, Hekataios 2728 ff. hat für die ganze libysche Ethnographie (4, 168—199) und im besondern für die Kapitel 186—190 (νόμοι) Hekataios als Quelle erwiesen.

Auch an der Einheitlichkeit dieser Schrift hat man mit Grund gezweifelt. Für uns stellt sich das damit aufgeworfene Problem wieder nur insofern, als seine Lösung für das Verhältnis zu πἀὐτ. und die Datierung der beiden Schriften von Bedeutung ist. Kleinere Stücke von umstrittener Echtheit, aber ohne entscheidenden Einfluß auf diese beiden Punkte, können deshalb unberücksichtigt bleiben. Dagegen muß die Stellung der Kapitel 14—17 kurz berührt werden. Die genannten vier Kapitel, welche die zentrale Rolle des Gehirns als Sitz des Denkens begründen, stehen mit dem eigentlichen Thema des Buches nur in einem losen Zusammenhang. Man hat sie deshalb als Zusätze ausgeschieden, wobei immerhin die Möglichkeit offen blieb, daß sie vom selben Verfasser, aber aus einer andern Schrift stammten [38]. Später ist die Analyse weiter vorgedrungen und hat sachliche Widersprüche, besonders in der Aderlehre, aufgezeigt, die dazu zwangen, den Abschnitt einem andern, etwas jüngern Arzte zuzuschreiben [39]. Die gegenteiligen Versuche, die betreffenden Kapitel als unanstößig oder gar als notwendige Teile im Gedankengang der Schrift zu erweisen [40], sind nicht gelungen, da die Widersprüche weder beseitigt noch erklärt sind, und damit ist die Echtheit vorläufig nicht gesichert. Aber selbst wenn der Abschnitt von einem andern Verfasser stammen sollte, so kann dieser, wie Inhalt und Stil übereinstimmend zeigen, nur wenig jünger sein als der Autor von πἰν. [41]. Trotzdem werden wir bei der folgenden Untersuchung des Verhältnisses von πἀὐτ. zu πἰν. die vier umstrittenen Kapitel nicht zur Argumentation verwenden.

4. Das Verhältnis von περὶ ἀέρων ὑδάτων τόπων zu περὶ ἱερῆς νούσου

Die (oben S. 179 erwähnte) auffällige Tatsache, daß der Verfasser von πἀὐτ. die Grundlagen seiner Lehre als bekannt

[38] *Wilamowitz*, SBBerl. 1901, 12 ff.

[39] *Regenbogen* 31 ff.

[40] *Temkin,* Bull. Instit. Hist. Med. 1 (Baltimore 1933) 297 ff. (mir nicht zugänglich); *Diller,* Wanderarzt 110 f.; *Pohlenz,* Hippokrates 32 f. m. A.

[41] So auch *Regenbogen* 40.

voraussetzt und nirgends ausführlich beweist, hat zu der Annahme geführt, er habe die physiologischen Auswirkungen der klimatischen Einflüsse in einer frühern Schrift dargelegt, deren Ergebnisse er hier voraussetze. Diese ausführlichere theoretische Abhandlung glaubt man in der Schrift πίν. gefunden zu haben [42], die schon früher auf Grund von sachlichen und stilistischen Uebereinstimmungen dem Verfasser von πάύτ. zugesprochen wurde [43]. Diese Identität ist seither kaum mehr bezweifelt worden, man hat höchstens nach nachträglichen Einschüben in beiden Schriften und nach ihrem zeitlichen Verhältnis gefragt [44]. Man darf m. E. bei der Lösung der Verfasserfrage grundsätzlich nicht von den zweifellos vorhandenen weitgehenden und auffallenden Uebereinstimmungen zwischen den beiden Schriften ausgehen, sondern man muß vielmehr die Widersprüche in den Anschauungen erklären können. Erst wenn das gelingt, darf von einer — durch die Ueberlieferung nicht bezeugten — Identität der Verfasser gesprochen werden.

Ich führe zunächst die wichtigsten Punkte noch einmal auf, die den Abhandlungen gemeinsam sind. Dabei können alle diejenigen Anschauungen übergangen werden, die sich dadurch, daß sie auch in andern zeitgenössischen Werken unabhängig von πάύτ. und πίν. erscheinen, als medizinisches Trivialwissen der Zeit erweisen. Dazu gehört z. B. die Lehre von den vier Qualitäten, die auch in der diätetischen Schrift π. ἀρχ. ἰητρ. die selbstverständliche Grundlage bildet [45]. Ebenso ist hieher zu rechnen die Nachwirkung des Diogenes von Apollonia, die in beiden Schriften faßbar ist [46]. Auch die Ansicht, daß die zwei

---

[42] *Diller,* Wanderarzt 97; *Pohlenz,* Hippokrates 34 f.

[43] *Wilamowitz,* SBBerl. 1901, 16 A. 2.

[44] Einzig *Edelstein* 181 A. 1 hat Zweifel geäußert. Eine neue Auffassung vertritt *Diller,* Wanderarzt insofern, als er nur den Verfasser von πάύτ. I (Kap. 1—11) mit demjenigen von πίν. identisch sein läßt, entsprechend seiner mit *Edelstein* übereinstimmenden Annahme, daß die beiden Teile von πάύτ. zwei selbständige, von verschiedenen Autoren stammende Schriften seien. Vgl. nun auch *Dillers* neue Analyse (oben S. 171 A. 4).

[45] πάύτ. Kap. 3–6 und 12: 67, 29; πίν. 14 (388) und 18 (396); π. ἀρχ. ἰητρ. 1 (36, 3 CMG). 13 (44, 9) u. ö.

[46] πάύτ. Kap. 5 und 8; πίν. Kap. 3 und 13. Vgl. unten S. 185. 193 f.

Säfte φλέγμα und χολή für den Gesundheitszustand des Menschen von ausschlaggebender Bedeutung seien, ist so zu beurteilen, obwohl sie in denjenigen Schriften des Corpus, die von πάύτ. und πίν. sicher unabhängig sind, nicht nachzuweisen ist [47]. Denn wir haben oben die Auffassung, daß Schleimabfluß aus dem Kopf Krankheiten verursache, von Herodot ausgehend bis in die Zeit von Hekataios zurückverfolgt. Es handelt sich also offenbar auch hier um eine ältere medizinische Lehre, was dadurch bestätigt wird, daß schon Herodikos von Knidos, einer der Begründer der alten knidischen Schule, die Mischung von φλέγμα und χολή für den Gesundheitszustand verantwortlich machte [48].

Als sichere Kennzeichen für die Zusammengehörigkeit von πάύτ. und πίν. bleiben jedoch zwei Punkte: die meteorologische Medizin, d. h. die Betonung des Einflusses atmosphärischer Vorgänge auf den Menschen [49], und die Erwähnung sog. heiliger Krankheiten [50]. Dazu kommen, abgesehen von den (unten S. 193 ff. zu besprechenden) wörtlich übereinstimmenden Sätzen, einige auffallende stilistische Anklänge: Einmal wird das Wort φύσις im Sinne der 'normalen Beschaffenheit der Dinge' in beiden Werken mit einem Komparativ verbunden, der das Uebermäßige im Gegensatz zum Normalen bezeichnet. Wir haben diesen Gebrauch (oben S. 96 f.) außerdem bei Herodot festgestellt. Damit ist der Ausdruck ebenso wie die zugrunde liegende Naturauffassung als ein Merkmal der allgemeinen ionisch-wissenschaftlichen Haltung erkannt. Ferner wird der Einfluß atmosphärischer Vorgänge auf den Zustand des menschlichen Körpers in beiden Schriften mit derselben Terminologie geschildert [51]: πάύτ. 10 (66, 6): Die Städte, die in bezug auf Sonne, Wind und Wasser günstig gelegen sind, ἧσσον αἰσθάνονται τῶν τοιούτων μεταβολέων (vgl. 23: 75, 31). πίν. 13 (386): καὶ τὸ σῶμα [ποιέει] αἰσθάνεσθαι καὶ μεταβάλλειν ἐν τῶν ἀνέμων τού-

---

[47] πάύτ. 4: 58, 13 und 24: 77, 4; πίν. 2 (366) u. ö.

[48] Herodikos von Knidos in den Excerpta Menoniana 5, 10 (= Suppl. Aristot. 3, 1, 7).

[49] πάύτ. durchgehend, bes. Kap. 10; πίν. bes. Kap. 13 (384).

[50] πάύτ. 3: 57, 26; 4: 58, 25 und Kap. 22; πίν. durchgehend.

[51] Vgl. *Pohlenz*, Hippokrates 33 A. 1.

των τῆσι μεταλλαγῆσιν ἀνάγκη[52]. Dazu ist auch πάύτ. 2 (57, 10) zu vergleichen: ἅμα γὰρ τῆσιν ὥρῃσι καὶ αἱ κοιλίαι μεταβάλλουσι τοῖσιν ἀνθρώποισι[53].

Aber damit sind wir trotz der Aehnlichkeit der angeführten Sätze zu einem Punkt gelangt, wo sich die beiden Schriften in ihren Anschauungen scharf scheiden; denn wiewohl sie im Grundsatz der meteorologischen Medizin miteinander übereinstimmen, so wird doch die Art des Einflusses von Wind, Sonne und Klima im einzelnen ganz verschieden dargestellt. Der Verfasser von πάύτ. unterscheidet, wie (oben S. 176) ausgeführt worden ist, je nach ihrer Entstehungsart drei Gruppen von Krankheiten: ἐπιχώρια, πάγκοινα, ἴδια. Den epichorischen Krankheiten sind die Kapitel 3—9 gewidmet, wobei 3—6 die Lage zu Wind und Sonne nach den vier Himmelsrichtungen und 7—9 die Wasserverhältnisse untersuchen. Am Ende von Kapitel 3 (58, 4) und 4 (58, 29) sind ausdrücklich als weitere Krankheitsmöglichkeiten die 'allgemeinen Krankheiten' erwähnt. Mit diesen befassen sich im besondern die Kapitel 10 und 11, die den überall sich auswirkenden Einfluß des Uebergangs der Jahreszeiten untersuchen. Maßgebend für die Wirkung jeder Jahreszeit sind dabei die Wind- und Regenverhältnisse, die nach den vier Qualitäten geordnet sind. Doch ist nicht etwa nur der Wind ausschlaggebend, so daß zu kaltem Wind notwendigerweise trockene Witterung, zu warmem dagegen Regen gehörte, vielmehr ist in der zweiten Hälfte des Kapitels ausdrücklich auch die kreuzweise Verbindung von trocken mit warm und feucht mit kalt berücksichtigt (10: 66, 16)[54]. Demgegenüber ist für πίν. nur die Temperatur von Bedeutung. Der Verfasser berücksichtigt daher von den atmo-

[52] So ist mit *Wilamowitz*, Lesebuch 2, 275, 25 f. zu lesen. Vgl. ferner 13 (384) ἅπαντα ταῦτα αἰσθάνεται τοῦ πνεύματος τούτου und 13 (386) πάντα ταῦτα αἰσθάνεται τοῦ νότου.

[53] Gegen *Jacoby*, Hippokrates 542 ff., der den Satz athetiert, vgl. *Diller*, Die Ueberlieferung der hippokratischen Schrift περὶ ἀέρων ὑδάτων τόπων (Philologus Suppl. Bd. 23 [1932]) 175 und *Pohlenz*, Hippokrates 4 A. 3.

[54] Das hat *Diller*, Wanderarzt 8 und 96 nicht gesehen und deshalb auch den Unterschied zur Klimatologie von πίν. nicht beachtet.

sphärischen Einflüssen nur die Winde, wobei mit kaltem Wind immer Trockenheit, mit warmem immer Feuchtigkeit verbunden ist. Aus dieser verschiedenen Beurteilung erklärt sich die abweichende Ausdrucksweise: der Autor von πίν. spricht ausnahmslos von μεταβολαὶ τῶν πνευμάτων[55], während in πάύτ. stets die Rede ist von μεταβολαὶ τῶν ὡρέων[56]. Bei näherem Zusehen zeigt sich sogar, daß nach πίν. überhaupt nicht der Wechsel der atmosphärischen Verhältnisse auf den Gesundheitszustand wirkt, sondern die jeweils herrschende Temperatur. Besonders deutlich geht das aus den Kapiteln 11 und 13 hervor, die unter dem Stichwort μεταβολαὶ τῶν πνευμάτων stehen. Die Ausführung zeigt, daß es gar nicht um die Wirkung der μεταβολαί, sondern um diejenige des herrschenden Windes geht, die in 11 wie in 13 ausführlich beschrieben wird, ohne daß dem Uebergang irgendeine besondere Bedeutung zukäme, während in πάύτ., besonders Kap. 10, gerade das Moment des Wechsels von Wichtigkeit ist. Wenn in πίν. trotzdem ebenfalls von μεταβολαί die Rede ist, dann nur deshalb, weil der Verfasser aus Erfahrung und Theorie die erhöhte Krankheitsgefahr bei Witterungswechsel kennt und sich an die geläufige Terminologie hält.

Der Unterschied der Auffassungen, der den beiden abweichenden Theorien zugrunde liegt, hängt zusammen mit der Pneumalehre von πίν., in der man mit Recht den Einfluß des Diogenes von Apollonia gesehen hat[57]. Der philosophierende Arzt, für den das Pneuma Träger jeder Bewegung und alles Denkens ist (πίν. 7 : 372), muß folgerichtig auch den μεταβολαὶ τῶν πνευμάτων große Bedeutung zuschreiben.

Außer dieser abweichenden Grundauffassung von den klimatischen Einflüssen ergeben sich denn auch in Einzelheiten weitere bezeichnende Unterschiede, die sich aus diesem beschränkteren Blickpunkt von πίν. gegenüber dem weniger dogmatischen Denken von πάύτ. erklären. Einige haben auch diejenigen Philologen, die beide Schriften demselben Verfasser

[55] 11 (380). 13 (384. 386). 17 (394). 18 (394).

[56] 1: 56, 5; 2: 57, 2; 3: 58, 4; 4: 58, 29; 11: 67, 3; 13: 68, 16. 18; 16: 70, 13; 71, 9; 19: 72, 27; 23: 75, 28; 24: 76, 29; 77, 14. 17.

[57] *Willerding* 12 f. Vgl. *Diller*, Wanderarzt 113 A. 175.

zuweisen, gesehen, ohne dafür eine einleuchtende Erklärung zu finden:

Nach πίν. (2: 366) befällt die heilige Krankheit nur Leute von 'schleimiger Konstitution' (φλεγματώδεις); dazu steht im Widerspruch, daß nach πάύτ. (4: 58, 25) auch die Bewohner der nach Norden gelegenen Städte ihr unterworfen sein können, obwohl es von ihnen heißt (4: 58, 13): τοὺς δὲ ἀνθρώπους ἀνάγκη ... χολώδεάς τε μᾶλλον ἢ φλεγματίας εἶναι. Wie sich aus dem Vergleich mit der parallelen Ausdrucksweise in 7 (62, 7: στύφεσθαι μᾶλλον ἢ τήκεσθαι) und 24 (78, 6: τοῦ ἀγρίου μᾶλλον μετέχοντας ἢ τοῦ ἡμέρου) ergibt, bedeutet das doch wohl, daß in diesen Menschen die χολή das φλέγμα überwiegt, nicht aber, es gebe neben der überwiegenden Zahl von χολώδεις auch noch einige φλεγματίαι[58]. Immerhin möchte ich auf diesen einzelnen Widerspruch kein besonderes Gewicht legen. Er zeigt nur wiederum das weniger systemgebundene Denken des Autors von πάύτ.

Wichtiger ist ein anderer Unterschied: «In B (d. h. πάύτ. 12—24) wird das Gehirn überhaupt nicht erwähnt. Aber auch aus den kurzen Bemerkungen in A (πάύτ. 1—11) würde man nicht entnehmen können, daß der Verfasser diesem Organ eine entscheidende Bedeutung beimißt[59].» Eine genaue Prüfung der angeführten Stellen zeigt die Berechtigung des Anstoßes. Zwar gilt das Gehirn auch in πάύτ. als Sitz des Phlegmas, und sein Feuchtigkeitsgehalt ist für den Gesundheitszustand von Bedeutung (10: 65, 10. 28), wie ja überhaupt die anatomischen Anschauungen der beiden Schriften im allgemeinen übereinstimmen; aber nirgends ist auch nur eine Andeutung der zentralen Stellung, die es für den Verfasser von πίν. (3: 366 [und 14—17: 386 ff.]) hat. Es wird behandelt wie jeder andere Körperteil und steht denn auch 10 (65, 9 f.) ohne besondere Betonung neben der κοιλία, deren Feuchtigkeitsgehalt für die Gesundheit ebenso wichtig ist.

---

[58] So möchte *Diller,* Wanderarzt 97 A. 154 interpretieren.

[59] *Pohlenz,* Hippokrates 35 hat mit diesen Worten die Schwierigkeit richtig erkannt, mißt ihr aber kein Gewicht bei, während *Diller,* Wanderarzt 96 f. zu beweisen versucht, daß die zentrale Rolle, die dem Gehirn in πίν. zugesprochen wird, auch in πάύτ. I im Gegensatz zu II immer wieder hervortrete.

Solche bezeichnenden Unterschiede treten nun überhaupt besonders deutlich dort hervor, wo die Anschauungen der beiden Schriften scheinbar nahe zusammengehen, wie z. B. bei der Lehre von den κατάρροι aus dem Gehirn oder Kopf, die wir (oben S. 180) als ältere Schultradition erkannt haben. Man vergleiche, was über diese Flüsse bei den alten Leuten gesagt ist:

πίν. 9 (378): τοῖσι δὲ πρεσβυτάτοισι δκόταν ἐπιγένηται τοῦτο τὸ νούσημα [sc. ἡ ἱερὴ νοῦσος], διὰ τοῦτο ἀποκτείνει ἢ παράπληκτον ποιέει, ὅτι αἱ φλέβες κεκένωνται καὶ τὸ αἷμα ὀλίγον τέ ἐστι καὶ λεπτὸν καὶ ὑδαρές. Ἢν μὲν οὖν πολὺ καταρρυῇ καὶ χειμῶνος ἔῃ καιρός, ἀποκτείνει· ἀπέπνιξε γὰρ τὰς ἀναπνοὰς καὶ ἀπέπηξε τὸ αἷμα, ἢν ἐπ' ἀμφότερα ὁ κατάρρους γένηται. ἢν δ' ἐπὶ θάτερα μοῦνον, παράπληκτον ποιέει.

Nach einem Zwischensatz fährt der Verfasser fort (10: 378): ἐς δὲ τὰ δεξιὰ μᾶλλον καταρρέει ἢ ἐς τὰ ἀριστερά. Ferner 10 (380): τοῖσι δὲ πρεσβύτῃσι ὁ χειμὼν πολεμιώτατός ἐστιν· ὅταν γὰρ παρὰ πυρὶ πολλῷ διαθερμανθῇ τὴν κεφαλὴν καὶ τὸν ἐγκέφαλον, ἔπειτα ἐν ψύχει γένηται καὶ ῥιγώσῃ oder umgekehrt, τωὐτὸ τοῦτο πάσχει, καὶ οὕτως ἐπίληπτος γίνεται... κίνδυνος δὲ πολὺς καὶ ἦρος παθέειν τωὐτὸ τοῦτο, ἢν ἡλιωθῇ ἡ κεφαλή· τοῦ δὲ θέρεος ἥκιστα, οὐ γὰρ γίνονται μεταβολαὶ ἐξαπιναῖοι.

πἀὐτ. 10 (65, 30 ff.): τοῖσι δὲ πρεσβύτῃσι κατάρρους διὰ τὴν ἀραιότητα καὶ τὴν ἔκτηξιν τῶν φλεβῶν, ὥστε ἐξαίφνης τοὺς μὲν ἀπόλλυσθαι, τοὺς δὲ παραπλήκτους γίνεσθαι τὰ δεξιά· ὁκόταν γὰρ τοῦ χειμῶνος ἐόντος νοτίου καὶ θερμοῦ τὸ σῶμα μὴ ξυνιστῆται μηδὲ αἱ φλέβες, τοῦ ἦρος ἐπιγινομένου βορέου καὶ αὐχμηροῦ καὶ ψυχροῦ ὁ ἐγκέφαλος, ὁπηνίκα αὐτὸν ἔδει ἅμα τῷ ἦρι διαλύεσθαι καὶ καθαίρεσθαι ὑπό τε κορύζης καὶ βράγχων, τηνικαῦτα πήγνυταί τε καὶ συνίσταται, ὥστε ἐξαίφνης τοῦ θέρεος ἐπιγενομένου καὶ τοῦ καύματος [καὶ τῆς μεταβολῆς ἐπιγιγνομένης del. Wil.] ταῦτα τὰ νοσεύματα ἐπιπίπτειν.

Vgl. dazu 3 (57, 34 ff.): ὁκόταν τὰ πεντήκοντα ἔτη ὑπερβάλωσι, κατάρροι ἐπιγενόμενοι ἐκ τοῦ ἐγκεφάλου παραπληκτικοὺς ποιέουσι τοὺς ἀνθρώπους, ὁκόταν ἐξαίφνης ἡλιωθέωσι τὴν κεφαλὴν ἢ ῥιγώσωσι.

Die gefährliche Wirkung des κατάρρους bei den alten Leuten führen beide Schriften zunächst auf eine physiologische Ursache zurück, den durch das Alter bedingten Zustand der Adern. Aber schon hier trennen sich die Meinungen. Nach πἀὐτ. werden die Adern infolge des Alters schlaff und weich —

so ist doch wohl ἀραιότης und ἔκτηξις zu verstehen: ἀραιότης als Gegensatz von πυκνότης (vgl. Aphor. 5, 63) ist der Zustand der 'Undichtigkeit', des Mangels an Festigkeit (ὁκόταν τὸ σῶμα μὴ συνιστῆται μηδὲ αἱ φλέβες), hier in der Gefäßwandung, also die Erschlaffung der Gefäße, die der Arzt aus der allgemeinen Schlaffheit der Haut und des Körpers im Alter zwanglos folgert: ἔκτηξις (in der alten lateinischen Uebersetzung *tabefactio*, wohl besser als ἔκτασις) ist der Vorgang, den in πίν. der Südwind am Gehirn und an den Adern verursacht (13: 384/6), das τήκεσθαι, λύεσθαι, φλυδᾶν, also ein Weicherwerden, so daß die Adern dann χαλαρώτεραι sind —; in πίν. dagegen liegt die Ursache der Krankheit nicht im Zustand der Gefäßwandungen, sondern im Mangel an Blut und in dessen Verdünnung. Das hängt wieder zusammen mit der wichtigen Rolle, die der Verfasser von πίν. dem Blute bei der Epilepsie überhaupt zuschreibt. Danach entsteht jeder epileptische Anfall infolge Abkühlung des warmen Blutes durch das kalte Phlegma (6: 370 u. ö.), so daß ein Mangel an Blut, wie er bei den Alten angenommen wird, die Wirkung des κατάρρους verschlimmern muß. Demgegenüber ist in πάϋτ. das Blut von so untergeordneter Bedeutung, daß es überhaupt nie genannt wird [60]. So entsteht also dieselbe Wirkung, Tod oder Lähmung der rechten Seite, aus ganz verschiedenen Ursachen.

Ebenso ist die unmittelbare Veranlassung des Flusses trotz aller Aehnlichkeit nicht dieselbe. Zwar kann sie nach beiden Schriften eine plötzliche Erwärmung oder Abkühlung von Kopf und Gehirn sein. Dafür werden in πίν. 10 (380) der Winter mit dem unvermittelten Uebergang aus warmen Räumen ins Freie und umgekehrt und der Frühling mit seiner besonders intensiven Sonnenwirkung als die gefährlichsten Zeiten bezeichnet, während der Sommer mit gleicher Innen- und Außentemperatur keine plötzlichen Wechsel kennt. Neben dieser aus der Erfahrung erkannten Gefahr, die sich durch vorsichtiges Verhalten vermeiden läßt, steht anderseits wieder der atmosphärische, dem Willen des Menschen nicht unterstellte Einfluß, die μεταβολὴ τῶν πνευμάτων, bzw. τῶν ὡρέων. Und hier

[60] Die beiden einzigen Erwähnungen 10 (66, 27) und 22 (74, 23) gehören in ganz andern Zusammenhang.

trennen sich die Wege wieder. In παύτ. 10 (65, 19 ff.) wird sorgfältig die Wirkung des Jahreszeitenwechsels verfolgt, vom warm-feuchten Winter, der Körper und Adern nicht fest werden läßt, über den kalten, trockenen Frühling, der das Gehirn verhärtet, anstatt es zu erweichen und sich reinigen zu lassen durch Schnupfen und Heiserkeit, bis zur plötzlich einsetzenden Sommerhitze, die den Fluß auslöst. Wie diese Auslösung physiologisch zu erklären ist, wird zwar nicht ausdrücklich gesagt, läßt sich aber aus den sonstigen Angaben rekonstruieren: das Gehirn, das sich im Frühjahr nicht reinigen konnte, hat einen Ueberschuß an Phlegma, der nun infolge der plötzlichen Hitze gelöst wird und bei den Alten durch die lockern Adern hinabfließen kann. Verantwortlich für den Vorgang ist also der durch die Jahreszeit bedingte Witterungsumschlag. Wenn wir dagegen in πίν. nach der atmosphärischen Veranlassung des Flusses fragen, so finden wir zwar eine ähnliche in Kapitel 10 (378 f.): ἐπειδὰν ἐξαπίνης μετὰ βόρεια πνεύματα νότος μεταλάβῃ, ξυνεστηκότα τὸν ἐγκέφαλον καὶ εὐσθενέοντα ἔλυσε καὶ ἐχάλασεν ἐξαίφνης, ὥστε πλημμύρειν[61] τὸ φλέγμα, καὶ οὕτω τὸν κατάρρουν ποιέεται, müssen aber feststellen, daß diese ausdrücklich nur für die Kinder, nicht für die alten Leute Geltung hat. Bezeichnend für die Auffassung von πίν. ist außerdem, daß der Wechsel nicht mit dem Jahreszeitenübergang zusammenhängt, sondern ein zu beliebiger Zeit eintretender Umschlag des Windes ist. Für die alten Leute aber wird überhaupt keine andere Veranlassung des Flusses genannt als die oben besprochene, die nicht auf der μεταβολὴ τῶν πνευμάτων, sondern auf dem vom Menschen abhängigen Temperaturübergang beruht.

Schließlich ist noch auf einen Unterschied in der Katharsislehre hinzuweisen[62]: Nach πίν. 5 (368/70) reinigt sich das Gehirn vom Phlegma im Embryonalzustand oder spätestens im Kindheitsalter; wenn die Reinigung bis zu dieser Zeit nicht stattgefunden hat, besteht die Gefahr der Epilepsie. Nach παύτ. 10 (66, 1 f., oben S. 187) dagegen sollte sich das Gehirn in jedem Frühjahr vom Phlegma reinigen. Wenn sich auch diese beiden

---

[61] Zur Schreibung πλημμύρειν für πλημ(μ)υρεῖν vgl. *Wilamowitz*, SBBerl. 1901, 2 A. 3.

[62] *Diller*, Wanderarzt 98 A. 156 hat ihn nicht berücksichtigt.

Lehren gegenseitig nicht unbedingt ausschließen, wäre doch in πίν., wo diesem Vorgang ein ganzes Kapitel gewidmet ist, ein Hinweis auf jene weitere Möglichkeit am Platze gewesen. So zeigt sich auch hier wieder, was beim Vergleich der zwei Werke durchgehend festzustellen ist: Der Verfasser von πίν. sucht ziemlich krampfhaft eine natürliche Erklärung für die 'heilige Krankheit', zu der er aus seinem medizinischen Wissen alles heranzieht, was sich irgendwie in diesem Sinne umdeuten läßt, und konstruiert zu diesem Zwecke besonders aus reiner Theorie innere, unsichtbare physiologische Prozesse (Kampf von Blut und Phlegma, Katharsis des Embryos u. ä.), die zur Erklärung äußerer Symptome dienen sollen. Demgegenüber hält sich der Arzt von πάϋτ., seinem praktischen Zwecke entsprechend, an die ärztliche Erfahrung, die er mit Hilfe der Vierqualitäten-Lehre in ein brauchbares Schema zu bringen sucht.

Daher sind für ihn auch — und damit kommen wir zum Hauptunterschied der beiden Schriften, der m. E. allein schon die Identität der Verfasser völlig ausschließt — die κατάρροι aus Kopf und Gehirn gewöhnliche Schleimabflüsse. Sie äußern sich dementsprechend entweder als Schnupfen und Heiserkeit (10: 66, 1) oder, wenn sie in den Magen gelangen, als Verdauungsstörungen (3: 57, 18; 10: 65, 27), in der Lunge als Lungenentzündung (10: 65, 26) und führen in andern Fällen als Schlagflüsse zu Lähmungen oder zum Tode (3: 58, 1; 10: 65, 30). Daß diese κατάρροι aber 'die sogenannte heilige Krankheit' (3: 57, 26; 4: 58, 25) seien, daran kommt dem Verfasser nicht der geringste Gedanke. Allerdings scheint auch der Autor von πίν. in Kapitel 6 (370 f.) die Flüsse vom Gehirn zum Herz, zur Lunge und zur Bauchhöhle nur als Abarten, nicht als die eigentliche heilige Krankheit zu betrachten. Wenn er dabei durch den κατάρρους zum Herzen παλμὸς und ἄσθματα und durch denjenigen in die Bauchhöhle διάρροιαι entstehen läßt, so geht das in der Terminologie nahe zusammen mit πάϋτ. 3 (57, 25 ff.). Aber dort werden diese Störungen gerade nicht auf 'Flüsse' zurückgeführt und sind zudem ausdrücklich auf bestimmte Lebensalter beschränkt. Wieder erweist sich so die Uebereinstimmung als nur äußerlich und scheinbar. Entscheidend aber für die Verfasserfrage ist schließlich die verschiedene Beurteilung der 'Flüsse', die bei den ältern Leuten Lähmung oder Tod zur Folge haben: in πίν. (9: 378, oben S. 187) sind sie eine Erscheinungsform der heiligen Krankheit (τοῦτο τὸ νούσημα), in πάύτ. (3: 58, 1; 10: 65, 30) gehören sie zu den vielen Leiden, die von der Ortslage oder dem Klima hervorgerufen werden.

Wenn jener hitzige Kämpfer gegen Zauberei und Pfaffentum, der πίν. verfaßt hat, auch πάύτ. geschrieben hätte, und zudem noch später als πίν.[63], dann wäre es schlechterdings unerklärlich, wie er in seiner zweiten Schrift einerseits von κατάρροι, anderseits von der 'sogenannten heiligen Krankheit' nebeneinander berichten könnte, ohne auch nur die leiseste Beziehung zwischen den beiden Erscheinungen anzudeuten. Hier ist einmal das argumentum ex silentio unbedingt beweisend, besonders wenn noch dazukommt, daß der Verfasser von πάύτ. von τὰ ἱερὰ νοσεύματα καλεύμενα (4: 58, 25) und ἃ νομίζουσι τὸ θεῖον ποιέειν καὶ ἱερὴν νοῦσον εἶναι (3: 57, 26) in demselben Tone spricht wie von αἱ ὀξεῖαι νομιζόμεναι νοῦσοι (4: 58, 16) und ὁκόσα ὀξέα νοσήματα νομίζονται (3: 57, 30), also ohne irgendwelche Polemik gegen die diesen Bezeichnungen zugrunde liegende Anschauung. Diese Art des sachlichen, ruhig dozierenden Vortrages ist überhaupt ein Kennzeichen dieses Arztes. Er unterscheidet sich in dieser Haltung deutlich von dem polemischen und aufklärerischen Tone des Verfassers von πίν., der sich in starkem Gegensatz zur communis opinio fühlt und jede Gelegenheit benützt, um die eigene Wahrheit der falschen Meinung der Menge entgegenzustellen[64]. Demgegenüber spricht der Arzt von πάύτ. selbst seine berühmte Ablehnung des Vorwurfs der 'Meteorologie' nicht als scharfe Antithese von Men-

---

[63] So nach andern *Diller*, Wanderarzt 100.

[64] 1 (352): οὐδέν τί μοι δοκέει... — οἱ ἄνθρωποι... und Ähnliches öfters in diesem Kapitel, vgl. besonders noch 356: ταῦτα δὲ πάντα τοῦ θείου εἵνεκεν προστιθέασιν..., ἐγὼ δὲ δοκέω..., ebenso 2 (364): οὐδέν τί μοι δοκέει. (Ferner 14 [386]: εἰδέναι δὲ χρὴ τοὺς ἀνθρώπους. 17 [392]: λέγουσι δέ τινες — τὸ δὲ οὐχ οὕτως ἔχει. Im selben Kapitel stellt der Verfasser seiner eigenen wahren Meinung [φημί, ἐόν] das bloße οὔνομα und den νόμος gegenüber; s. dazu oben S. 86 f.).

schenmeinung und eigenem Wissen aus, sondern in der urbanen Form des potentialen Optativs [65]. So ist neben der Verschiedenheit der Anschauungen auch ein Unterschied der menschlichen Haltung in den beiden Schriften unverkennbar.

Die Unmöglichkeit der Annahme, πάύτ. und πίν. seien vom selben Verfasser geschrieben, dürfte damit erwiesen sein. Doch wäre der Nachweis unvollständig ohne eine Erklärung für die weitgehenden, teilweise wörtlichen Uebereinstimmungen zwischen den beiden Schriften. Seltsamerweise ist die nächstliegende, die Annahme einer einseitigen Abhängigkeit, in der Forschung der letzten Jahre überhaupt nicht diskutiert worden [66]. Ebensowenig wurde die Möglichkeit einer gemeinsamen Quelle in Erwägung gezogen, weil man im allgemeinen viel zu wenig mit der vorhippokratischen medizinischen Literatur rechnete. Daß die Zahl der ärztlichen Schriften, die vor und neben den erhaltenen des Corpus einst existiert haben müssen, groß und ihr Inhalt mannigfaltig war, dafür spricht der Anonymus Londinensis auf Grund der Iatrika des Menon ebenso wie die Tatsache, daß die medizinischen Theorien und Methoden der erhaltenen Werke nirgends einen Anfang bedeuten, sondern stets frühere Ergebnisse voraussetzen. So sind, wie wir (oben S. 179) gesehen haben, die allgemeinen Klimatheorien von πάύτ., die zum Teil mit Herodot übereinstimmen, nicht Entdeckungen des Hippokratikers. So wird auch das Fehlen einer ausführlichen Begründung der dem ersten Teil zugrunde liegenden physiologischen Anschauungen damit zu erklären sein, daß der Arzt in einer Schultradition steht, der diese grundlegenden Tatsachen selbstverständlich waren. Aus derselben Schule muß der Verfasser von πίν. hervorgegangen

---

[65] 2 (57, 7): εἰ δὲ δοκέοι τις ταῦτα μετεωρολόγα εἶναι, εἰ μεταστaίη τῆς γνώμης, μάθοι ἄν, ὅτι οὐκ ἐλάχιστον μέρος συμβάλλεται ἀστρονομίη ἐς ἰητρικήν. Zu 22: 74, 12 s. unten S. 197 m. A. 81.

[66] Vertreten hatte sie *Fredrich* 5 f. 9. 32 A. 2. Eine unbefriedigende Zwischenlösung gibt *Diller,* Wanderarzt 89 ff., wenn er einerseits den ersten Teil von πάύτ. dem Verfasser von πίν. zuweist, anderseits aber die Berührungen des zweiten Teils mit πίν., die viel enger sind als die des ersten, durch bloße Abhängigkeit des Ethnographen von πίν. erklärt. Auch seine neue Analyse im Gnomon 18 (1942) 65 ff. hat diese Schwierigkeit nicht beseitigt.

sein. Da aber die Interessen der beiden Aerzte in verschiedenen Richtungen liegen, benützen sie die überkommenen Lehren zur Ausbildung eigener Theorien und zu deren Beweis. Aus der gemeinsamen Schulüberlieferung erklären sich die (oben S. 182 ff. zusammengestellten) übereinstimmenden Anschauungen der beiden Schriften, aus ihr auch die übereinstimmende Terminologie [67]. Doch genügt diese Annahme einer gemeinsamen Quelle kaum zur Erklärung der bis in den Wortlaut sich deckenden Aeußerungen, die sich in beiden Schriften finden. Es handelt sich um folgende sechs Stellen:

1. πάϋτ.	8:	62, 16	— πίν. 13:	384, 19 f.
2.	14:	69, 13—15	— 2:	364, 19 f.
3.	14:	69, 15—18	— 2:	364, 15—19
4.	22:	74, 12 f.	— 1:	360, 12
5.	22:	74, 14—17 (vgl. 75, 15 f.)	— 18:	394, 12—14 (vgl. 1: 352, 1—3)
6.	22:	75, 5—8	— 2:	366, 2—4

Der erstgenannte Satz steht in beiden Werken in einer Untersuchung über die atmosphärischen Einflüsse von Sonne und Wind auf Wasser und Luft. Die im Kapitel 8 von πάϋτ. vorgetragenen Lehren verraten allgemein den Einfluß des Diogenes von Apollonia [68]. Dabei trennt ein wesentlicher Unterschied Diogenes und πάϋτ. einerseits von πίν. 13 anderseits: was bei Diogenes und πάϋτ. der Wirkung der Sonne zugeschrieben wird, ist in πίν. eine Folge des Nordwindes. Wir erkennen darin wieder jene Bevorzugung der πνεύματα durch den Arzt von πίν., die wohl als Fortführung der diogenischen ἀήρ-Lehre aufzufassen ist. Denn im übrigen schließt sich der Verfasser von πίν. noch viel weitergehend an Diogenes an als derjenige von πάϋτ. So stellen wir einerseits einen klaren Unterschied der Auffassungen von πάϋτ. und πίν. fest, anderseits eine Uebereinstimmung zwischen πάϋτ. 8 und πίν. 13, die sich nur durch die Annahme einer gemeinsamen Quelle erklä-

---

[67] Wenn diese sich z. T. auch bei Herodot und in andern Schriften des Corpus findet (oben S. 175 u. 183), so mag das ein Hinweis sein auf die Einheitlichkeit des ionischen wissenschaftlichen Stils überhaupt.

[68] Das haben gleichzeitig *Regenbogen* 25 f. und *Willerding* 14 ff. erkannt.

ren läßt. Diese Lösung wird auch durch den Nachweis, daß, wie ein Vergleich mit den Porphyrios-Scholien zu Λ 53 f. gezeigt hat, der Verfasser von πάύτ. in seine diogenische Vorlage zwei eigene Tekmeria eingeschoben hat und daß gerade in diesem eingeschobenen Teil der mit πίν. 13 übereinstimmende Satz steht[69], nicht in Frage gestellt. Denn es ist aus verschiedenen Gründen wahrscheinlich, daß auch im Einschub Gedanken von Diogenes, vielleicht aus anderem Zusammenhang, enthalten sind. Für unsern vorliegenden Fall wird diese Vermutung durch Diogenes A 33 ausdrücklich bestätigt[70]: danach hat Diogenes auch den Metallen Feuchtigkeit zugeschrieben. So dürfen wir also die beiden übereinstimmenden Sätze mit Sicherheit selbst im Wortlaut für Diogenes von Apollonia in Anspruch nehmen, da der Vergleich mit andern Berichten gelehrt hat, wie eng sich πάύτ. an Diogenes anschließt[71].

Nicht so einfach liegen die Verhältnisse bei den andern Stellen, die in den beiden Schriften wörtlich übereinstimmen. Zunächst sind die von uns aufgeführten Sätze 2 und 3 aus πάύτ. 14 in πίν. 2 in umgekehrter Reihenfolge miteinander verbunden[72]. Außerdem ist daran mit den überleitenden Worten ἕτερον δὲ μέγα τεκμήριον in πίν. der oben an sechster Stelle aufgeführte Satz angeschlossen, der in πάύτ. weit von den andern beiden getrennt erst im Kapitel 22 steht. Um auch hier die Uebereinstimmung auf gemeinsame Schultradition zurückzuführen, dafür sind die Anklänge doch wohl zu wörtlich, weisen also auf engere Beziehungen[73]. Anderseits liegt die Un-

---

[69] *Theiler* 11 f. Der Einwand von *Pohlenz,* Hippokrates 9 A. 2 ist nicht stichhaltig.

[70] Vgl. auch Diogenes A 18 und A 30.

[71] *Theiler* 11 f.

[72] *Regenbogen* 26 ff.; *Diller*, Wanderarzt 107 ff.

[73] Das schließt nicht aus, daß der Satz 2 ὁ γόνος ἔρχεται πάντοθεν τοῦ σώματος, ἀπό τε τῶν ὑγιηρῶν ὑγιηρός, ἀπό τε τῶν νοσερῶν νοσερός aus älterer Theorie stammt. Dafür spricht die ähnliche Fassung derselben Lehre in π. γονῆς 8 (7, 480 L.): καὶ ἐν αὐτῆφι τῇ γονῇ ἐξέρχεται... ἀπὸ παντὸς τοῦ σώματος, καὶ ἀπὸ τῶν ἀσθενέων ἀσθενὴς καὶ ἀπὸ τῶν ἰσχυρῶν ἰσχυρή. Es ist nicht anzunehmen — wie dies *Pohlenz,* Hippokrates 44 A. 1 tut —, daß diese Spezialschrift über Embryologie den einen Satz aus einer ganz anders orientierten Abhandlung entlehnt haben sollte, um so weniger, als diese Lehre

möglichkeit, daß ein und derselbe Mann beide Stellen geschrieben hätte, hier besonders deutlich am Tage: in πάύτ. 14 wird die Vererbung der Makrokephalie damit begründet, daß der Same aus allen Teilen des Körpers komme und deshalb, so wie die Kinder von Kahlköpfigen im allgemeinen auch kahlköpfig seien, auch die der Makrokephalen dieselbe Kopfform wie ihre Eltern aufwiesen. Das ist eine abgerundete, in sich logische Erklärung für die Erblichkeit der Makrokephalie, vorgetragen in dem undogmatischen Tone, der den Autor von πάύτ. kennzeichnet, mit dem vorsichtigen Zusatz, daß diese Vererbung von körperlichen Eigenschaften ὡς ἐπὶ τὸ πλῆθος, also durchaus nicht absolut gelte [74]. Demgegenüber ist in πίν. der Versuch, diese Argumentation zum Nachweis der Erblichkeit der Epilepsie zu verwenden, vollkommen mißglückt. Weder die Lesart der Vulgata noch diejenige von Littré ergibt einen Sinn, der den geforderten Beweis lieferte. Wenn die Vulgata liest εἰ γὰρ ἐκ φλεγματώδεος φλεγματώδης καὶ ἐκ χολώδεος χολώδης γίνεται καὶ ἐκ φθινώδεος φθινώδης καὶ ἐκ σπληνώδεος σπληνώδης, τί κωλύει, ὅτου πατὴρ καὶ μήτηρ εἴχετο τούτῳ τῷ νοσήματι, τούτῳ καὶ τῶν ἐκγόνων ἔχεσθαί τινα; dann fehlt zu ὅτου das Beziehungswort im Hauptsatz. Ergänzt man es als τούτου — etwas anderes ist kaum möglich —, dann wäre damit eine Lehre der Vererbung vom Großvater auf den Enkel mit Ueberspringen einer Generation aufgestellt, die sicher nicht den Absichten des Verfassers entspricht [75]. Man hat deshalb auch seit Littré den Hauptsatz allgemein in der Fassung der andern Handschriftenklasse gelesen τί κωλύει, ὅτῳ πατὴρ καὶ μήτηρ εἴχετο, τούτῳ τῷ νοσήματι καὶ τῶν ἐκγόνων ἔχεσθαί τινα; Syntaktisch ist das klar, den verlangten Beweis aber liefert es nicht, wiederholt doch damit der Nach-

---

auch sonst in der Schrift π. γονῆς vertreten wird (vgl. besonders Kap. 1). Ueber ihre Verbreitung bei den Vorsokratikern s. *Diller,* Wanderarzt 58.

[74] Nach dem Nachweis von *Regenbogen* 23 A. 3 ist die Wendung ὡς ἐπὶ τὸ πλῆθος überhaupt auf πάύτ. beschränkt (wo sie viermal erscheint!), während πίν. und die übrigen Schriften des Corpus ὡς ἐπὶ τὸ πολὺ u. ä. verwenden.

[75] Zum selben Ergebnis gelangt man mit der Lesart von *Wilamowitz* (Lesebuch 2, 273, 26), der die Interpunktion der Vulgata beibehält, aber mit *Littré* im Text der andern Handschriftenklasse folgt: τί κωλύει, ὅτῳ πατὴρ καὶ μήτηρ εἴχετο τούτῳ τῷ νοσήματι, καὶ τῶν ἐκγόνων ἔχεσθαί τινα;

satz nur den Inhalt des Vordersatzes: die Kinder werden dieselbe Krankheit haben wie Vater und Mutter. Gerade die verlangte Anwendung auf die Epilepsie aber fehlt. Die Vermutung liegt nahe, daß sie mit dem Ausdruck τούτῳ τῷ νοσήματι gegeben war; denn so und ähnlich wird die 'heilige Krankheit' in dieser Schrift durchwegs bezeichnet [76]. Dann müßte allerdings mit der Vulgata interpungiert werden und an Stelle von ὅτου (bzw. ὅτῳ) etwa ὅκου gesetzt werden [77]. τί κωλύει, ὅκου πατὴρ καὶ μήτηρ εἴχετο τούτῳ τῷ νοσήματι, καὶ τῶν ἐκγόνων ἔχεσθαί τινα; aber selbst wenn diese Vermutung richtig sein sollte, wird damit der Beweisgang nicht klar. Denn was soll in diesem Zusammenhang überhaupt der Satz, daß der Same aus allen Teilen des Körpers komme? Bedeutungsvoll war er in πάύτ., wo es sich um eine krankhafte Veränderung eines bestimmten Körperteils, des Kopfes, handelte [78]. In πίν. aber war bisher noch nirgends die Rede davon, daß die Epilepsie ihren Sitz in einem einzelnen Körperteil habe.

Diese stümperhafte Deduktion kann der Autor von πάύτ. weder geschrieben noch übernommen und zu seinem klaren Beweis für die Makrokephalie umgestaltet haben. Nur das umgekehrte Verhältnis ist denkbar, wenn man nicht diesen Satz von πίν. geradezu athetieren will [79]. Lösen läßt sich die Frage nur, wenn zugleich die Beziehung zwischen den beiden oben unter 6 zitierten Sätzen geklärt wird. Beide stimmen in der klaren Argumentation überein: 'Wenn eine Krankheit wirklich göttlicher wäre als andere, dann dürfte sie nicht eine naturgesetzlich bestimmte Gruppe von Menschen eher befallen

---

[76] τοῦτο τὸ νόσημα: 1 (354. 358). 2 (364). 9 (378).
αὕτη ἡ νοῦσος: 1 (354. 360). 5 (368. 370). 8 (374). 10 (380). 11 (382). 13 (386). 18 (394. 396).
τοῦτο τὸ πάθος: 1 (354). 3 (366).

[77] Zu diesem temporal-konditionalen Gebrauch von ὅκου vgl. πίν. 1 (358, 7) u. Herod. 7, 160, 2. Auch in πάύτ. 9 (63, 23) geht die lokale Verwendung in die konditionale über.

[78] Da die Makrokephalie für den Arzt kein Normalzustand sein kann, gehört der deformierte Kopf zu den νοσερά. Der Satz ὁ γόνος πανταχόθεν ἔρχεται, ἀπό τε τῶν ὑγιηρῶν ὑγιηρός, ἀπό τε τῶν νοσερῶν νοσερός ist also hier am Platze (gegen *Diller*, Wanderarzt 108 und Gnomon 18 [1942] 75 A. 4).

[79] *Regenbogen* 28 f. scheidet 2: 364, 15—366, 4 als Einschub aus.

als andere, sondern müßte alle gleichermaßen treffen können.' Das wird angewendet in πάύτ. auf die Eunuchie der Skythen, die mit den Folgeerscheinungen des Reitens und ihrer Heilung zusammenhängt, in πίν. auf die Epilepsie, die von der 'schleimigen' Konstitution abhängt. Darüber hinaus erhält der Beweis in πάύτ. noch eine besondere Spitze, wenn hinzugefügt wird, eine 'göttliche' Krankheit sollte eigentlich die Armen eher treffen als die Reichen, da jene den Göttern, die sich nach der allgemeinen Anschauung über Opfer und Ehrungen freuten, weniger lieb seien; bei den Skythen aber befalle die Eunuchie gerade die Reichen — weil eben nur diese zu reiten pflegten. Diese ganze Argumentation trägt einen ausgesprochen sophistischen Charakter und ist in jenem aufklärerischen Ton gehalten, der πίν. kennzeichnet, in πάύτ. aber sonst, wie wir (oben S. 191 f.) festgestellt haben, durchaus fehlt [80]. Von ihm aber ist überhaupt das ganze Kapitel 22 beherrscht, dasselbe Kapitel, in dem sich auch die meisten der wörtlichen Uebereinstimmungen mit πίν. finden. Nur hier steht gleich am Anfang die für πίν. und die aufklärerische Haltung überhaupt bezeichnende Antithese von communis opinio und eigenem Wissen [81]; nur hier wird ausführlich versucht, den Glauben an göttliche Krankheiten zu widerlegen, während in Kapitel 3 und 4 (oben S. 191) die ἱερὴ νοῦσος ganz beiläufig ohne Polemik erwähnt wird; nur hier spielen schließlich — und damit ist auch eine inhaltliche Abweichung festzustellen — die Kopfadern für die Zeugungsfähigkeit des Menschen eine ausschlaggebende Rolle, wird also der Same offenbar aus dem Gehirn hergeleitet, während er sonst aus dem ganzen Körper kommt [82]. Das Kapitel fällt so in einzelnen Anschauungen, besonders

[80] Ueber die ganz unsophistische Verwendung des Begriffspaares Nomos-Physis in πάύτ. s. oben S. 15 ff., besonders 27 ff.

[81] οἱ μὲν οὖν ἐπιχώριοι — ἐμοὶ δέ. Vgl. oben S. 76 ff. und 191 m. A. 64.

[82] Der Autor π. γονῆς, für den der Same ebenfalls aus dem ganzen Körper kommt (3: 7, 474 L.; vgl. oben S. 194 A. 73), hat die Unvereinbarkeit dieser Anschauung mit der Erklärung der Eunuchie durch Schnitt der Kopfadern erkannt. Er schwächt deshalb diese Theorie ab, indem er nur erklärt, daß durch die Operation die Zeugungsfähigkeit sich vermindere, weil der größte Teil des Samens (also nicht aller!) vom Kopfe komme (2: 7, 472 L.)

aber in seiner ganzen geistigen Haltung aus dem Rahmen der Schrift heraus. Es bildet darin aber auch keinen notwendigen Bestandteil der Darstellung, es unterbricht vielmehr deren Gang in einer Weise, die auch bei dieser archaisch komponierten und an Exkursen reichen Schrift nicht selbstverständlich ist. Das zeigt ein Ueberblick über den Aufbau der ganzen skythischen Ethnographie, die die Kapitel 17—22 umfaßt[83]: Sie ist zunächst in zwei Teile gegliedert: 1. Die sauromatischen Amazonen (Kap. 17). 2. Die übrigen Skythen (Kap. 18 bis 22). Von diesen werden in 18 δίαιτα und νόμοι behandelt (so 19: 72, 10 zusammengefaßt). Kapitel 19 kündigt als weitere Punkte an ὧραι, μορφή, ὀλιγογονία, θηρία. Davon werden in Kapitel 19 die ὧραι und die damit zusammenhängenden θηρία und die μορφή besprochen. Zu letzterer liefert Kapitel 20 einen Nachtrag, zunächst in Form eines Tekmerions für das hervorstechendste Merkmal der Skythen, ihre vom Klima bedingte ὑγρότης, dann durch Aufzählung einiger weiterer körperlicher Eigenschaften. Mit Kapitel 21 beginnt die Behandlung des letzten Punktes, der ὀλιγογονία, deren Ursachen für Männer und Frauen getrennt untersucht werden. Sie wird abgeschlossen mit dem Satze καὶ ὑπὸ τουτέων τῶν ἀναγκέων οὐ πολύγονόν ἐστι τὸ γένος τὸ Σκυθικόν. Und nun folgt wieder als Nachtrag ein Tekmerion für die auffälligste der zuletzt aufgestellten Behauptungen, daß nämlich auch die ἀταλαιπωρίη der Skythinnen ein Grund ihrer geringen Fruchtbarkeit sei[84]. Damit sind alle vier Programmpunkte von Kapitel 19 behandelt, und man erwartet als Abschluß der gesamten Skythenethnographie einen Ueberleitungssatz, wie er am Anfang von Kapitel 23 steht: περὶ μὲν οὖν τῶν Σκυθέων οὕτως ἔχει τοῦ γένεος· τὸ δὲ λοιπὸν γένος τὸ ἐν τῇ Εὐρώπῃ... An Stelle dessen folgt nun aber ein langer Exkurs, den man wohl zunächst als zweiten Nachtrag zu den Ursachen der ὀλιγογονία aufzufassen hat. Allerdings gehört er in diesem

---

[83] Vgl. zum folgenden oben S. 17 ff.

[84] *Jacoby,* Hippokrates 519 ff. hat diese Tekmeria verworfen, während er ein weiteres (9: 64, 15) anscheinend gelten läßt (a. a. O. 519 A. 5). Dort ist aber die Art des Anschlusses genau dieselbe; es wird ebenfalls zu einem vorher behandelten, besonders wichtigen Punkte nachträglich (nach einem Zwischensatz) ein Beweis gegeben.

Falle zum ersten Teil der besprochenen Frage, zu den Gründen für die Impotenz der Männer, ist also über das Tekmerion hinweg an das eigentliche Thema angeknüpft. Dazu tritt als weitere Schwierigkeit seine außergewöhnliche Länge, die sich nur dadurch erklärt, daß dieser Abschnitt, der zunächst in Form eines Nachtrags angefügt scheint, sich zu einem selbständigen Exkurs mit eigener Themastellung und Zielsetzung auswächst. Denn für den Verfasser dieses Kapitels ist die ὀλιγογονία der Skythen und die Erklärung ihrer Ursachen offenbar nur der Ausgangspunkt zur Behandlung einer andern Frage, des Problems der 'göttlichen Krankheiten'.

Damit ist klar geworden, daß das Kapitel 22 mindestens nicht ein notwendiges Glied im Aufbau der Abhandlung bildet [85]. Nun darf freilich diese Tatsache kein positiver Grund zur Athetese sein, da wir über die archaischen Freiheiten der Komposition, die eine Schrift dieser Art zuläßt, noch kaum urteilen können. Wenn jedoch die oben genannten sachlichen Gründe dagegen sprechen, daß das Kapitel vom Verfasser der andern Teile der Schrift stammt, so bildet jener Umstand wenigstens kein Hindernis für die Annahme eines spätern Einschubes. Diese wird gesichert durch das Verhältnis des Kapitels zur Schrift πίν. Der Kernsatz von πίν., der dieser ganzen Abhandlung den Sinn gibt und deshalb auch ihren Anfangs- und Endpunkt bildet [86] 'Keine Krankheit ist göttlicher als

[85] Es ist auch *Jacoby,* Hippokrates 564 ff. und *Diller,* Wanderarzt 37 nicht gelungen, die auffällige Stellung und Komposition des Kapitels im Zusammenhang der Skythenschilderung befriedigend zu erklären. — Die Uebereinstimmung mit Herod. 1, 105, 4, die *Jacoby,* Hekataios 2717 auf gemeinsame Benützung von Hekataios zurückführt, erstreckt sich nur auf die Tatsache der θήλεα νοῦσος. Die könnte auch der Interpolator aus Hekataios entnommen haben, wenn wegen der vielen Einzelheiten nicht eine ausführlichere, monographische Quelle anzunehmen ist (deren Existenz bestreitet *Jacoby,* Klio 9 [1909] 90).

[86] 1 (352) und 18 (394). Ein drittes Mal steht der Satz beim Uebergang von der langen programmatischen Einleitung zur eigentlichen Behandlung des Themas (2: 364) in sicher korruptem Text: τὸ δὲ νόσημα τοῦτο οὐδέν τί μοι δοκεῖ θειότερον εἶναι τῶν λοιπῶν, ἀλλὰ φύσιν μὲν ἔχει ἣν καὶ τὰ ἄλλα νοσήματα, ὅθεν ἕκαστα γίνεται· φύσιν δὲ τοῦτο καὶ πρόφασιν ἀπὸ ταὐτοῦ τὸ θεῖον γίνεσθαι ἀφ' ὅτου καὶ τἄλλα πάντα, καὶ ἰητὸν εἶναι καὶ οὐδὲν ἧσσον ἑτέρων. *Wilamowitz,* Lesebuch 2, 273, 18 ff. scheidet drei Interpolationen aus: τὸ

andere, alle sind göttlich, jede aber hat ihre φύσις' wird nämlich auch in diesem einen Kapitel 22 von πάϋτ. zweimal variiert, allerdings mit nicht unwesentlicher Aenderung des Zentralbegriffs φύσις. An den ersten beiden Stellen von πίν. (1: 352 und 2: 364) steht φύσις noch seiner ursprünglichen Bedeutung 'Entstehung', 'natürliches Werden' nahe, wie die Erklärung des Wortes durch ὅθεν γίνεται und seine Verbindung mit πρόφασις beweisen. Aehnlich heißt es in Kapitel 18 φύσιν δ' ἕκαστον ἔχει καὶ δύναμιν ἐφ' ἑωυτοῦ 'jede einzelne Krankheit hat ihre eigene natürliche Entstehung (und das damit gegebene Wesen) und die ihr innewohnende Wirkung'. Dagegen steht im 22. Kapitel von πάϋτ. das Wort immer ohne attributiven Zusatz: 74, 17 ἕκαστον δ' ἔχει φύσιν τῶν τοιουτέων καὶ οὐδὲν ἄνευ φύσιος γίνεται und 75, 16 γίνεται δὲ κατὰ φύσιν ἕκαστα. Der Verfasser wollte offenbar die Sätze von πίν. wiedergeben, hat aber dabei den Begriff φύσις mißverstanden. So kommt es, daß er den Ausspruch das einemal zu einem Gemeinplatz verflacht, das anderemal den Begriff verabsolutiert und dem Wort die ganz ungewöhnliche, einmalige Bedeutung 'natürliche Ursache' unterschiebt [87]. Aus dieser Uebernahme des Grundgedankens von πίν., der weitergeführt, zum Teil aber mißverstanden und überspitzt wird, erklärt sich auch der Anstoß, den man genommen hat, wenn man hier gegenüber den Sätzen in πίν. «eine Erweiterung des Be-

---

δὲ νόσημα τοῦτο οὐδέν τί μοι δοκεῖ θειότερον εἶναι τῶν λοιπῶν, ἀλλὰ [φύσιν μὲν ἔχει ἣν καὶ τὰ ἄλλα νοσήματα ὅθεν ἕκαστα γίνεται· φύσιν δὲ τοῦτο καὶ πρόφασιν] ἀπὸ ταὐτοῦ [τὸ θεῖον] γίνεσθαι ἀφ' ὅτου καὶ τἄλλα πάντα, καὶ ἰητὸν εἶναι [καὶ] οὐδὲν ἧσσον ἑτέρων. Der so gewonnene Text ist klar, weniger klar die Entstehung der Interpolation. Einleuchtender scheint mir die Annahme, der unverständliche und syntaktisch unsinnige Teil φύσιν δὲ τοῦτο καὶ πρόφασιν... ἀφ' ὅτου καὶ τἄλλα πάντα sei eine Glosse zur Erklärung des Wortes φύσις, das ja hier seine alte, damals schon ungewöhnliche Bedeutung 'Entstehung' bewahrt hat. So liest sich der Text mit Zusatz eines ν zu ἔχει ohne Anstoß: τὸ δὲ νόσημα τοῦτο οὐδέν τί μοι δοκεῖ θειότερον εἶναι τῶν λοιπῶν, ἀλλὰ φύσιν μὲν ἔχει⟨ν⟩, ἣν καὶ τὰ ἄλλα νοσήματα ὅθεν ἕκαστα γίνεται [φύσιν δὲ ... πάντα] καὶ ἰητὸν εἶναι [καὶ evtl. mit *Wilamowitz* zu tilgen] οὐδὲν ἧσσον ἑτέρων.

87 Herod. 2, 45 ἕνα ἐόντα τὸν Ἡρακλέα καὶ ἔτι ἄνθρωπον κῶς φύσιν ἔχει πολλὰς μυριάδας φονεῦσαι; stimmt nur äußerlich überein. Denn hier handelt es sich um die unpersönliche Wendung φύσιν (οὐκ) ἔχει mit Infinitiv, die gleichbedeutend ist mit λόγον (οὐκ) ἔχει. Vgl. *Thimme* 63.

griffs ϑεῖον auf die gesamte φύσις» festgestellt hat[88]. Und so löst sich nun schließlich die Frage nach dem Verhältnis von πίν. 2 (366, 2—4) zu πάύτ. 22 (75, 5 ff.), die den Ausgangspunkt unserer Untersuchung bildete: Der Verfasser des Kapitels über die skythische Eunuchie fand in seiner Vorlage πίν. neben einem aus πάύτ. entlehnten Argument über die Erblichkeit körperlicher Anlagen einen Beweisgang, der sich für seinen Fall besonders gut verwenden und ausgestalten ließ, und setzte diesem Tekmerion jene sophistische Pointe auf, die offensichtlich eine Erweiterung des Gedankens von πίν. ist[89].

Für die relative Chronologie von πάύτ. und πίν. hat sich im Vorstehenden immer wieder bestätigt, was der frühern Forschung als selbstverständlich erschienen ist: πάύτ. ist älter als πίν. [90]. Da seither auf Grund vermeintlicher inhaltlicher Beziehungen das Verhältnis umgekehrt worden ist, muß die Richtigkeit unserer Annahme noch an einigen stilistischen Beobachtungen erhärtet werden[91]:

Für den archaischen Stil von πάύτ. spricht gleich der Anfang der Schrift mit dem schwerfälligen Relativsatz und der Aufspaltung in viele selbständige Kola: ἰητρικὴν ὅστις βούλεται ὀρϑῶς ζητεῖν, τάδε χρὴ ποιέειν· πρῶτον μὲν ἐνϑυμέεσϑαι τὰς ὥρας τοῦ ἔτεος, ὅ τι δύναται ἀπεργάζεσϑαι ἑκάστη· οὐ γὰρ ἐοίκασιν οὐϑέν, ἀλλὰ πολὺ διαφέρουσιν αὐταί τε ἑωυτέων καὶ ἐν τῇσι μεταβολῇσιν· ἔπειτα δὲ τὰ πνεύματα τὰ ϑερμά τε καὶ τὰ ψυχρά, μάλιστα μὲν τὰ κοινὰ πᾶσιν ἀνϑρώποισιν, ἔπειτα δὲ καὶ τὰ ἐν ἑκάστῃ χώρῃ ἐπιχώρι' ἐόντα. δεῖ δὲ καὶ τῶν ὑδάτων ἐνϑυμέεσϑαι τὰς δυνάμιας· ὥσπερ γὰρ ..., οὕτως καὶ ... Der Eingang dieses Satzes entspricht einem in Lehrschriften des ausgehenden 5. Jahrhunderts weit verbreiteten Typus. Die nächste Parallele findet sich wieder im Corpus. Das 25. Kapitel des Prognostikons beginnt mit den Worten χρὴ δὲ τὸν μέλλοντα ὀρϑῶς προγινώσκειν τούς τε περιεσομένους καὶ τοὺς ἀποϑανουμένους οἷσί τε ἂν μέλλῃ τὸ νόσημα πλείονας ἡμέρας παραμένειν καὶ οἷσιν ἂν

[88] *Nestle*, Hippocratica 5.

[89] *Diller*, Wanderarzt 109.

[90] So schon ***Fredrich*** 32 A. 2; ***Jacoby***, Hippokrates 518 A. 1 und 522 A. 1; ***Regenbogen*** 72

[91] Einige Andeutungen bei *E. Norden*, Antike Kunstprosa 1² (Leipzig 1909) 21 A. 4.

ἐλάσσους, τὰ σημεῖα ἐκμανθάνοντα πάντα δύνασθαι κρίνειν, ἐκλογιζόμενον τὰς δυνάμιας αὐτῶν πρὸς ἀλλήλας, ὥσπερ διαγέγραπται.

So nahe verwandt die beiden Anweisungen in ihrer Anlage sind, so klar tritt anderseits der Unterschied der Stilstufe heraus. Bezeichnend dafür ist zunächst im Prognostikon die Verwendung der leichtern partizipialen Ausdrücke an Stelle von Nebensätzen. In dieser Form ist der Beginn einer solchen methodischen Vorschrift in der Folgezeit stehend geworden. Als klassisches Beispiel dafür sei der Anfang von Demokrits Schrift περὶ εὐθυμίης genannt (B 3): τὸν εὐθυμεῖσθαι μέλλοντα χρὴ μὴ πολλὰ πρήσσειν[92].

Auch in der weitern Ausführung der Anweisung zeigt sich der archaische Charakter von πάὑτ. Zwar ist auch der Stil des Prognostikons von äußerster Schlichtheit, da die verschiedenen Forderungen nachher durch einfache Anreihung mit χρὴ δὲ καί u. ä. aufgezählt werden; aber innerhalb der einzelnen Punkte gelingt es dem Verfasser, durch Subordinierung der Nebengedanken in Partizipien und Nebensätzen den fortlaufenden Fluß der Rede zu erhalten. Eben darum bemüht sich auch der Autor von πάὑτ., zugleich aber erstrebt er, echt archaisch, eine deutliche Gliederung des Ganzen in gleichberechtigte Teile. Dabei gelingt es ihm nicht, Haupt- und Nebengedanken auch sprachlich zu scheiden, sondern alles steht auf der gleichen Ebene, und das logische Verhältnis der Teile zueinander muß durch Parenthesen mit γάρ angedeutet werden. Dazu kommt, daß er den Bogen des Gedankens nicht über das ganze Thema zu spannen vermag; denn da er für die Themastellung allein einen Haupt- und einen Nebensatz braucht, wird schon für die Ausführung der einzelnen Forderungen ein Neueinsatz nötig. Und auch dieser läuft nicht un-

[92] Vgl. ferner aus dem Corpus: π. ἀρχ. ἰητρ. 13: δεῖ τὸν ὀρθῶς ἰητρεύοντα βοηθεῖν τῷ μὲν θερμῷ..., τῷ δὲ ψυχρῷ... κτλ. und 20 τοῦτο δεῖ καταμαθεῖν τὸν μέλλοντα ὀρθῶς θεραπεύσειν. Aehnlich π. διαίτ. 1, 2 φημὶ δὲ δεῖν τὸν μέλλοντα ὀρθῶς συγγράφειν... γνῶναι... und π. γυν. φύσ. 1 (7, 312 L.) δεῖ δὲ τὸν ὀρθῶς ταῦτα χειρίζοντα πρῶτον μὲν..., ἔπειτα διαγινώσκειν... Aus nichtmedizinischen Schriften sei angeführt Dialexeis 8, 4 δεῖ γὰρ τὸν μέλλοντα ὀρθῶς λέγειν, περὶ ὧν ἐπίσταται, περὶ τούτων λέγειν und Antisthenes bei Stob. Ecl. 2, 31, 68 δεῖ τοὺς μέλλοντας ἀγαθοὺς ἄνδρας γενήσεσθαι τὸ μὲν σῶμα γυμνασίοις ἀσκεῖν, τὴν δὲ ψυχὴν παιδεύσει; ferner Xenoph. Oec. 16, 2 und Plat. Rep. 7, 517 C.

gestört zu Ende, sondern wird durch die erwähnten Parenthesen unterbrochen, und schließlich scheitert auch der Versuch, mit πρῶτον μέν — ἔπειτα δέ zu gliedern, weil gleich darauf in einem gedanklich untergeordneten Gliede wieder ἔπειτα δέ erscheint. So muß zum drittenmal mit δεῖ δὲ καί neu eingesetzt werden.

Der Eindruck des archaischen Ringens mit Gedanken und Ausdruck, den diese Einleitung hervorruft, wird im weitern Verlauf der Abhandlung verstärkt. Ein Kennzeichen dieser Bemühung um klare Gliederung des Stoffes sind einmal die mit fast pedantischer Genauigkeit angebrachten Verklammerungen der einzelnen Abschnitte durch Einleitungs- und Schlußsätze nach dem Schema περὶ μὲν τούτων οὕτως ἔχει, περὶ δὲ τῶνδε ὧδε[93]. Gerade an diesen Uebergangsstellen, wo der Verfasser nach besonderer Klarheit und Vollständigkeit strebt, vermag er oft die Fülle der Tatsachen sprachlich nicht zu bewältigen, so daß es zu Anakoluthen und Parenthesen kommt. So unterbricht im Anfangssatz von Kapitel 13 (68, 12) ein parenthetischer γάρ-Satz den begonnenen Gedanken und macht so einen neuen Anhub nötig: περὶ μὲν οὖν Αἰγυπτίων καὶ Λιβύων οὕτως ἔχειν μοι δοκεῖ, περὶ δὲ τῶν ἐν δεξιᾷ τοῦ ἡλίου τῶν ἀνατολῶν μέχρι Μαιώτιδος λίμνης· οὗτος γὰρ ὅρος τῆς Εὐρώπης καὶ τῆς Ἀσίης· ὧδε ἔχει περὶ αὐτῶν. Am Beginn von Kapitel 19 (72, 10) geht das sogar so weit, daß vor lauter eingeschobenen Erläuterungen der mit περὶ δὲ τῶν ὡρέων καὶ τῆς μορφῆς beginnende Satz überhaupt nicht zu Ende geführt wird, d. h. kein Verbum enthält, weil es dem Verfasser nicht gelingt, die vielen Zwischengedanken logisch ein- und unterzuordnen. Ein Anakoluth etwas anderer Art steht in 15 (69, 20), wo περὶ δὲ τῶν ἐν Φάσει sozusagen als Ueberschrift hingestellt und dann mit frischem Einsatz gleich die Schilderung begonnen wird. Ein weiteres Beispiel dieser

---

[93] Kap. 3/4 (58, 3 ff.): ταῦτα μὲν τὰ νοσήματα ... — ὁκόσαι δ' ἀντικέονται ..., ὧδε ἔχει περὶ αὐτῶν. Kap. 5 (59, 7 ff.): περὶ μὲν οὖν ... ὧδε ἔχει — ὁκόσαι δὲ ..., ὧδε ἔχει περὶ αὐτῶν. Ferner 6: 59, 26; 7: 60, 9; 8: 62, 8; 10: 64, 28; 12: 67, 13; 13: 68, 12; 15: 69, 20; 16: 70, 10; 19: 72, 10. Unmittelbarer ist der Uebergang in 9: 63, 21; 17: 71, 11; 23: 75, 26 und 24: 76, 24, wo nach einem zusammenfassenden Schlußsatz die Behandlung des neuen Themas ohne Einleitungssatz gleich begonnen wird.

noch unentwickelten Satztektonik mag 2 (57, 7) bieten: Zwei Konditionalsätze, die beide mit εἰ beginnen, stehen unverbunden nebeneinander, obwohl der zweite dem ersten gedanklich untergeordnet ist.

Zu den archaischen Kennzeichen dieses Stils ist auch der Subjektwechsel zu zählen, der gelegentlich unerwartet und unbezeichnet erfolgt [94]. Ebenso gehört hieher die auffallend häufige Prolepse des Subjekts von Nebensätzen, besonders von indirekten Fragesätzen; es wird nicht nur als Akkusativobjekt in den Hauptsatz vorausgenommen, sondern erscheint auch in andern Kasus dort: fünf Beispiele dieser Erscheinung finden sich allein im 1. Kapitel, weitere in 2 (56, 24 und 57, 4), 16 (70, 11), 19 (72, 11). Auch sie ist als Ausdruck eines stilistischen Wollens zu werten. Der vorweggenommene Begriff soll im Hauptsatz als Stichwort das Thema der folgenden Erörterung deutlicher bezeichnen, als wenn er im Nebensatz verschwände. Deshalb stehen die genannten Beispiele alle in Einleitungssätzen, sei es am Beginn des ganzen Werkes oder einzelner Kapitel, und bilden so eine stilistische Parallele zu dem betonten Anfangswort ἰητρικήν, das ja auch aus seinem Satzzusammenhang herausgestellt ist.

Von all diesen Erscheinungen findet sich in πίν. nichts oder nur verschwindend wenig. Einmal ist die Gliederung des ganzen Stoffes dort viel weniger durch Einschnitte betont. Wohl erscheinen noch gelegentlich die stereotypen Schlußsätze der Abschnitte (περὶ μὲν τούτων οὕτως ἔχει); aber mit dem folgenden δέ-Satz wird jedesmal gleich die Behandlung des neuen Themas ohne Einleitung begonnen [95]. Dieser geringeren Unterteilung des ganzen Werkes entspricht auch ein durchwegs flüssigerer Stil, der keine Anakoluthe kennt; bezeichnend dafür ist vor allem das lange, geschlossen wirkende erste Kapitel. Im allgemeinen ist von jenem archaischen Ringen mit Stoff und Sprache nichts zu spüren, wenn auch die Disposition nicht

---

[94] 4: 58, 6 ff.; 6: 59, 26; 18: 71, 30 u. a.; vgl. *Aly*, Formprobleme 59.

[95] Die Betonung des Ueberganges findet sich überhaupt nur dreimal in πίν. gegenüber 15 Beispielen in πάϑ., und dabei fehlt die archaisch-breite Art, die in πάϑ. elfmal vertreten ist, in πίν. gänzlich; vgl. oben S. 203 mit A. 93.

immer gelungen ist. Dazu kommt als Kennzeichen jüngeren Stils die Verwendung von rhetorischen Antithesen, Isokolen und gorgianischen Figuren. Wieder ist das erste Kapitel besonders reich daran: 1 (352): κατὰ μὲν τὴν ἀπορίην αὐτοῖσι τοῦ μὴ γινώσκειν τὸ θεῖον διασώζεται, κατὰ δὲ τὴν εὐπορίην τοῦ τρόπου τῆς ἰήσιος ᾧ ἰῶνται, ἀπόλλυται. 1 (358): καίτοι ἔμοιγε οὐ περὶ εὐσεβείης δοκέουσι τοὺς λόγους ποιεῖσθαι, ὡς οἴονται, ἀλλὰ περὶ δυσσεβείης μᾶλλον... τό τε εὐσεβὲς καὶ θεῖον αὐτῶν ἀσεβὲς καὶ ἀνόσιόν ἐστιν. Aber auch die Formulierung der aus πάϋτ. übernommenen Vererbungslehre[96] zeigt diese Freude am Wortspiel: 2 (364): εἰ γὰρ ἐκ φλεγματώδεος φλεγματώδης καὶ ἐκ χολώδεος χολώδης γίνεται καὶ ἐκ φθινώδεος φθινώδης καὶ ἐκ σπληνώδεος σπληνώδης... In bezeichnendem Gegensatz zu πάϋτ., wo äußerliche Körpermerkmale in wenig sorgfältiger sprachlicher Formulierung für vererblich erklärt werden, treten hier zu den beiden notwendigen Adjektiven φλεγματώδης und χολώδης aus rein formalen Rücksichten noch zwei gleichendende hinzu.

Die inhaltlichen Kriterien, die für spätere Abfassung von πίν. sprechen, wurden schon (oben S. 190 und 201) erwähnt: Der Verfasser übernimmt die medizinischen Anschauungen seiner Vorgänger, besonders von πάϋτ., und deutet sie seinem Zwecke entsprechend um. Die Therapie, die er vertritt, ist dabei ausgesprochen diätetisch (18: 396), er hat also die Verbindung von meteorologischer und diätetischer Medizin schon vollzogen, während der Autor von πάϋτ. von dem neuen Gedanken der Umweltseinflüsse beherrscht ist und darüber die rein diätetischen Maßnahmen vernachlässigt[97]. Er setzt sich ferner durch seinen aufklärerischen Ton in einen scharfen Gegensatz zur herrschenden Volksmeinung. Sein Anliegen ist dabei viel mehr religiös-philosophisch als medizinisch, und zu dessen Verfechtung stehen ihm die entsprechenden dialektischen Mittel der gleichzeitigen Sophistik zur Verfügung, welche πάϋτ. nicht verwendet. Dazu gehört jene Argumentation, daß eine an die Konstitution gebundene Krankheit nicht göttlich sein könne[97a], dazu auch der Satz, daß der menschliche

[96] Vgl. oben S. 195 f.
[97] Vgl. oben S. 178.
[97a] 2 (366); vgl. oben S. 196 f.

Körper, τὸ ἐπικηρότατον, nicht von der Gottheit, dem ἁγνότατον, befleckt werden könne [98].

Damit dürfte die relative Chronologie der beiden Schriften gesichert sein, und es erhebt sich die Frage, ob auch für ihre absolute Datierung Anhaltspunkte vorhanden seien.

5. *Beziehungen von περὶ ἀέρων ὑδάτων τόπων und περὶ ἱερῆς νούσου zu nichtmedizinischem Schrifttum*

Wir durchgehen die einzelnen Möglichkeiten der Reihe nach:

a. *Herodot.* Die sachlichen Uebereinstimmungen von πάὑτ. mit Herodot haben sich (oben S. 172 ff.) sämtliche auf gemeinsame Quelle, bzw. allgemein bekannte Anschauungen der Zeit zurückführen lassen. Eine einseitige Abhängigkeit ist nirgends nachzuweisen. Damit kann Herodot auch nicht als Terminus für die Abfassung von πάὑτ. verwendet werden. Wenn sich aus den genannten Tatsachen überhaupt ein Schluß auf das zeitliche Verhältnis der beiden Schriften ziehen läßt, muß dieser für gleiche Entstehungszeit sprechen.

Darauf scheinen auch die stilistischen Parallelen hinzuweisen, die sich gelegentlich aufdrängten und die bei systematischer Vergleichung wohl noch vermehrt werden könnten. Dabei ist immerhin zu berücksichtigen, daß Herodot der viel gewandtere Stilist ist, archaisch ungelenke Ausdrucksweise in πάὑτ. also nicht einfach für höheres Alter sprechen muß.

Wenn wir danach die Abfassung der Schrift ungefähr in dieselben Jahre setzen, in denen Herodot an seinem Werk arbeitete, so fällt dafür vorerst der Zeitraum von etwa 450 bis 425 in Betracht. Genauere Anhaltspunkte ergeben sich aus dem Verhältnis zu Herodot nicht.

b. *Euripides.* Man hat in πάὑτ. 22 (75, 8 f.) einen Anklang an Eurip. Hipp. 8 gesehen [99]. Er ist allerdings erst durch Verbesserung des korrupten Textes und eine etwas gesuchte Wortstellung, die wirklich nur als Zitat Sinn hätte, zustande ge-

---

[98] 1 (362); vgl. Soph. Ant. 1044, Eurip. Herc. 1232 und *Nestle*, Mythos 228 A. 127.

[99] *Pohlenz*, Hippokrates 45 A. 3.

kommen. Nun ist aber die Konstruktion von χαίρειν mit Partizip so alltäglich, daß man nicht gezwungen ist, an ein Zitat zu denken, zumal da auch εἰ δή ('wenn wirklich') nur auf die communis opinio hinzuweisen braucht [100]. Immerhin ist die Beziehung auf Euripides (oder einen religionskritischen Sophisten, den schon Euripides zitiert?) nicht ausgeschlossen. Sie hilft aber nur zur Datierung des 22. Kapitels, das, wie wir oben sahen, einen jüngern Einschub in dem Werk bildet und also sicher nach 428, dem Aufführungsjahr von Euripides' 'Hippolytos', entstanden ist.

Dagegen scheint Eurip. fr. 917 wirklich von den Lehren der meteorologischen Medizin beeinflußt zu sein [101]. Freilich läßt sich auch hier die direkte Beziehung zu πάύτ., so wahrscheinlich sie ist, nicht beweisen. Und da das Fragment undatiert ist, hilft sie uns auf keinen Fall zur Präzisierung des aus Herodot gewonnenen Ansatzes.

c. *Ps. Xenophon Πολιτεία Ἀθηναίων.* Beim Vergleich stilistischer Eigentümlichkeiten von πάύτ. mit solchen der ps. xenophontischen Πολιτεία Ἀθηναίων haben sich weitgehende Uebereinstimmungen der in der Sprache sich ausprägenden Denkform feststellen lassen [102]. Im gesamten wirkt die ionische Schrift eher noch etwas archaischer als die attische, wird also kaum jünger sein als diese.

d. *Diogenes von Apollonia* ist sicherer terminus post quem für beide hippokratischen Schriften [103]. Doch läßt sich seine eigene Zeit nur recht ungenau bestimmen, da die Doxographen außer der chronologischen Gleichsetzung mit Anaxagoras keine Anhaltspunkte geben. Seine Wirkung ist zuerst in Aristophanes' 'Wolken' zu fassen und dann bis ins 4. Jahrhundert hinein zu verfolgen [104]. Nun spielen ja auch auf Anaxagoras,

---

[100] Vgl. πίν. 1 (362).

[101] *Nestle,* Hippocratica 24.

[102] *M. Kupferschmid,* Zur Erklärung der pseudo-xenophontischen Πολιτεία Ἀθηναίων (Diss. Hamburg 1932) 15 ff. *Gelzer* 95 ff.

[103] Vgl. oben S. 182 und 193 f.

[104] Die Abhängigkeit des Epigramms auf die 432 bei Potidäa gefallenen Athener (IG I² 945) von Diogenes, die *Nestle,* Mythos 190 A. 45 wegen αἰθήρ postuliert, ist unsicher. Ueber Diogenes' Einfluß auf die 'Wolken'

der 428 starb, noch die 'Wolken' und spätere Stellen der attischen Literatur an [105]. Und da zweifellos die Fachwissenschaft von den Lehren des Diogenes früher Kenntnis nahm als die athenische Oeffentlichkeit, wird man die Abfassung seiner Schrift (oder Schriften?) noch in die dreißiger Jahre setzen.

e. *Sophistik.* In πάντ. finden sich keine Spuren der Sophistik, weder im Sachlichen, wo die ganz unsophistische Verwendung des Begriffspaars Nomos-Physis den besten Gegenbeweis liefert [106], noch im Stilistischen, wo alles Rhetorische gänzlich fehlt [107]. Dagegen mußten wir bei πίν. auf die aufklärerische Haltung und Argumentation wie auch auf sophistische Stilmittel hinweisen. Besondere Beachtung verdient in diesem Zusammenhang noch die Form des Vorwurfs gegen die Zauberpriester, welche behaupten, die Natur durch ihre Mittel beherrschen und verändern zu können (1: 360): δυσσεβεῖν ἔμοιγε δοκέουσι καὶ θεοὺς οὔτε εἶναι νομίζειν οὔτε ἐόντας ἰσχύειν οὐδέν. Diese Formulierung des Atheismus entspricht dem rhetorischen Beweisverfahren des Gorgias in περὶ τοῦ μὴ ὄντος (B 3) [108]. Wie dort die Möglichkeit des Seins widerlegt wird in den beiden Stufen 1. 'Nichts ist'. 2. 'Auch wenn etwas sein sollte, ist es nicht erkennbar', so hier die Existenz der Götter: 1. 'Es gibt keine Götter'. 2. 'Auch wenn es Götter gäbe, hätten sie keine Macht.' Ob die Methode nun aus der sizilischen Rhetorik oder aus der Dialektik der Eleaten stammt, sicher ist ihre Uebertragung auf die Frage nach dem Wesen der Götter sekundär und erst in der Zeit der Hochsophistik, in die auch Kritias' Götterfragment aus dem 'Sisyphos' gehört (B 25), denkbar. Gorgias, dessen Einfluß sich auch in den Antithesen und Klangfiguren gezeigt hat, ist also für πίν. terminus post quem.

---

und seine weitere Nachwirkung vgl. *Theiler* 8 ff. und die Stellen in VS unter 64 C (Imitation).

[105] Vgl. *Geffcken,* Hermes 42 (1907) 127 ff.

[106] S. oben S. 15 ff., besonders 27 ff.

[107] Die Verwendung von εἰκός, welche *Aly,* Formprobleme 53 f. für seine Datierung Ende der zwanziger Jahre anführt, ist kein Beweis für nachgorgianische Zeit, wie der häufige Gebrauch bei Herodot lehrt (2, 22, 2 u. ö.). Vgl. auch *Finley,* Harv. Stud. Class. Phil. 50 (1939) 43 A. 1.

[108] Vgl. dazu *Nestle,* Hermes 57 (1922) 558 f. und *Gigon,* Hermes 71 (1936) 190 ff.

6. Ergebnisse

Die zwei Schriften πάϋτ. und πίν. stammen von verschiedenen Verfassern. πίν. setzt die Abhandlung πάϋτ. voraus und ist auch nach inhaltlichen und stilistischen Merkmalen beträchtlich jünger. Der Arzt, der πάϋτ. schrieb, ist ein Zeitgenosse Herodots und des Verfassers der pseudo-xenophontischen Πολιτεία Ἀθηναίων. Mit Herodot verbindet ihn auch das griechische Selbstbewußtsein und Gemeinschaftsgefühl gegenüber den Barbaren. Man möchte danach seine Schrift vor dem Beginn des Peloponnesischen Krieges ansetzen. Da er anderseits Lehren des Diogenes von Apollonia verwertet, wird er sie gegen Ende der perikleischen Zeit, kurz vor 430, verfaßt haben [109]. Dagegen dürfte das von sophistischer Rhetorik beeinflußte Werk πίν. um ein bis zwei Jahrzehnte später entstanden sein.

---

[109] In die Zeit des attischen Reiches hat schon *Wilamowitz,* SBBerl. 1901, 21 die Schrift πάϋτ. gesetzt. Aehnlich *Nestle,* zuletzt Mythos 231. *Aly,* Formprobleme 53 f. datiert sie ein Jahrzehnt später. Sein Hauptargument ist die Verwendung von μετεωρολόγος (2: 57, 7 ff.) ‹in tadelndem Sinne›, die er mit Aristoph. Nub. 193 f. u. 228 zusammenbringt. Doch hat schon *Capelle,* Philologus 71 (1912) 427 f. betont, daß man hier die spätere Bedeutung des Wortes, die nur in Athen entstanden sein könne, nicht hineintragen dürfe. Und selbst wenn der Vorwurf der Spekulation schlechthin hier in dem Wort schon enthalten wäre, so ist zu berücksichtigen, daß der Anaxagoras-Prozeß vor 430 fällt. Dessen Grundlage war das Psephisma des Diopeithes gegen diejenigen, welche λόγους περὶ τῶν μεταρσίων διδάσκουσιν (Plut. Pericl. 32).

Indices

1. Namen und Sachen

* bezeichnet Hauptstellen

2. Wörter und Begriffe

3. Stellen